# Randonnée pédestre Montréal et environs

2e édition

Yves Séguin

Guides de voyage

ULYSSE

Le plaisir de **mieux voyager**

## Nos bureaux

**Canada:** Guides de voyage Ulysse, 4176, rue St-Denis, Montréal (Québec) H2W 2M5, ☎(514) 843-9447 ou 1-877-542-7247, fax: (514) 843-9448, info@ulysse.ca, www.guidesulysse.com

**Europe:** Guides de voyage Ulysse SARL, BP 159, 75523 Paris Cedex 11, France, ☎01 43 38 89 50, fax: 01 43 38 89 52, voyage@ulysse.ca, www.guidesulysse.com

**États-Unis:** Ulysses Travel Guides, 305 Madison Avenue, Suite 1166, New York, NY 10165, ☎1-877-542-7247, info@ulysses.ca, www.ulyssesguides.com

## Nos distributeurs

**Canada:** Guides de voyage Ulysse, 4176, rue St-Denis, Montréal (Québec) H2W 2M5, ☎(514) 843-9882, poste 2232, ☎1-800-748-9171, fax: (514) 843-9448, www.guidesulysse.com, info@ulysse.ca

**États-Unis**: Distribooks, 8120 N. Ridgeway, Skokie, IL 60076-2911, ☎(847) 676-1596, fax: (847) 676-1195

**Belgique**: Presses de Belgique, 117, boulevard de l'Europe, 1301 Wavre, ☎(010) 42 03 30, fax: (010) 42 03 52

**France**: Vivendi, 3, allée de la Seine, 94854 Ivry-sur-Seine Cedex, ☎01 49 59 10 10, fax: 01 49 59 10 72

**Espagne**: Altaïr, Balmes 69, E-08007 Barcelona, ☎(3) 323-3062, fax: (3) 451-2559

**Italie**: Centro cartografico Del Riccio, Via di Soffiano 164/A, 50143 Firenze, ☎(055) 71 33 33, fax: (055) 71 63 50

**Suisse**: Havas Services Suisse, ☎(26) 460 80 60, fax: (26) 460 80 68

**Pour tout autre pays, contactez les Guides de voyage Ulysse (Montréal).**
Données de catalogage avant publication (Canada) (voir p 4).

*Et ça sent la poussière*
*Le vent soulève la terre*
*De chastes baisers*
*Parce que je suis libre comme l'air*
*Libre de faire demi-tour*
*J'vais continuer*
*Continuer*

Daniel Bélanger, *Le Parapluie*

**Recherche et rédaction**
Yves Séguin

**Collaboration**
Marie-Josée Guy
Lorette Pierson
Benoit Prieur
François Rémillard

**Éditrice**
Stéphane G.
Marceau

**Directrice de production**
Pascale Couture

**Correcteur**
Pierre Daveluy

**Adjointe à l'édition**
Julie Brodeur

**Cartographes**
André Duchesne
Patrick Thivierge

**Infographistes**
André Duchesne
Stéphanie Routhier

**Photographe**
*1re de couverture*
Y. Tessier

**Directeur artistique**
Patrick Farei (Atoll)

**Remerciements:** Michel Aubé, Guy Avon, Isabelle Blanchard, Roxane Guindon, France Lafleur, Marielle Ledoux, Jean L'Heureux, Guy Longtin, Stéphane Michaud, Steve Mimeault, Lyne Ouellet, Christine Bogner-Page, Guylaine Parr, Marie-Andrée Piédalue, Isabelle Pouliot, Denis Robillard, Maude Trioreau, Ville de Montréal, Ville de Laval, Parcs-nature de la Communauté urbaine de Montréal, Parcs Québec et Parcs Canada.

Les Guides de voyage Ulysse reconnaissent l'aide financière du gouvernement du Canada par l'entremise du Programme d'aide au développement de l'industrie de l'édition (PADIÉ) pour ses activités d'édition.

Les Guides de voyage Ulysse tiennent également à remercier le gouvernement du Québec – Programme de crédit d'impôt pour l'édition de livres – Gestion SODEC.

### Données de catalogage

Séguin, Yves, 1961-

Randonnée pédestre Montréal et environs   2e éd. (Espaces verts Ulysse)

Comprend un index.   ISBN 2-89464-334-9

1. Randonnée pédestre - Québec (Province) - Montréal, Région de -

Guides. 2. Montréal, Région de (Québec) - Guides. I.Titre. II.Collection.

GV199.44.C22Q8 2001          796.51'09714'28          C2001-940625-8

## Écrivez-nous

Tous les moyens possibles ont été pris pour que les renseignements contenus dans ce guide soient exacts au moment de mettre sous presse. Toutefois, des erreurs peuvent toujours se glisser, des omissions sont toujours possibles, des adresses peuvent disparaître, etc.; la responsabilité de l'éditeur ou des auteurs ne pourrait s'engager en cas de perte ou de dommage qui serait causé par une erreur ou une omission.

Nous apprécions au plus haut point vos commentaires, précisions et suggestions, qui permettent l'amélioration constante de nos publications. Il nous fera plaisir d'offrir un de nos guides aux auteurs des meilleures contributions. Écrivez-nous à l'adresse qui suit, et indiquez le titre qu'il vous plairait de recevoir (voir la liste à la fin du présent ouvrage).

Guides de voyage Ulysse
4176, rue Saint-Denis
Montréal (Québec)
Canada H2W 2M5
www.guidesulysse.com
texte@ulysse.ca

# Sommaire

## Légende des cartes

| | | |
|---|---|---|
| ✈ Aéroport | ✚ Premiers soins | ‧‧‧‧‧‧ Sentier pédestre |
| Ⓜ Station de métro | 🚻 Toilettes | 🚫 Plage |
| 🚢 Navette fluviale | ⛺ Aire de camping | 🏌 Golf |
| Ⓟ Stationnement | ⛱ Aire de pique-nique | ☀ Belvédère |
| ? Information touristique | 📚 Librairie Ulysse | ▲ Montagne |

# Liste des cartes

# À propos de l'auteur

Yves Séguin est né à Sainte-Rose de Laval en 1961. Dès son enfance, il découvre la nature, les montagnes et les lacs des Laurentides grâce au chalet familial près de La Conception. À l'âge de seize ans, il parcourt l'Ouest canadien et tombe sous le charme des montagnes Rocheuses. Le goût des voyages, de l'aventure, des grands espaces et des activités de plein air feront désormais partie intégrante de son mode de vie.

Il entreprend alors, tour à tour, un voyage à vélo dans les Provinces maritimes, des ascensions en escalade de rocher (dont le cap Trinité, au Saguenay, et El Capitán, en Californie), en escalade de glace (dont la Pomme d'Or, dans Charlevoix), de nombreuses randonnées à skis ainsi que des centaines de randonnées pédestres.

Passionné de culture autant que d'aventure, Yves découvre ainsi plusieurs pays d'Amérique du Nord, d'Amérique centrale, d'Europe et d'Afrique du Nord.

Éducateur physique, Yves est titulaire d'un baccalauréat de l'Université du Québec à Montréal (UQÀM) depuis 1991 ainsi que d'un certificat en sciences de l'éducation de la même université depuis 1994. Il œuvre dans le domaine du plein air (randonnée pédestre, escalade, vélo, ski de fond, etc.) depuis une quinzaine d'années et a été recherchiste pour l'émission de télévision *Oxygène* (1992-1993). Il a aussi été formateur en randonnée pédestre et en orientation (cartes et boussole) pour le programme de formation à la Fédération québécoise de la marche.

Yves est également journaliste pigiste depuis 1990 (*Espaces*, *Géo Plein Air*, etc.) et a signé la chronique hebdomadaire «Oxygène» durant l'année 1995 à *La Presse*. En 1997, il a remporté le deuxième prix lors du Prix Molson de journalisme en loisir, catégorie périodiques. À l'été 1998, il a été chroniqueur radio à l'émission *D'un soleil à l'autre* (Radio-Canada).

Yves Séguin est l'auteur ou co-auteur des guides:

> ***Randonnée pédestre Montréal et environs***;
> ***Randonnée pédestre au Québec***;
> ***Randonnée pédestre Nord-Est des États-Unis***;
> ***Ski de fond au Québec***;
> ***Costa Rica***;
> ***Tunisie***.

Il a aussi collaboré à la recherche et à la rédaction des guides *Le Québec* et *Montréal*. Tous ces guides sont publiés par les Guides de voyage Ulysse inc.

Coup de cœur Ulysse pour les qualités particulières (réseau de sentiers, attraits remarquables, beautés naturelles, services proposés, etc.) d'un site de randonnée pédestre.

## Liste des coups de cœur

# Tableau des distances (km)
## par le chemin le plus court

| | Boston (Mass.) | Charlottetown (Î.-P.-É.) | Chibougamau | Chicoutimi | Gaspé | Halifax (N.-É.) | Hull / Ottawa | Montréal | New York (N.Y.) | Niagara Falls (Ont.) | Québec | Rouyn-Noranda | Sherbrooke | Toronto (Ont.) | Trois-Rivières |
|---|---|---|---|---|---|---|---|---|---|---|---|---|---|---|---|
| **Baie-Comeau** | 1040 | 724 | 679 | 316 | 337 | 807 | 869 | 676 | 1239 | 1334 | 422 | 1304 | 662 | 1224 | 545 |
| **Boston (Mass.)** | | 1081 | 1152 | 849 | 1247 | 1165 | 701 | 512 | 352 | 767 | 648 | 1136 | 426 | 906 | 566 |
| **Charlottetown (Î.-P.-É.)** | | | 1347 | 992 | 867 | 265 | 1404 | 1194 | 1421 | 1836 | 984 | 1833 | 1187 | 1746 | 1089 |
| **Chibougamau** | | | | 363 | 1039 | 1430 | 725 | 700 | 1308 | 1298 | 515 | 493 | 724 | 1124 | 574 |
| **Chicoutimi** | | | | | 649 | 1076 | 662 | 464 | 1045 | 1126 | 211 | 831 | 451 | 1000 | 338 |
| **Gaspé** | | | | | | 952 | 1124 | 930 | 1550 | 1590 | 700 | 1559 | 915 | 1476 | 808 |
| **Halifax (N.-É.)** | | | | | | | 1488 | 1290 | 1508 | 1919 | 1056 | 1916 | 1271 | 1828 | 1173 |
| **Hull / Ottawa** | | | | | | | | 207 | 814 | 543 | 451 | 536 | 347 | 399 | 331 |
| **Montréal** | | | | | | | | | 608 | 670 | 253 | 638 | 147 | 546 | 142 |
| **New York (N.Y.)** | | | | | | | | | | 685 | 834 | 1246 | 657 | 823 | 750 |
| **Niagara Falls (Ont.)** | | | | | | | | | | | 925 | 858 | 827 | 141 | 814 |
| **Québec** | | | | | | | | | | | | 877 | 240 | 802 | 130 |
| **Rouyn-Noranda** | | | | | | | | | | | | | 782 | 606 | 747 |
| **Sherbrooke** | | | | | | | | | | | | | | 693 | 158 |
| **Toronto (Ont.)** | | | | | | | | | | | | | | | 688 |

Exemple : la distance entre Montréal et Boston est de 512 km.

© ULYSSE

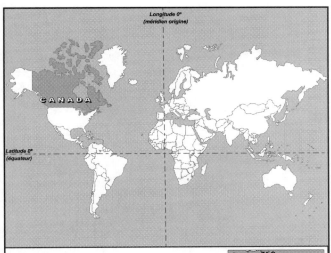

## Situation géographique dans le monde

| LE QUÉBEC | MONTRÉAL |
|---|---|
| Capitale : Québec | Population : 3 200 000 hab. |
| Population : 7 500 000 hab. | Superficie : 176,74 km² |
| Superficie : 1 550 000 km² | |
| Monnaie : dollar canadien | |

©ULYSSE

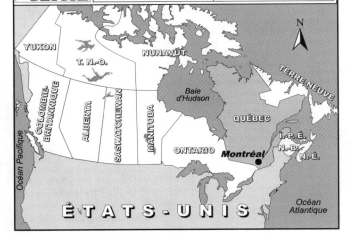

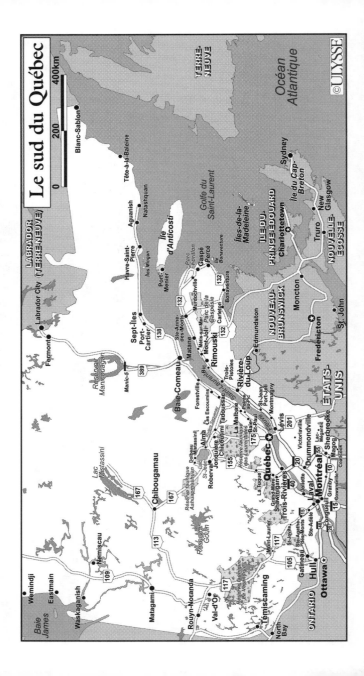

Le sud du Québec

# Montréal et la randonnée

Ce guide de randonnée pédestre a pour but de faire découvrir les plus beaux sentiers de Montréal et de ses environs.

Il ne s'agit donc pas de décrire tous les endroits possibles où l'on peut faire de la randonnée pédestre (tel un répertoire), mais plutôt de réunir dans un même volume les sites offrant des sentiers intéressants, de même que des paysages, une faune, une flore ou un passé historique susceptibles de captiver le randonneur.

Cet ouvrage cherche donc à démontrer que nul n'est besoin de parcourir des centaines de kilomètres en voiture pour s'évader quelques heures dans la nature et marcher au rythme des saisons.

Tout en répondant aux questions qu'un débutant peut se poser (distances, adresses, alimentation, habillement, etc.), ce guide informe aussi les habitués de la randonnée pédestre grâce à un choix d'itinéraires moins connus mais très intéressants.

Ce guide cherche également à répondre aux attentes de ceux et de celles qui désirent effectuer de courtes et belles randonnées, là où il est facile de se rendre avec le transport en commun ou à vélo.

Après la publication des guides Ulysse de la collection «Espaces verts» *Randonnée pédestre Nord-Est des États-Unis* et *Randonnée pédestre au Québec*, plusieurs lecteurs ont réclamé un guide similaire couvrant en profondeur les lieux de randonnée pédestre à Montréal et dans ses proches environs.

La grande région métropolitaine, qui comprend l'île de Montréal, Laval, la Rive-Nord et la Rive-Sud, compte plus de 3 200 000 habitants, soit près de la moitié de la population de tout le Québec. Il est vrai de constater que, depuis 1990, la randonnée pédestre ne cesse de faire de nouveaux amateurs. D'ailleurs, l'enquête de Santé Québec effectuée en 1993 démontre que *«81% des gens dont l'âge varie entre 45 et 64 ans préfè-* *rent la marche comme activité physique».*

Ainsi, dans un rayon de moins de 60 km autour de Montréal, nous vous proposons pas moins de 83 sites où la randonnée pédestre constitue le meilleur moyen de découvrir, de sentir et d'explorer la grande région métropolitaine. C'est donc plus de 650 km de sentiers de randonnée pédestre qui n'attendent que les marques de vos semelles!

## Les transports

### Le transport en commun

La grande majorité des sites décrits dans ce guide sont accessibles par le transport en commun. Dans l'île de Montréal, notamment, le service de transport par métro et autobus de la Société de transport de la Communauté urbaine de Montréal (STCUM) est des plus efficaces.

Par contre, dès que l'on s'aventure en dehors de l'île de Montréal, les transports publics ne sont pas toujours à la hauteur. Il est toujours étonnant de constater qu'aucun transport en commun ne mène à un lieu de randonnée, pourtant fort populaire, situé à seulement quelques dizaines de kilomètres de Montréal. Le randonneur devrait alors s'informer de la possibilité de prendre un taxi à partir de l'arrêt d'autobus (ou de la gare) situé le plus près du lieu convoité.

### Renseignements

#### Montréal

**Société de transport de la Communauté urbaine de Montréal**
*(STCUM), métro et autobus*
☎*(514) 288-6287*
(correspondant aux lettres du mot «AUTOBUS» sur le clavier du téléphone).

#### Laval
**Société de transport de Laval**
*(STL)*
☎*(450) 688-6520*
Notez que le terminus d'autobus de la STL est situé au métro Henri-Bourassa, à Montréal.

#### Rive-Nord

**Autobus Limocar Basses-Laurentides**
☎*(450) 435-8899*
(terminus Henri-Bourassa)

**Limocar Laurentides**
☎*(450) 435-6767*
(terminus Berri-UQÀM)

**CIT Deux-Montagnes**
☎*(450) 472-5511*

**CITM**
☎*(450) 477-1110*

#### Rive-Sud

**Terminus Longueuil**
☎*(450) 670-3422*
Le terminus est situé au métro Longueuil.

**Société de transport de la Rive-Sud de Montréal**
*(STRSM)*
☎*(450) 463-0131*
☎*877-348-5599*

**Autobus Auger**
☎*(450) 698-3030*

**Autobus Limocar**
☎*(450) 446-8899*

**Autobus Viens**
☎*(450) 441-5555*

**Le Richelien**
☎*(514) 877-6003*

**CIT Roussillon**
☎*(450) 638-2031*

**CIT Haut-Richelieu**
☎*(450) 359-6024*

**Autobus Voyageur**

☎*(514) 842-2281*
Le terminus est situé au métro Berri-UQÀM.

#### Trains de banlieue

**Montréal/Deux-Montagnes, Montréal/Rigaud, Montréal /Blainville et Montréal/Saint-Hilaire** ☎*(514) 288-6287*

**Traversiers**

**Oka/Hudson**
☎ *(450) 458-4732*

**Laval-sur-le-Lac/Île Bizard**
☎ *(450) 627-2526*

**Navette fluviale Montréal/
Longueuil, Vieux-Port/parc
Jean-Drapeau et Longueuil/Île
Charron**
☎ *(514) 281-8000*

**Le vélo et le patin à roues
alignées**

Comme les distances sont
relativement courtes entre
les différents sites, à partir
de Montréal, il peut être
avantageux d'opter pour le
vélo ou le patin à roues
alignées comme moyen de
transport.

Les **Guides de voyage Ulysse**
publient désormais
d'excellents ouvrages sur le
vélo et le patin à roues alignées, tels les guides *Montréal à vélo*, *Le Québec cyclable*, *Cyclotourisme au Québec* et *Le Québec en patins à
roues alignées*, qui sauront
fournir de précieux renseignements.

## Il y a longtemps que je marche... ♪ ♫

Depuis la nuit des temps,
l'être humain se déplace en
utilisant la marche comme
moyen de locomotion. On
dit qu'il marchait déjà il y a

près de trois millions
d'années. En fait, que ce
soit pour aller à la chasse
ou à la cueillette, pour li-
vrer bataille à l'ennemi,
pour amener les animaux
dans les alpages, pour effectuer un pèlerinage, ou
simplement pour aller travailler ou s'instruire, la
marche a toujours été au
centre des déplacements de
l'homme.

Il a fallu attendre jusqu'à la
fin du XVIIIᵉ siècle pour
qu'elle devienne un spec-
tacle. Des marches d'endu-
rance étaient alors organisées, notamment en Angle-
terre. Différentes épreuves
virent le jour, dont une où
il fallait parcourir la distance de 100 milles (160 km)
dans un temps maximal de
24 heures. Ce qui fut réussi
en 1762 (23 heures 15 min).

D'autres épreuves étaient
échelonnées sur plusieurs
jours, et les spectateurs se
pressaient le long du parcours. Des records tels que
parcourir 400 milles
(640 km) en six jours, 700
milles (1 100 km) en 14
jours ou 1 000 milles
(1 600 km) en 1 000 heures
étaient et restent toujours
de formidables performan-
ces.

La marche en montagne
vient d'aussi loin que de
l'ère romaine. À cette époque, de nombreux sentiers
(voies romaines) furent
aménagés afin de franchir

les différents cols euro-
péens. Ces sentiers ainsi
que plusieurs autres petits
sentiers montagneux servirent également (et servent
toujours) à mener les animaux dans les alpages, ces
pâturages de haute mon-
tagne. Plusieurs sont désormais devenus de spectacu-
laires sentiers de randonnée
pédestre.

Au Québec, ce n'est pas
d'hier que l'on fait de la
randonnée pédestre. Les
premiers sentiers ont surtout servi d'accès aux différentes parois d'escalade du
Québec. Ainsi, les membres
du Club de Montagne le
Canadien (CMC), fondé en
1949, parcouraient déjà des
sentiers. Un peu plus tard,
dans les Laurentides, dans
Charlevoix, au Saguenay, en
Gaspésie et en Estrie, on se
mit à ouvrir des sentiers, à
les baliser et à les entrete-
nir.

Le 15 octobre 1974, le Comité québécois des sentiers
de randonnée voit le jour.
Puis il s'associe à la Fédération québécoise de la ra-
quette pour devenir Sen-
tiers-Québec (1978) et, en
1983, la Fédération québécoise de la marche.

## Flore

Vu les différences de climat,
la végétation varie sensible-
ment d'une région à l'autre;

alors que dans le nord du
territoire québécois elle est
plutôt rabougrie, dans le
sud elle s'avère luxuriante.
En général, au Québec, on
divise les types de végétation selon quatre strates,
allant du nord au sud: la
toundra, la forêt subarcti-
que, la forêt boréale et la
forêt mixte.

La grande région métropolitaine fait partie de la forêt
mixte. Cette forêt, qui se
déploie le long du fleuve
Saint-Laurent et jusqu'à la
frontière américaine, est
constituée de conifères et
de feuillus. Elle est riche de
nombreuses essences telles
que le pin blanc, le pin
rouge, la pruche, l'épinette,
le merisier, l'érable, le bouleau et le tremble.

### La coloration automnale

L'automne venu, il n'y a pas
plus grande joie que de
marcher dans la forêt afin
d'observer les riches coloris
que la nature nous offre.
Comme ces couleurs flam-
boyantes ne durent qu'un
court moment, il faut en
profiter pleinement et aller
en forêt régulièrement afin
de ne rien manquer de ce
spectacle grandeur nature.

À quelques jours près, la
période de coloration in-
tense est pratiquement la
même partout au Québec.
Débutant à la fin du mois

de septembre, cette période dure de 10 à 15 jours. Les arbres dont la croissance est difficile, ou souffrant de divers stress, peuvent avoir une période de coloration plus hâtive.

La période de coloration intense est divisée en deux étapes. La première, survenant au début, amène une coloration superficielle en milieu ouvert. Les arbres isolés, et ceux situés près des lacs, rivières, routes et flancs de montagne, seront les premiers à voir leurs feuilles changer de couleur. La deuxième étape apporte les changements de couleurs dans les milieux plus denses et les sous-bois. C'est alors le moment le plus agréable pour marcher en forêt, les coloris étant partout à leur apogée.

Notez que la température ne joue pas un grand rôle dans la coloration automnale. C'est la diminution de lumière, en raison des journées plus courtes, qui influence la coloration. Faute d'intense lumière, la chlorophylle, qui procure la couleur verte à la feuille, disparaît et fait place aux autres pigments (xanthophylle, carotène).

Les feuilles d'érable, quant à elles, subissent une forte hausse de sucre, provoquant ainsi de riches variétés de coloris (phénols, anthocyanes) selon l'acidité du sol. Les nuits fraîches et les jours ensoleillés et secs amplifient également les riches coloris de l'érable.

Une fois que les minéraux essentiels se sont raréfiés, les feuilles cessent d'être alimentées et meurent. Celles-ci tombent alors et viennent fertiliser les couches supérieures du sol de la forêt. La chute des feuilles est plutôt imprévisible, car elle peut être influencée par les conditions climatiques. De grosses pluies et de forts vents viendront accélérer cette période.

## Les jardins du Québec (♣)

Le Québec possède de merveilleux jardins où il fait bon se promener tout en découvrant des aménagements paysagers aux beautés sans pareilles. De même que les bâtiments historiques, les œuvres d'art et les traditions ancestrales, les jardins sont reconnus comme faisant partie intégrante du patrimoine québécois. Leur conservation et leur mise en valeur ne font que rendre justice à tous ceux qui ont su, au fil des décennies, faire partager leur amour de la «nature en beauté».

À vous de découvrir ces «circuits fleuris» lors de votre passage dans une des 11 régions touristiques présentant un ou plusieurs grands jardins. Dans le présent guide, quatre grands jardins (♣) vous sont présentés, soit deux dans la région de Montréal, un à Laval et un en Montérégie.

**Association des jardins
du Québec**
82 Grande Allée Ouest
Québec
☎*(418) 647-4347*
*www.versicolores.ca/jardins-du-quebec*

## Association des jardins du Québec

C'est en 1989 que l'on décida de regrouper les grands jardins du Québec (Association des jardins du Québec) afin de promouvoir l'horticulture ornementale et de les faire connaître à tous les amoureux de la nature. Le Québec compte 21 jardins, tous ouverts au public, dont 7 dans la seule région de Québec.

## Faune

L'immense péninsule du Québec, à la géographie diverse et aux climats variés, s'enorgueillit d'une faune d'une grande richesse. En effet, une multitude d'animaux peuplent ses vastes forêts, plaines ou régions septentrionales, alors que ses mers, lacs et rivières regorgent de poissons et d'animaux aquatiques.

### La rage

La rage est une maladie très grave, transmise à l'homme par une morsure d'animal atteint, ou même par un contact avec sa salive. Cette maladie infectieuse et contagieuse, causée par un virus, atteint le cerveau et peut provoquer un état d'agitation extrême (spas-

mes, hallucinations, etc.) ou, au contraire, une paralysie.

Lors d'une randonnée, si vous croisez un animal dont l'allure et le comportement semblent anormaux, il est important d'en aviser la personne responsable des lieux, ou de communiquer avec un bureau régional de Faune et Parcs Québec (☎*800-561-1616*).

## Observer les oiseaux

L'observation des oiseaux et la randonnée pédestre vont

## Animaux domestiques

Il est à noter que, dans la grande majorité des lieux de randonnée (parcs québécois, parcs nationaux, réserves fauniques, île d'Anticosti, etc.), la présence d'animaux domestiques est interdite. Il est donc fortement déconseillé d'amener son chien avec soi dans les sentiers. À tout le moins faut-il s'informer auprès du parc, de l'organisme ou de la municipalité qui gère le sentier que l'on projette de parcourir (à noter que la plupart des parcs municipaux et régionaux permettent la présence d'animaux domestiques).

Les raisons qui ont amené l'interdiction d'animaux domestiques dans plusieurs lieux de randonnée pédestre sont multiples : animal non tenu en laisse ou insuffisance de contrôle direct du propriétaire; animal qui harcèle les animaux sauvages (tamia, écureuil, porc-épic, ours, etc.); animal qui s'amuse dans les poubelles du parc; animal qui aboie sans cesse, surtout la nuit; animal qui fait ses besoins sur les sentiers, et propriétaire qui ne les ramasse pas. Sans oublier le temps, pas si lointain, où des propriétaires de chiens allaient abandonner leur animal dans un parc!

de pair. Pour les ornithophiles expérimentés, la randonnée pédestre est le principal moyen de locomotion afin de se rendre sur les différents sites d'observation. Pour le randonneur, l'observation des oiseaux relève davantage de la curiosité; c'est lorsqu'il en aperçoit un qu'il tente de l'identifier et de connaître sa façon d'agir. Bien que toutes les saisons soient propices à l'observation des oiseaux, il y en a une qui mérite que l'on s'y attarde: l'hiver.

Y a-t-il autre chose que des moineaux à observer en hiver? Oh oui! L'hiver est même considéré comme la saison idéale pour s'initier à l'ornithophilie. Le fait qu'il n'y ait pas de feuilles dans les arbres rend l'observation plus facile. De plus, il y a moins d'espèces d'oiseaux en hiver qu'en été, ce qui rend l'identification plus simple.

La randonnée pédestre est un excellent moyen de déplacement afin d'aller observer les oiseaux dans leur habitat naturel. Selon les espèces qu'on veut voir, on aura à se déplacer en montagne, dans les plaines, dans les champs, le long d'une rivière, etc.

Un débutant peut très facilement faire l'observation d'une vingtaine d'espèces d'oiseaux, alors qu'un ornithophile expérimenté peut en repérer jusqu'à 80. Parmi les oiseaux les plus fréquemment observés en hiver, selon la région, on retrouve le geai bleu, le cardinal, le gros-bec, la mésange, la sittelle, le roselin, le bruant, le sizerin, le chardonneret et le jaseur.

Le randonneur attentif aura pris soin d'apporter quelques graines de tournesol afin d'attirer les mésanges, les sittelles, les sizerins et autres. Vous vous étonnerez de la curiosité de certains oiseaux qui, rapidement, iront jusqu'à manger dans votre main.

Par ailleurs, le randonneur emportera des jumelles et un petit guide d'observation afin de mieux s'y retrouver. À ce sujet, le livre de Roger Tory Peterson intitulé *Les oiseaux de l'est de l'Amérique du Nord* est un outil précieux que tout ornithophile devrait avoir dans son sac à dos.

Pour un guide couvrant tout le Québec, le livre de Normand David, *Les meilleurs sites d'observation des oiseaux au Québec*, est un choix judicieux.

Le livre de Pierre Bannon intitulé *Où et quand observer les oiseaux dans la région de Montréal*, quant à lui, regorge d'informations et de descriptions pertinentes. La région de Montréal, dans ce cas-là, s'étend de l'Ontario au lac Saint-Pierre et des Laurentides à la frontière étasunienne. Cette grande région métropolitaine est considérée comme la plus importante du Québec, du point de vue ornithologique, car on y dénombre 350 espèces d'oiseaux!

Il existe également une ligne téléphonique nommée «**Info-Oiseaux**» (☎514-648-2400), qui aide l'observateur à découvrir des espèces inusitées. Ce service gratuit a été élaboré par Jean-Pierre Pratte, un ornithologue amateur de Laval. Le message enregistré est mis à jour quotidiennement et l'on peut également laisser ses propres observations.

Pour tout connaître sur le sujet ou acheter du matériel (jumelles, mangeoires, guides, affiches, etc.), l'apprenti ornithophile peut se rendre au **Centre de conservation de la faune ailée** *(7950 rue de Marseille, Montréal, métro Honoré-Beaugrand, ☎514-351-5861).*

Ceux qui désirent adhérer à un club d'ornithologie dans leur région doivent communiquer avec l'**Association québécoise des groupes d'ornithologues** *(☎514-252-3190, www.quebecoiseaux.qc.ca).*

## Parcs Québec

Pour toute information (brochures, cartes, activités, réservations, périodes d'accès, tarifs, etc.) sur les différents parcs du Québec, composez les numéros suivants:

**Parcs Québec**
**Sépaq**
*☎800-665-6527*
*www.sepaq.com*

**Société de la faune et des parcs du Québec**
*☎800-561-1616*
*☎(418) 643-3127*
*☎(514) 873-3636*
*www.fapaq.gouv.qc.ca*

**Braconnage**
Si vous êtes témoin d'actes de braconnage, composez le *☎800-463-2191* (24 heures sur 24).

# Parcs Québec: droit d'accès

Depuis le 1er avril 2001, des droits d'accès sont exigés afin de visiter les différents parcs provinciaux du Québec.

La grille tarifaire sera en vigueur jusqu'au 31 mars 2005. Différents droits d'accès sont prévus selon que l'on soit seul ou en famille, que l'on fréquente un parc sur une base quotidienne ou annuelle. Un laissez-passer annuel donnant accès à tous les parcs est également en vente.

Exemple pour un adulte: 3,50$ (quotidien), 16,50$ (laissez-passer annuel pour un parc), 30$ (laissez-passer annuel pour tout le réseau).

# La randonnée

La marche est un exercice qui sollicite les capacités aérobies de l'organisme (elle met à profit les appareils respiratoire et circulatoire, qui facilitent l'oxygénation des poumons et le bon fonctionnement du système cardiovasculaire).

Il est donc naturel que la respiration subisse des fluctuations au début d'une randonnée, car la consommation d'oxygène augmente alors rapidement. Après un certain temps, un plateau est atteint et la consommation d'oxygène se stabilise.

Exercice complet, la randonnée pédestre procure plusieurs bienfaits physiques et psychologiques chez le randonneur. Toute personne qui la pratique régulièrement (randonnées les fins de semaine et marche en semaine) voit des changements positifs s'opérer en elle.

D'abord, au niveau cardiovasculaire, la masse et le volume du cœur augmentent. Le volume sanguin s'élève également, ainsi que le débit cardiaque. Par contre, la fréquence cardiaque au repos diminue. La quantité d'oxygène extraite du sang augmente parce que le cœur distribue mieux le sang vers les muscles actifs.

L'entraînement aérobie réduit les pressions systoliques et diastoliques (pression sanguine) au repos et au cours d'un exercice submaximal, particulièrement chez les hypertendus. Toutes ces modifications font qu'après quelque temps on refait la même randonnée en constatant, à la fin, que l'on se sent bien mieux qu'aux occasions précédentes.

Selon la grande majorité des experts en santé (médecins, éducateurs physiques, physiothérapeutes, kinésithérapeutes, etc.), la marche demeure l'exercice physique le plus complet et le moins violent. Plusieurs groupes de muscles (jambes, abdomen, thorax) sont sollicités, de même que la plupart des articulations. Il est reconnu que plus le cœur, les muscles, les os et les articulations sont sollicités, plus ils fonctionnent adéquatement, le poids des années ne se faisant sentir que très lentement.

La randonnée pédestre procure également des bienfaits psychologiques. La vie simple et le contact avec la nature ramènent à l'essentiel. La contemplation, l'observation et l'air pur conduisent à la détente psychologique. On revient d'une randonnée rempli d'énergie et serein, mais vidé de toutes ces tensions nerveuses qu'amène la vie de tous les jours. Comme l'écrivait si bien Dominique Poncet: «*En marchant, on sème sur la route ses soucis, ses stress et ses angoisses, comme si l'esprit se vidait par les pieds de toutes ses mauvaises humeurs et se remplissait de pensées nouvelles et d'idées vivifiantes par les yeux et par la bouche.*»

La pratique de la randonnée pédestre ne demande aucune concentration particulière, contrairement à des sports plus exigeants techniquement, ce qui laisse tout le loisir au randonneur pour méditer ou réfléchir. Il est très fréquent que de nouvelles idées, positives en général, naissent alors de cet état de bien-être. Pas étonnant que, pour certains randonneurs, marcher chaque jour devienne, non pas une obligation, mais un besoin profond de se retrouver avec soi-même.

## Marcher au fil des saisons

La randonnée pédestre est une activité que l'on peut pratiquer toute l'année. Chaque randonneur a sa saison préférée, ce qui ne l'empêche pas d'apprécier les autres saisons. Comme chaque saison possède ses qualités et ses inconvénients, le randonneur a tout avantage à tirer profit de chacune d'elles, en variant ses randonnées et ses lieux de marche.

Le **printemps**, avec ses chauds rayons de soleil, donne immédiatement envie d'aller se promener en forêt. Voir, entendre et sentir la nature renaître encore une fois est un spectacle dont on ne se lasse pas. C'est le moment d'aller observer les rivières gonflées à bloc et les cascades d'eau qui s'élancent avec fracas, provoquant des tourbillons spectaculaires. Par contre, les sentiers de randonnée sont parfois très boueux ou détrempés, rendant la marche plus difficile.

L'**été** amène chaleur, humidité et inconfort. Mais le randonneur averti sait que, dès qu'il sort des grandes villes et qu'il gagne de l'altitude, la température devient presque toujours beaucoup plus confortable. Il prendra soin de marcher plus lentement et d'apporter plus d'eau afin de bien s'hydrater. Une petite trempette dans un ruisseau glacé procure également beaucoup de moments agréables.

L'été, c'est aussi les vacances. Par ailleurs, comme il y a maintenant des sentiers de randonnée dans toutes les régions touristiques du Québec, il ne faudrait surtout pas oublier son équipement de randonnée à la maison. C'est le temps d'aller découvrir, avec son sac à dos, l'île d'Anticosti, les îles de la Madeleine, la Côte-Nord, le Saguenay, l'Abitibi, etc.

L'**automne**, avec ses coloris flamboyants, est pour beaucoup de randonneurs la saison idéale pour aller se balader dans les montagnes. Le temps est frais, l'air est vivifiant, les sentiers sont recouverts de feuilles rouges, jaunes et orangées, comme si la nature nous dévoilait son plus beau tapis afin que l'on puisse marcher jusqu'aux nuages.

L'automne, c'est également la saison où le randonneur a la chance de croiser bon nombre d'animaux sauvages. Observer le tamia faire ses réserves pour l'hiver ou

La randonnée

admirer le cerf de Virginie bondir tel un kangourou, agitant sa petite queue toute blanche est un des privilèges réservés au randonneur contemplatif.

L'**hiver** peut sembler une saison incompatible avec la marche dans les sentiers. La neige, le froid et le vent sont bien sûr des éléments avec lesquels il faut composer, mais cela n'enlève rien au plaisir de marcher dans un sentier tout blanc, où l'on respire à fond cet air pur et vivifiant. Depuis quelques années déjà, plusieurs centres, parcs et autres lieux de marche entretiennent des sentiers afin que l'on puisse y marcher en hiver. Bien vêtu et adoptant un pas vigoureux, le randonneur peut ainsi demeurer plusieurs heures au grand air. Pour ceux qui voudraient sortir des sentiers battus, marcher avec des raquettes offre une liberté insoupçonnée, et des heures d'aventure mémorables.

## J'ai du bon tabac dans ma... ♪ 🎵

Fumer en marchant constitue réellement un non-sens en ce qui concerne le fonctionnement cardiorespiratoire. Pourtant, il est encore fréquent de voir des marcheurs «cigarette au bec». S'ils peuvent fumer tout en marchant, c'est qu'ils adoptent un rythme très lent. Les fumeurs devraient donc prendre la bonne habitude de marcher plus rapidement (5-6 km/h), pour constater qu'il est pratiquement impossible de griller une cigarette à ce rythme. Une telle marche de santé quotidienne peut même contribuer à vaincre le tabagisme.

De plus, bon nombre de feux de forêt, même en milieu urbain, sont causés par une simple petite cigarette mal éteinte. Le randonneur fumeur devrait, à tout le moins, prendre l'habitude d'apporter un petit contenant dans lequel il déposera sa cendre et ses mégots. À moins qu'il prenne tout simplement la bonne habitude de ne jamais amener de cigarettes lors d'une randonnée.

## Avant de partir, toujours s'échauffer

Une fois que les bottes sont bien lacées et que l'on sait quel sentier emprunter, on est souvent pressé de partir afin d'activer la circulation sanguine. Mais, avant de s'élancer ainsi, les muscles froids et raides, il faut **absolument** prendre une dizaine de minutes afin de mettre

# Étirements

Les étirements devraient commencer par la tête et se terminer aux pieds. Ils doivent être effectués doucement et ne pas provoquer de douleur. Dans le calme, les muscles seront relâchés et détendus pendant les étirements. Pendant les étirements, la position sera maintenue pendant 15 secondes, puis relâchée doucement. Rotation de la tête, étirement du cou, rotation des épaules, étirement des épaules puis des bras, rotation du bassin, étirement du bas du dos, des hanches, des cuisses, des mollets, rotation des chevilles et étirement des tendons d'Achille prépareront adéquatement le corps.

en marche son organisme et d'éviter bon nombre de blessures et de courbatures. C'est ce qu'on appelle l'échauffement.

Il est préférable de s'échauffer à l'extérieur juste avant le départ. Quelques exercices d'étirement

et de souplesse, de même qu'un rythme de marche plutôt lent en début de randonnée, augmenteront la flexibilité et la température du corps.

À la fin de la randonnée, quelques exercices d'étirement et de souplesse permettront de réduire les douleurs et les raideurs musculaires éventuelles.

# Alimentation

Lorsqu'il est question d'alimentation, un rappel des notions essentielles permet de réaliser combien il est important de manger de façon équilibrée. La qualité de l'alimentation quotidienne est essentielle à une bonne condition physique. En randonnée pédestre, l'alimentation est le premier facteur qu'il faut prendre en considération. Partir en randonnée sans nourriture représente une erreur qui peut gâcher une journée.

La randonnée pédestre favorise une bonne digestion et aide à soulager la constipation. Le fait de marcher crée des vibrations dans le corps qui agissent notamment au niveau des intestins, du foie et du pancréas, favorisant par le fait même leur bon fonctionnement.

La randonnée

# L'eau

En randonnée pédestre, on se déshydrate assez rapidement sans s'en rendre compte. Boire régulièrement sans attendre d'avoir soif est une bonne habitude à adopter. Il est important de boire avant, pendant et après l'effort afin d'aider son organisme à récupérer plus rapidement. Chaque randonneur devrait avoir sa propre bouteille d'un litre. L'eau, qui compose de 60% à 70% de la masse corporelle, sert à régulariser la température interne du corps, à transporter les minéraux et les vitamines, ainsi qu'à éliminer les déchets.

Les besoins en eau du corps varient de façon importante selon les individus. En moyenne, ils sont de l'ordre de 2,5 litres par jour. Comme l'eau contenue dans les aliments représente environ un litre par jour, il est nécessaire d'absorber environ 1,5 litre de liquide (eau, jus, etc.) par jour. Lors d'un effort physique, la quantité d'eau perdue (sueur) s'élève à environ un litre par heure.

### Les besoins quantitatifs

Les besoins énergétiques varient selon l'âge, le sexe et le genre d'activité pratiqué. Une personne dans la vingtaine consomme environ 2 200 calories par jour durant ses activités quotidiennes. Lors d'une longue randonnée, sa consommation peut atteindre 5 000 calories. Il est donc important de compenser cette perte d'énergie en mangeant plus. Mais attention, pas n'importe quoi.

Une nourriture saine regroupe les quatre grandes catégories d'aliments suivantes (entre parenthèses est indiqué le nombre de portions quotidiennes suggérées):

● lait et produits laitiers (de 2 à 4 portions);

- pain et céréales (de 5 à 12 portions);

- viandes et substituts (de 2 à 3 portions);

- fruits et légumes (de 5 à 10 portions).

## Courte randonnée

Pour une randonnée d'une journée, vous devez surtout vous préoccuper de l'apport glucidique. Vous avez besoin d'énergie maintenant, et les glucides complexes vous la fourniront. Le petit déjeuner devra être complet et équilibré. Au lieu de s'arrêter et de tout manger à midi, il est préférable de prendre plusieurs petites pauses et de manger quelque peu à chaque fois. De là vient l'expression «apporter des vivres de courses». Le «GORP» est un mélange de noix et de fruits séchés très énergisant que l'on grignote à tout moment de la journée. Boire régulièrement aidera à produire un effort plus efficace.

## Suggestions

- Sandwichs au beurre d'arachide;

- viandes séchées ou fumées (jambon, salami, etc.);

- pâtés à la viande ou «végépâté»;

- morceaux de légumes crus (poivron, carotte, chou-fleur, etc.);

- fruits frais (les bananes sont peu résistantes dans un sac à dos);

- fromage à pâte ferme;

- pains ou barres de céréales aux fruits, bananes, noix, etc.;

- mélange de noix et fruits secs (GORP);

- eau ou jus non sucré.

# L'herbe à puce

La randonnée

L'herbe à puce se retrouve dans presque tous les habitats naturels du Québec (bois, champs, rochers, etc.). Cette plante vénéneuse (de 15 cm à 90 cm) est difficile à reconnaître, car elle adopte des formes différentes: plus ou moins grimpante, feuilles luisantes ou non, feuilles de couleurs différentes selon la saison (rouge, vert, multicolore). Toutes les parties de la plante contiennent une huile (toxicodendrol) qui, au contact de la peau ou des vêtements, transmet l'allergie.

Après un contact avec la plante, il est recommandé de laver vigoureusement les parties touchées avec du savon. Il ne faut pas gratter

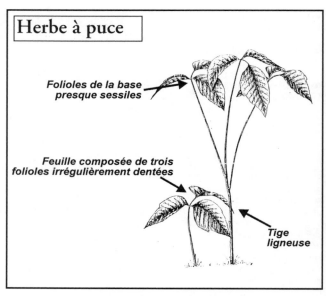

# Herbe à puce

**Folioles de la base presque sessiles**

**Feuille composée de trois folioles irrégulièrement dentées**

**Tige ligneuse**

les boutons, mais plutôt garder la peau humide en utilisant une solution de bicarbonate de sodium (soda à pâte). Il est également important de bien laver tous ses vêtements, car de l'huile peut être entrée en contact avec le bas des pantalons ou l'arrière de l'anorak.

L'irritation n'apparaît pas immédiatement, mais dans les 24 à 48 heures après le contact. Les symptômes sont: violentes démangeaisons, peau rougie, boutons, puis formation de cloches. En cas de complications, il est préférable de consulter un médecin.

Trois petits trucs pour reconnaître l'herbe à puce:

- les feuilles (folioles) sont groupées par trois;

- la feuille du centre a une tige (pétiole) plus longue que celles des côtés;

- la nervure n'est pas située tout à fait au centre de la feuille.

## Le savoir-vivre du randonneur

Le randonneur doit se rendre compte qu'il parcourt des sites naturels que plusieurs milliers d'autres randonneurs sillonnent également. Si la forêt est en bon état lors de son passage, c'est qu'il y a eu des gens soucieux de l'environnement qui y sont passés avant lui. Il faut donc faire en sorte que ceux qui suivront puissent également profiter de toute cette beauté. Il faut apprendre à respecter et à protéger la nature.

Pour cela, il faut toujours marcher dans les sentiers afin de ne pas abîmer la végétation fragile et caractéristique des lieux. Même lorsqu'il y a de la neige au sol, il faut s'en tenir aux sentiers. Il ne faut pas marcher dans les pistes réservées aux vélos de montagne ou aux skieurs de fond (à moins que ces sentiers soient désignés polyvalents). Il est important de respecter les accès restreints ou l'interdiction de se promener sur des terrains privés.

Donner des coups de couteau ou de hache sur un arbre, ou même graver son très précieux nom et celui de l'être cher, peut provoquer des entailles qui sont de véritables blessures pour l'arbre. Ces entailles favorisent l'entrée d'insectes ou de champignons, affaiblissant ainsi le tronc et pouvant même causer la mort de l'arbre.

# La préparation d'une randonnée

Une randonnée pédestre d'une journée avec retour à la maison ne pose pas beaucoup de difficultés. Il faut cependant penser à l'aspect sécuritaire (trousse de premiers soins, vêtements chauds, lampe de poche, etc.), au cas où surviendrait un incident fâcheux.

Le mot clé en randonnée pédestre étant «planification», plus le randonneur passera de temps à planifier sa randonnée, même d'un jour, plus la sortie risque d'être un succès.

S'informer sur les différentes espèces de plantes, d'arbres ou d'oiseaux que l'on est susceptible de crioser suscite l'intérêt et, une fois sur place, le randonneur sera plus attentif à ce qui l'entoure.

Il faut s'informer également, et se préparer en conséquence, des visites culturelles ou historiques ainsi que des autres activités possibles (baignade, canot, équitation, etc.) sur les lieux ou à proximité.

La randonnée

## Les enfants et la randonnée pédestre

Il n'y a pas d'âge pour aimer la randonnée pédestre. Même un bébé de moins de trois ans peut s'y intéresser..., à condition d'être porté par un adulte! Il existe maintenant de très bons porte-bébés en vente dans les boutiques de plein air.

Après l'âge de trois ou quatre ans, l'enfant peut très bien marcher la distance... qu'il a envie de marcher! Pour lui, la notion de distance ne compte guère, seuls les découvertes et les défis le motivent. Lorsqu'il n'éprouve plus de plaisir, il refuse carrément de continuer: il craque d'un seul coup. Il vaut mieux alors ne pas être trop loin de la voiture ou avoir des épaules et un dos très résistants!

Plus vieux, l'enfant ou l'adolescent aime choisir et décider. C'est le temps de le mettre à contribution, de lui faire choisir le sentier que l'on va parcourir cette fin de semaine. Mieux encore, inscrivez-vous avec lui à un stage d'orientation (cartes et boussole). Il est étonnant de constater que la plupart des jeunes apprennent plus rapidement le maniement de la boussole que les adultes!

L'adolescent, c'est bien connu, ne se sépare jamais de son groupe. Parfait, alors amenez vos adolescents (s'ils ne sont pas trop nombreux) faire une longue randonnée avec coucher sous la tente ou en refuge. Ils découvriront alors comment la randonnée pédestre peut être *full* capotée, buzzante, pis trippante»!

Quelques conseils pour de belles randonnées avec les enfants:

● partir avec des amis ayant également des enfants;

● amener un ou des copains des enfants;

● choisir des sentiers courts et faciles dont l'intérêt est varié;

● marcher l'avant-midi, et aller à la plage (terrain de jeu, parc aquatique, etc.) l'après-midi;

● bien chausser l'enfant (peut-être a-t-il besoin de semelles orthopédiques?);

● bien protéger l'enfant du soleil (chapeau, crème), de la pluie, du vent et des moustiques;

● faire boire régulièrement de l'eau ou du jus aux enfants;

● prévoir des jeux (cache-cache, chansons, boussole, etc.);

• prévoir de l'espace dans son sac à dos pour les roches, les bouts de bois, les cocottes (pommes de pin), etc.;

• suivre le rythme de marche de l'enfant;

• faire des arrêts brefs;

• prévoir des collations énergisantes et appétissantes;

• laisser l'enfant prendre quelques photos;

• laisser l'enfant grimper sur les rochers (à moins qu'il y ait danger);

• démontrer de l'intérêt pour les découvertes de l'enfant (grenouilles, crapauds, couleuvres, tamias, etc.);

• ne pas oublier d'apporter les peluches et les jouets préférés.

## Les porte-bébés

Les amateurs de randonnée pédestre, de marche ou de course à pied croient, à tort, qu'ils devront réduire la fréquence de leurs sorties en plein air lors de l'arrivée d'un enfant dans leur vie. Or, il existe actuellement, en vente dans les boutiques spécialisées, de magnifiques, confortables et très pratiques porte-bébés de

toutes sortes pour diverses activités.

### Poussette passe-partout

L'un des porte-bébés les moins connus est certainement le Baby Jogger, un genre de poussette à trois roues. Avec sa géométrie triangulaire et ses grosses roues qui n'ont pas peur de la boue, du sable, du gazon ou du gravier, le Baby Jogger est une poussette passe-partout facile à diriger et comportant même un frein. Beaucoup plus solide et efficace que la poussette conventionnelle, le Baby Jogger permet d'aborder presque tous les types de terrains en plus d'être facile à manœuvrer en ville (autobus, épicerie, etc.).

La poussette Baby Jogger, fabriquée par la firme Racing Strollers, est ajustable et peut supporter un poids allant jusqu'à 22 kg. Des accessoires tels qu'un toit pour la pluie ou le soleil, des paniers et différentes grandeurs de roues sont vendus séparément. La demande étant assez forte et son prix, relativement élevé (autour de 450$), le Baby Jogger est très facile à revendre après quelques mois ou années. À Montréal, les boutiques Courir (☎514-499-9600) et Endurance (☎514-272-9267) vendent les Baby Jogger.

La randonnée

### Porte-bébé de type sac à dos

Pour la randonnée en montagne, là où le terrain est plus accidenté, il faut choisir un porte-bébé de type sac à dos. Coûtant entre 150$ et 300$, le porte-bébé dorsal doit comporter de solides bretelles larges et confortables, ainsi que des espaces de rangement. Il doit être stable afin de ne pas provoquer de déséquilibre chez le randonneur. Certains porte-bébés sont conçus afin de pouvoir être déposés au sol de façon verticale ou horizontale. Un petit toit, protégeant le bébé du soleil et de la pluie, peut être ajouté au porte-bébé. Les modèles des entreprises Tough Traveler, Madden et Kelty ont la faveur de bon nombre de randonneurs. Plusieurs boutiques de plein air vendent et louent (autour de 10$ par jour) différents porte-bébés de type sac à dos.

# L'équipement

Comme dans tout autre domaine, le randonneur sera tenté de suivre les courants de la mode lorsque viendra le temps de faire la tournée des boutiques pour l'achat de son équipement.

Depuis quelques années, le plein air s'est beaucoup modernisé. Les vêtements sont plus chics, les bottes plus légères et les accessoires plus raffinés. Cette nouvelle vague a rendu la randonnée visuellement plus attrayante, mais elle l'a surtout rendue plus agréable.

Naturellement, la mode et la technologie coûtent cher, et le plein air n'y échappe pas. Pour plusieurs, cet obstacle financier n'aura pas d'importance. Pour d'autres, un tel investissement ne saurait se justifier. La plupart des randonneurs ont commencé avec de l'équipement très rudimentaire, ce qui ne les a pas empêchés d'apprécier leurs randonnées. En se contentant d'un équipement confortable et avec lequel on sera en sécurité, on peut très bien parcourir les mêmes sentiers que le randonneur à la fine pointe de la technologie.

## Le matériel

Nous proposons ici une description pouvant servir au moment de l'achat du matériel.

### Le sac à dos

Pour les randonnées d'une journée, un petit sac à dos de 30 l à 40 l fera l'affaire. Il devra pouvoir transporter la gourde, un peu de nourriture, des vêtements supplémentaires, un appareil photo, la trousse de premiers soins, les cartes, la boussole, etc. Il devra être solide et comporter une ceinture. Une attache à la poitrine (tyrolienne) procure un confort supplémentaire. À surveiller: la solidité des bretelles.

Il est conseillé de ne pas accrocher d'articles à l'extérieur du sac. Cela déséquilibre le randonneur et les articles risquent de s'accrocher aux branches. Au plus, on y placera la bouteille d'eau et son porte-bouteille.

### La gourde

La gourde de 1 l à large goulot est idéale. Elle se remplit facilement sans que l'on ait à se mouiller les mains et son orifice gèle moins rapidement par temps froid. Les bouteilles de marque Nalgene ont largement gagné la faveur des randonneurs. Elles sont légères, très solides (polycarbonate Lexan), ne coulent pas et ne retiennent aucun goût.

Il faut éviter les gourdes en peau, qui donnent un goût désagréable à l'eau et qui finissent par inonder le sac à dos. Un petit conseil: pour éviter que l'eau ne gèle lorsqu'il fait froid, mettez la gourde dans un bas de laine puis dans le sac à dos de manière à ce qu'elle se trouve contre votre dos. La chaleur du corps suffira à maintenir l'eau à l'état liquide. Il se vend également des porte-bouteilles isolants.

### Le canif

Le canif, dont la lame se replie, sert en de multiples petites occasions. Au déjeuner, pour réparer un objet, couper du tissu, un lacet ou une branche, il est toujours de service et très utile. Deux modèles ont la faveur des randonneurs: l'Opinel (de 10$ à 20$) et le canif Victorinox de l'Armée suisse (de 25$ à 100$).

## Les jumelles

Les jumelles sont très appréciées pendant les randonnées pédestres. Au haut d'une montagne au sommet dégarni, le randonneur observera et identifiera les autres montagnes, mais également les lacs, les rivières, les vallées et les villages environnants. Au bord d'un lac ou d'une rivière, il pourra regarder avec intérêt le castor qui travaille sans relâche ou l'orignal venu s'y désaltérer. Sans oublier les centaines d'espèces d'oiseaux qu'il est possible d'observer au Québec.

L'achat de jumelles n'est cependant pas toujours aisé. Comment choisir parmi tous ces modèles et tous ces prix (de 40$ à plus de 600$)? Il faut d'abord comprendre le fonctionnement des jumelles. Leurs caractéristiques sont présentées à l'aide de deux nombres sur chaque instrument, par exemple «7 x 35». Le premier nombre (7) indique la puissance ou le grossissement. Ainsi, dans le cas présent, l'objet observé sera sept fois plus près de vous. Le deuxième nombre (35) permet de mesurer le diamètre de la lentille. Plus ce nombre est élevé, plus la visibilité sera bonne, avec une image plus claire et plus nette. Les jumelles les plus populaires auprès des randonneurs sont les «7 x 35» et les «8 x 40».

Outre ces deux nombres, plusieurs autres facteurs permettent de faire un choix judicieux. Ainsi, les randonneurs préféreront des jumelles compactes, plus petites et plus légères que les jumelles courantes. Le champ de vision, c'est-à-dire la largeur en mètres de ce que l'on peut voir à 1 000 m de distance, a également une incidence. Pour la randonnée pédestre, un grand champ de vision est préférable car on observera plus de détails à la fois. Les lentilles qui ont été traitées (multicouche) procureront une vision plus claire et réduiront la fatigue des yeux. Certaines jumelles sont étanches, anti-buée, et comportent parfois même un zoom.

Équipement

## Les chaussures

Les chaussures sont les pièces maîtresses en randonnée pédestre. C'est ce que le randonneur débutant doit se procurer avant toute chose. Il est révolu le temps où les bottes de randonnée étaient lourdes et tellement rigides qu'il fallait souffrir pendant des mois avant de s'y sentir à l'aise. On retrouve désormais, dans les boutiques spécialisées, un grand choix de chaussures de randonnée pédestre, pour tous les goûts et tous les budgets.

Selon le genre de randonnée, nous proposons trois types de chaussures.

**Souliers de marche**: ces chaussures sont utiles lors de randonnées légères d'une journée dans des sentiers aménagés et sans pente abrupte. Une nouvelle gamme de chaussures toutterrain (Salomon, Merrell, Asolo, One Sport, etc.) a vu le jour il y a quelques années. Légères, absorbantes et robustes, ces chaussures sont généralement fabriquées en cuir et représentent un bon achat pour le randonneur qui prévoit ne pas s'aventurer sur de hauts sommets ou en longue randonnée. Comptez autour de 125$.

**Bottes de randonnée légère**: ces chaussures permettent de gravir des sommets plus imposants et accessibles en une journée. La cheville sera mieux soutenue qu'avec le soulier de marche. Elles peuvent supporter des randonnées de plusieurs jours, mais les chevilles risquent de souffrir, surtout avec un sac à dos de plusieurs kilos sur sentier accidenté. Fabriquées de cuir ou d'un mélange nylon-cuir, ces bottes constituent un bon choix pour le randonneur ayant un budget limité. Comptez entre 100$ et 150$.

**Bottes de randonnée**: ce sont les chaussures que l'on utilisera la plupart du temps. Plus hautes et plus résistantes que les précédentes, elles conviennent parfaitement aux randonnées d'une journée ainsi qu'aux randonnées en montagne où les sentiers sont plutôt accidentés et abrupts. Le maintien de la cheville y est excellent. Fabriquées tout de cuir, ces bottes offrent confort, support, stabilité, traction, absorption des chocs et durabilité. Régulièrement, elles nécessitent nettoyage et protection (cire d'abeille sans silicone). Comptez entre 150$ et 250$.

### Quelques petits conseils avant l'achat de chaussures

● Choisir des chaussures en fonction du type de randonnée que l'on projette de pratiquer (randonnée urbaine, courte randonnée, longue randonnée, etc.).

● Ne pas attendre la veille d'une sortie pour magasiner.

● Aller dans une boutique spécialisée.

● Ne pas être pressé lors de l'achat et ne pas arriver 10 min avant la fermeture de la boutique.

● Apporter les paires de chaussettes que l'on portera en randonnée (chaussettes de polypropylène, de laine, etc.).

● Essayer les deux bottes (on a souvent un pied plus petit que l'autre).

● S'assurer qu'il n'y a pas de point de tension (notamment sur le dessus du pied).

● Avant de lacer, pousser le pied vers l'avant de la botte; l'espace créé derrière la cheville doit permettre d'y glisser facilement un doigt (ne pas oublier que les pieds enflent en randonnée).

● Marcher avec les chaussures et les garder dans ses pieds au moins 10 min, ce qui donnera une meilleure idée de leur rendement.

● S'assurer que le talon demeure bien en place.

● En terrain plus accidenté, une paire de guêtres sur ses chaussures aidera à les garder plus longtemps au sec et évitera que les petits cailloux ou la neige ne s'y infiltrent.

● Bien s'informer de la politique d'échange de la boutique. Les bonnes boutiques offrent d'échanger ou de rembourser le client, à condition que les bottes n'aient pas été traitées, imperméabilisées ou portées à l'extérieur. Ainsi, vous pourrez porter les bottes pendant de longues heures à la maison et voir si elles vous conviennent.

● Les vieilles chaussures de randonnée peuvent très bien prendre leur retraite dans le coffre de la voiture. C'est fou ce qu'elles peuvent encore nous être utiles (panne de voiture, tempête de neige, séjour à la ferme, peinture, etc.)!

● L'entretien des chaussures est primordial. Après une randonnée, il faut toujours

Équipement

les nettoyer (boue, neige) et les faire sécher correctement. Il ne faut pas les poser trop près d'une source de chaleur car cela pourrait les abîmer. Au besoin, si elles sont vraiment mouillées, on peut les remplir de papier journal. Il faut les traiter avec un produit convenant à ce genre de bottes afin de les protéger et de les rendre plus imperméables.

## L'habillement

Autant il faut se couvrir pendant la nuit, autant il faut couvrir son corps durant la journée pour qu'il garde sa température idéale (37,2°C). La tenue vestimentaire est donc très importante. Les vêtements isolent l'organisme de l'air ambiant: ils protègent autant de la chaleur que du froid.

L'eau étant un bon conducteur thermique, il est important de disposer de vêtements qui «respirent» et qui gardent au chaud tout en laissant évacuer la transpiration. Quant aux parkas (en Gore-Tex ou autres), ils laissent sortir la transpiration tout en protégeant de la pluie.

Les fourrures polaires sont très utiles à ce point de vue. Elles gardent au chaud et ont l'avantage de sécher très rapidement, ce que ne peut faire la laine. Le système multicouche (aussi appelé «pelure d'oignon») est sans doute la meilleure façon de se vêtir en randonnée pédestre. Il permet d'enlever des couches de vêtements au fur et à mesure que l'on se réchauffe et d'en ajouter à volonté lorsqu'il fait froid ou au repos.

Il ne faut jamais attendre de transpirer, mais simplement d'avoir chaud, pour enlever une couche de vêtements. Le pire vêtement à emporter est le manteau de ski, car il est trop chaud lorsqu'on le porte, et l'on gèle lorsqu'on l'enlève.

### Le système multicouche

Le système multicouche est composé, dans la grande majorité des cas, de trois types de vêtements. Par temps très froid, ou sur les sommets dénudés et exposés au vent, il n'est pas rare que le randonneur porte jusqu'à cinq ou six couches de vêtements superposés. Ces différentes couches de vêtements relèvent également des trois types de vêtements offrant un confort optimal lors d'exercices physiques en plein air.

#### Première couche

La première couche de vêtements est celle des sous-vêtements (haut et bas). Elle sert principalement à garder le corps au sec en expulsant l'humidité de la peau vers l'extérieur. Il est reconnu que, lorsqu'une surface de la peau reste humide, la perte de chaleur peut être jusqu'à 32 fois plus grande, d'où l'importance de demeurer au sec. Depuis quelques années, les sous-vêtements les plus efficaces sont ceux fabriqués de fibres polyester (100%) traitées. Minces et moulants, ils sont également très doux au toucher.

Notez qu'il existe jusqu'à quatre ou cinq différentes épaisseurs de sous-vêtements. Selon la saison, l'endroit visité, l'activité pratiquée et le confort recherché (personne frileuse ou non), on choisira celle qui convient le mieux.

### Deuxième couche

La deuxième couche de vêtements a pour rôle de conserver la chaleur du corps tout en laissant passer l'humidité rejetée par la première couche. La fourrure polaire, aussi appelée *polar*, est depuis plusieurs années la reine incontestée de cette catégorie. Tout comme le sous-vêtement, la fourrure polaire est fabriquée de fibres polyester (100%) traitées. Bien qu'on utilise souvent les mêmes fibres, l'appellation pourra varier selon le fabricant.

Il existe également différentes épaisseurs de fourrure polaire (trois en général), la plus mince correspondant souvent au sous-vêtement le plus épais. La fourrure polaire, en plus de sécher très rapidement, offre un confort sans pareil. Elle est chaude lorsqu'il fait froid, tout en étant agréable lorsqu'il fait chaud, contrairement à la laine, insupportable par temps chaud.

Il faut se méfier des *polars* bon marché qui imitent les fourrures polaires, mais qui ne sont que des feutres brossés s'usant rapidement et conservant moins la chaleur du corps. À défaut de posséder une fourrure polaire, le randonneur optera pour un chandail de laine (et non de coton). La laine, même mouillée, offre l'avantage de conserver la chaleur.

### Troisième couche

La troisième couche a pour rôle de protéger le corps des éléments extérieurs, soit du vent, de la pluie et de la neige. Le parka (plus long) ou le blouson (plus court) joue ce rôle, de même que le surpantalon. Le parka peut simplement couper le vent (coupe-vent), empêcher la pluie de pénétrer (imperméable), ou offrir ces

Équipement

deux protections à la fois (microporeux).

Le coupe-vent est idéal lorsque l'on pratique une activité physique intense (marche rapide, course à pied, vélo, ski de fond, etc.) par beau temps. Il est peu coûteux, mais ne résiste pas aux intempéries.

L'imperméable est extrêmement efficace par mauvais temps. Peu cher, il résiste aux pires intempéries, mais se transforme en véritable sauna lorsqu'on pratique une activité physique intense ou même modérée.

L'idéal en randonnée pédestre, ainsi que pour la plupart des activités de plein air, est le parka (avec ou non le surpantalon), qui offre l'imperméabilité optimale tout en laissant évacuer la transpiration du corps vers l'extérieur. Le parka en Gore-Tex demeure le préféré des amateurs d'activités de plein air. Le Gore-Tex est une membrane ajoutée au moment de la fabrication du vêtement, rendant celui-ci imperméable tout en étant poreux. Depuis plusieurs années, ce procédé a connu de nettes améliorations le rendant très efficace et résistant. D'autres produits, généralement appliqués comme un enduit, offrent également une bonne protection contre les intempéries tout en laissant évacuer la sueur

(Entrant, Sympatex, Triple Point, Dermoflex, etc.).

Un tel parka ou blouson est assez coûteux (de 200$ à 500$), mais offre une superbe protection en toute saison, autant à la ville qu'en haute montagne. À surveiller: l'épaisseur (nombre de couches), la doublure, la coupe (selon sa taille), les poignets (ajustables) et surtout la ventilation (fermetures éclair sous les bras).

## Réparation

Le début du printemps est la période tout indiquée pour effectuer une vérification complète de son équipement de plein air. Une fermeture éclair brisée, un anorak déchiré, des manches trop longues ou trop courtes, un pantalon à ajuster, des bretelles de sac à dos usées ou inconfortables, un sac de couchage amoché, une tente en mauvais état, etc. La liste peut être longue si cela fait plusieurs années que l'on endure les petits travers de son équipement.

Si votre équipement ou matériel de plein air se brise, avant de penser à le remplacer, il est possible de le faire réparer chez:
**De fil en montagne**
515 rue Marie-Anne E.
Montréal, métro Mont-Royal
☎ *(514) 522-1668*

Pour faire réparer des souliers ou des bottes de marche, mais également des bottes de ski, des souliers de vélo, des chaussons d'escalade, etc., le cordonnier **Carinthia** a la faveur des fervents du plein air.

**Carinthia**
1407 rue St-Marc
Montréal, métro Guy-Concordia
☎*(514) 935-8475*

---

## Principales boutiques de plein air dans la région métropolitaine

### Montréal

**La Cordée**
2159 rue Ste-Catherine E.
métro Papineau
☎*(514) 524-1106*
☎*800-567-1106*
*www.lacordee.com*

**L'Aventurier**
1610 rue St-Denis, métro Berri-UQÀM
☎*(514) 849-4100*
*www.aventurier.net*

**Le Yéti**
5190 boul. St-Laurent, métro Laurier
☎*(514) 271-0773*

**Blacks International**
3525 ch. Queen Mary
☎*(514) 739-4451*
1101 av. Laurier O.
☎*(514) 271-1314*

**Boutique Courir**
4452 rue St-Denis, métro Mont-Royal
☎*(514) 499-9600*

**Altitude**
4140 rue St-Denis
métro Mont-Royal
☎*(514) 847-1515*
☎*800-729-0322*
*www.altitude-sports.com*

**Kaki**
6575 rue St-Denis
métro Beaubien
☎*(514) 274-7122*

**Inukshuk**
1472 rue Peel
métro Peel
☎*(514) 288-8010*
6361 rte Transcanadienne
(Pointe-Claire)
☎*(514) 694-2445*
*www.inukshukpleinair.com*

**Tibet**
1192 rue Ste-Catherine O.
métro Peel
☎*(514) 875-0079*

**Baron Sport**
932 rue Notre-Dame Ouest
☎*(514) 866-8848*
*www.baronsport.com*

**Propulsion**
1465 Mont-Royal Est
☎*(514) 524-4803*

### Laval

**L'Aventurier**
Centre Décor 440
3912 autoroute 440 O.
☎*(450) 681-8030*
*www.aventurier.net*

**Boutique Courir**
2524 boul. Daniel-Johnson
☎*(450) 978-9822*

Équipement

**André Jac Sport**
5520 boul. des Laurentides
☎*(450) 622-2410*
☎*800-997-2410*

**Kaki**
1820 boul. des Laurentides
☎*(450) 662-0001*
☎*800-363-1101*

### Rive-Nord

**Kaki**
67 pl. Bourget Nord, Joliette
☎*(450) 753-5332*
☎*800-268-7332*

**Le Montagnard**
80 boul. Labelle, Ste-Thérèse
☎*(450) 434-3909*

**Le Refuge**
440 rue St-Georges, St-Jérôme
☎*(450) 438-5005*

### Rive-Sud

**L'Aventurier**
8025 boul. Taschereau, Brossard
☎*(450) 462-3389*
*www.aventurier.net*

**Altitude**
2340 A Lapinière, Brossard
☎*(450) 656-0088*
☎*800-729-0322*
*www.altitude-sports.com*

**Boutique Courir**
1745 ch. Chambly, Longueuil
☎*(450) 674-4436*

**S.A.I.L.**
1085 de l'Industrie, Belœil
☎*(450) 467-5223*
☎ *800-363-9400*
*www.sail.qc.ca*

**Le Bivouac**
210 rue Principale, Granby
☎*(450) 777-7949*

# Les cartes

Plusieurs des cartes présentées dans ce guide se rapportent aux randonnées, **mais sans pour autant être des cartes topographiques**, dans la mesure où elles ne servent qu'à situer le randonneur. Les cartes des différents parcs permettent de repérer rapidement les accès aux sentiers, les montagnes, les lacs, les campings, les postes d'accueil et les services offerts. Notez que la grande majorité des parcs distribuent ou vendent des cartes des sentiers (plus détaillées) des randonnées proposées.

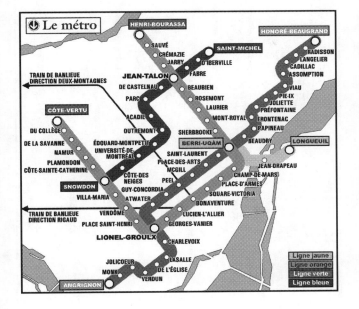

**Le métro**

HENRI-BOURASSA
SAINT-MICHEL
HONORÉ-BEAUGRAND

SAUVÉ
CRÉMAZIE
JARRY
D'IBERVILLE
RADISSON
LANGELIER
CADILLAC
ASSOMPTION

JEAN-TALON
FABRE
DE CASTELNAU
BEAUBIEN
VIAU
PARC
ROSEMONT
PIE-IX
JOLIETTE
PRÉFONTAINE
ACADIE
LAURIER
MONT-ROYAL
FRONTENAC
PAPINEAU

CÔTE-VERTU

DU COLLÈGE
DE LA SAVANNE
NAMUR
PLAMONDON
CÔTE-SAINTE-CATHERINE

OUTREMONT
ÉDOUARD-MONTPETIT
UNIVERSITÉ-DE-MONTRÉAL
SHERBROOKE
BERRI-UQÀM
BEAUDRY
LONGUEUIL

SAINT-LAURENT
PLACE-DES-ARTS
MCGILL
PEEL

JEAN-DRAPEAU
CHAMP-DE-MARS
PLACE-D'ARMES
SQUARE-VICTORIA
BONAVENTURE

TRAIN DE BANLIEUE
DIRECTION DEUX-MONTAGNES

CÔTE-DES-NEIGES
GUY-CONCORDIA

SNOWDON
VILLA-MARIA
ATWATER

VENDÔME
LUCIEN-L'ALLIER
GEORGES-VANIER

TRAIN DE BANLIEUE
DIRECTION RIGAUD

PLACE SAINT-HENRI
LIONEL-GROULX
CHARLEVOIX

JOLICOEUR
LASALLE
MONK
DE L'ÉGLISE
VERDUN

ANGRIGNON

Ligne jaune
Ligne orange
Ligne verte
Ligne bleue

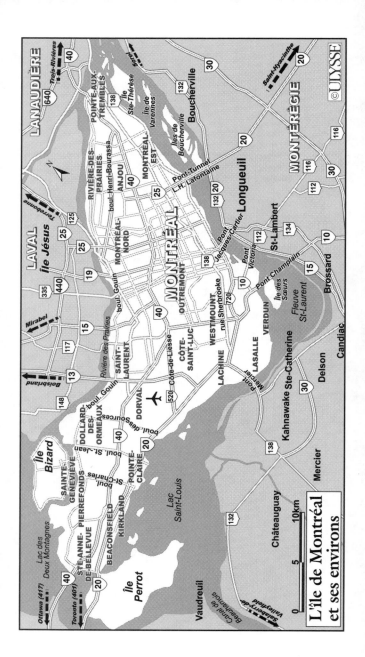

# L'Île de Montréal et ses environs

©ULYSSE

LANAUDIÈRE

LAVAL
Île Jésus

MONTÉRÉGIE

MONTRÉAL

OUTREMONT

WESTMOUNT

VERDUN

LASALLE

LACHINE

CÔTE-SAINT-LUC

SAINT-LAURENT

DORVAL

POINTE-CLAIRE

DOLLARD-DES-ORMEAUX

KIRKLAND

BEACONSFIELD

STE-ANNE-DE-BELLEVUE

PIERREFONDS

SAINTE-GENEVIÈVE

Île Bizard

Île Perrot

Lac des Deux Montagnes

Lac Saint-Louis

Fleuve St-Laurent

Île des Sœurs

MONTRÉAL-NORD

MONTRÉAL-EST

ANJOU

POINTE-AUX-TREMBLES

RIVIÈRE-DES-PRAIRIES

Île Ste-Thérèse

Île de Varennes

Îles de Boucherville

Boucherville

Longueuil

St-Lambert

Brossard

Candiac

Delson

Mercier

Kahnawake Ste-Catherine

Châteauguay

Vaudreuil

Ottawa (417)

Toronto (401)

Mirabel

Boisbriand

Terrebonne

Trois-Rivières

Sorel

Saint-Hyacinthe

Valleyfield

Salaberry-de-Valleyfield

Canal de Beauharnois

boul. Henri-Bourassa

boul. Gouin

Rivière des Prairies

côte-de-Liesse

boul. des Sources

boul. St-Jean

boul. St-Charles

rue Sherbrooke

Pont-Tunnel L.H.-Lafontaine

Pont Jacques-Cartier

Pont Victoria

Pont Champlain

Pont Mercier

40  640  138  20  30  132  116  112  134  10  15  30  20  25  25  125  19  440  335  15  117  13  148  20  40  520  720  132  30

N

0   5   10 km

# Montréal

M ontréal offre un paysage urbain présentant en une riche diversité les étapes de l'évolution de la ville.

D epuis les plus anciennes constructions du Vieux-Montréal jusqu'à l'érection des tours de verre du centre-ville, se sont écoulés trois siècles et demi marqués par l'incessante croissance de la ville. La splendeur des innombrables églises, les façades néoclassiques des banques de la rue Saint-Jacques, les petites maisons à toit plat des quartiers ouvriers, tout comme les somptueuses résidences de ce que l'on nommait le «mille carré doré», ne sont que quelques témoignages de l'histoire récente ou plus ancienne de cette ville.

L 'importance que Montréal occupa et occupe toujours en tant que principal centre artistique et intellectuel du Québec, et grande ville portuaire, industrielle, financière et com-

merciale, se reflète avec éloquence dans son riche patrimoine architectural. Mais, malgré les airs de grande cité nord-américaine qu'évoque sa haute silhouette de verre et de béton, Montréal est avant tout une ville de quartiers où il fait bon se balader au rythme des saisons.

S i Montréal est une ville, elle se trouve également sur une île du fleuve Saint-Laurent, la principale voie de pénétration du Nord-Est américain. L'île de Montréal, d'une longueur de 32 km et d'une largeur maximale de 16 km, regroupe 28 municipalités. La ville de Montréal, avec son million d'habitants, est évidemment la principale agglomération de la Communauté urbaine de Montréal (CUM).

L'île de Montréal regorge d'endroits facilement accessibles en métro et en autobus, où il est possible de faire de superbes randonnées dans des décors qui, souvent, font oublier la ville. La nature, la tranquillité et les petits oiseaux se trouvent souvent à quelques minutes de chez soi, pourvu qu'on se donne la peine de sortir. Dans cette section représentant l'île de Montréal, nous proposons 24 sites, soit plus de 210 km de sentiers de randonnée pédestre à parcourir.

## Montréal au fil des siècles

Lors de sa deuxième expédition en Amérique du Nord, en 1535, Jacques Cartier remonta le fleuve Saint-Laurent jusqu'aux abords de l'île de Montréal, en explora les rives et gravit le mont Royal. Si Cartier n'a peut-être pas été le premier Européen à la visiter, il a néanmoins été le premier à en rapporter l'existence. Située au confluent de ce que l'on nomme aujourd'hui le fleuve Saint-Laurent et la rivière des Outaouais, l'île était alors connue des Amérindiens sous le nom d'Hochelaga.

Au moment de la visite de Cartier, une grande ville fortifiée, peuplée d'environ 1 500 Amérindiens de langue iroquoise, occupait alors les flancs du mont Royal. Cette ville fut vraisemblablement détruite ou abandonnée quelques années plus tard, puisque Samuel de Champlain, fondateur de la ville de Québec et grand explorateur, n'en trouva aucune trace lors de sa visite, en 1611. Il nota toutefois au passage que cette île ferait un très bon emplacement pour l'érection d'un poste de traite.

La traite des fourrures n'a cependant pas été à l'origine de la fondation de Montréal. Baptisé d'abord Ville-Marie, son établissement a plutôt été l'œuvre d'un groupe de dévots français, venus dans l'espoir d'y évangéliser les Amérindiens. Sous la direction de Paul de Chomedey, sieur de Maisonneuve, 50 hommes et quatre femmes, dont Jeanne Mance, fondèrent Ville-Marie le 18 mai 1642. Leur idéal se heurta cependant très tôt à l'hostilité des Iroquois, si bien que, jusqu'à la signature du traité de paix de 1701, Français et Iroquois se livrèrent un conflit permanent, qui menaça même à plusieurs reprises l'existence de la ville.

Si Montréal a été fondée initialement pour la gloire de la chrétienté, les commerçants se sont néanmoins rapidement substitués aux religieux et autres porteurs de la «bonne nouvelle». Pénétrant profondément l'arrière-pays, les nombreux cours d'eau à proximité donnaient un accès facile à de riches territoires de chasse. Montréal devint ainsi rapidement un important centre de négoce et même, durant près d'un siècle et demi, le principal pôle de la traite des fourrures en Amérique du Nord. C'est aussi à partir de Montréal que les explorateurs et coureurs des bois partirent à la découverte de l'immense territoire s'étendant de la baie d'Hudson à la Louisiane.

Montréal fut conquise par l'armée britannique en 1760, et les marchands français furent alors remplacés par des Écossais dans le commerce des fourrures. Elle devint la métropole du pays dans les années 1820, lorsque sa population dépassa celle de la ville de Québec. Montréal changeait alors très rapidement de visage: des milliers d'immigrants provenant des îles Britanniques s'y installaient ou simplement y transitaient avant d'aller peupler d'autres contrées de l'Amérique du Nord. Elle devint même, pendant un temps, à majorité anglo-saxonne, avant que son industrialisation, à partir du milieu du XIX$^e$ siècle, n'attire un flux incessant de paysans de la campagne québécoise.

Déjà, au tournant du XX$^e$ siècle, Montréal était devenue une importante cité industrielle et commerciale, dont la haute bourgeoisie contrôlait 70% des richesses de l'ensemble canadien. La révolution industrielle avait tout aussi naturellement donné naissance à un important prolétariat, surtout composé de Canadiens français et d'Irlandais, aux conditions de vie misérables. Parallèlement, des immigrants autres que Britanniques commençaient à y affluer, surtout des Juifs d'Europe de l'Est, des Allemands et des Italiens, ini-

Montréal

tiant ainsi le caractère cos-
mopolite de la métropole.

Au cours du XX$^e$ siècle,
Montréal ne cessa de croître
et d'engloutir les villes et
villages avoisinants, grâce à
l'arrivée toujours constante
d'immigrants et de Québé-
cois des zones rurales. Elle
commença même, à partir
des années 1950, à étendre
ses tentacules sur la campagne extérieure de l'île et
à y créer une banlieue. Son
centre économique quitta
graduellement le «Vieux-
Montréal» pour le quartier
aux abords de la rue Dor-
chester (aujourd'hui le boulevard René-Lévesque), où
poussent depuis des gratte-
ciel de verre et de béton.

Dans les années 1960 et
1970, le maire Jean Dra-
peau, que l'on a souvent
taxé de mégalomane, affer-
mit la réputation internationale de «sa» ville, en y faisant construire le métro, en
1966, et en y organisant des
événements d'envergure.
Montréal fut ainsi l'hôte de
l'Exposition universelle de
1967, des Jeux olympiques
de 1976 et des Floralies
internationales de 1980. À
l'été 1992, de grandes fêtes
vinrent célébrer le 350$^e$
anniversaire de la fondation
de Montréal.

## Les parcs-nature de la Communauté urbaine de Montréal

Le territoire de la Communauté urbaine de Montréal
(CUM) abrite neuf parcs-
nature (autrefois appelés
parcs régionaux), tous situés dans la portion nord
de l'île de Montréal. De l'est
de l'île en allant vers
l'ouest, nous retrouvons les
parcs-nature de la Pointe-
aux-Prairies, du Bois-
d'Anjou, de l'Île-de-la-Visitation, du Bois-de-Saraguay,
du Bois-de-Liesse, du Bois-
de-l'Île-Bizard, du Cap-
Saint-Jacques, du Bois-de-
la-Roche et de l'Anse-à-
l'Orme.

De ces neuf parcs, six sont
actuellement ouverts au
public tout au long de
l'année. Dans ce guide,
nous en présentons cinq
(Pointe-aux-Prairies, l'Île-de-
la-Visitation, le Bois-de-
Liesse, le Bois-de-l'Île-Bizard et Cap-Saint-Jacques),
car le sixième, celui de
l'Anse-à-l'Orme, n'est, pour
l'instant, aménagé qu'à
l'intention des amateurs de
planche à voile et de dériveur. Les trois autres parcs-
nature, le Bois-d'Anjou
(40 ha), le Bois-de-Saraguay
(96 ha) et le Bois-de-la-
Roche (191 ha), seront aménagés au cours des prochaines années.

Après avoir fait l'acquisition puis l'aménagement des deux premiers parcs-nature (Bois-de-Liesse et Île-de-la-Visitation) en 1979, la Communauté urbaine de Montréal continua d'acquérir de grands espaces verts dans les années 1980, pour les convertir en parcs-nature. Les neuf parcs-nature couvrent désormais une superficie de 1 300 ha (dont 24 km de rives), soit le tiers des espaces verts de tout le territoire de la CUM!

Les parcs-nature de la CUM sont de véritables oasis de verdure en milieu urbain où l'on peut marcher à souhait. Les cinq parcs présentés dans ce guide offrent plus de 50 km de sentiers de randonnée pédestre. Marais, champs, plaines, buttes, bords de l'eau, ruisseaux, plages, forêts matures, sous-bois, flore et faune riches et diversifiées, sites historiques, belvédères, etc, font de ces parcs des haltes obligatoires pour tout amoureux de randonnée pédestre, d'activités de plein air quatre saisons ou d'observation de la nature.

Afin d'assurer la conservation et le respect du milieu naturel de ces parcs urbains, l'approche privilégiée dans les différents parcs-nature est l'éducation en environnement. Ainsi, plusieurs activités éducatives sont proposées afin de sensibiliser les différents groupes de visiteurs (grand public, groupes scolaires, aînés). Selon la saison et le parc, des ateliers, des stages d'observation, des randonnées guidées, des causeries et des expositions sont présentés aux visiteurs.

Parmi les activités de plein air que le visiteur peut pratiquer dans l'un ou l'autre de ces parcs, on retrouve l'observation de la nature, l'ornithologie, le vélo, la baignade, la planche à voile, le dériveur, le canot, le kayak, la pêche, le ski de fond, la raquette et la glissade. Plusieurs parcs offrent également un service de location (vélos, embarcations, skis de fond, luges et chambres à air pour la glissade, etc.).

Voici les principaux règlements en vigueur dans les parcs-nature:

• les chiens sont admis uniquement dans les stationnements, les sentiers pédestres et les aires gazonnées accessibles au public (sauf s'il s'agit d'un chien-guide);

• les chiens doivent être tenus en laisse (2 m maximum) et leurs excréments doivent être immédiatement ramassés;

• il est interdit de nourrir les animaux;

Montréal

• il est interdit de chasser ou de piéger;

• il est interdit de cueillir des plantes, des fleurs ou des champignons;

• il est interdit de marcher hors des sentiers aménagés;

• les vélos de montagne doivent demeurer sur la piste cyclable;

• il est interdit de jeter des déchets ailleurs qu'aux endroits réservés à cet effet.

Les parcs-nature sont ouverts du lever au coucher du soleil. Les heures et les périodes d'ouverture des différents chalets d'accueil varient selon la saison. Certains chalets peuvent même être fermés pendant quelques semaines (surtout vers la fin de l'automne).

Mis à part le parc-nature du Bois-de-l'Île-Bizard, les parcs-nature sont accessibles par le transport en commun (STCUM).

Les stationnements des parcs-nature sont tous payants. Le tarif est de 4$ par jour. Les horodateurs acceptent la monnaie ainsi que les cartes de crédit Visa et MasterCard. Un permis annuel (35$), permettant de stationner dans tous les parcs-nature, est en vente dans les différents chalets d'accueil.

## Information

**Indicatif régional: ☎514**

**Services administratifs du réseau des parcs-nature**
2580 boul. St-Joseph Est, Montréal
**☎280-6883 ou 280-6701**
**Information sur le réseau des parcs-nature**
**☎280-PARC**
*www.cum.qc.ca/parcs-nature*

## Le centre de l'île

### Le boulevard Saint-Laurent

Faire de la randonnée pédestre à Montréal est de plus en plus facile, notamment grâce aux nombreux parcs et grands espaces verts de la ville. Mais marcher à Montréal, le Montréal des trottoirs, de la rue, des boutiques, des restaurants, des cafés, des bars, le Montréal des quartiers, le Montréal ethnique, le Montréal culturel, est-ce possible?

Oui! En plus, tout cela est possible en n'empruntant qu'une seule artère, le boulevard Saint-Laurent. Long de 11 km, le boulevard Saint-Laurent représente un beau défi à relever pour le randonneur avide de connaître, mais surtout de sentir et de vivre cette grande métropole qu'est Montréal.

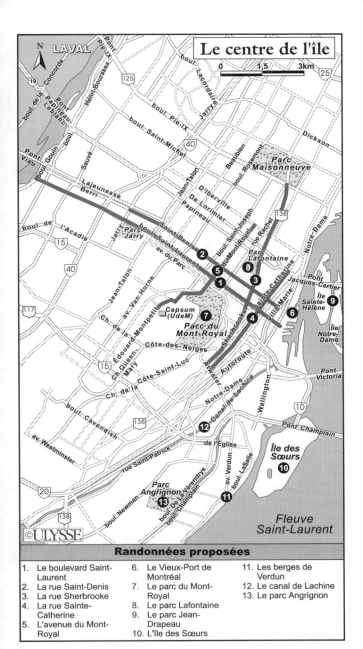

# Le centre de l'île

0    1,5    3km

**LAVAL**

Parc Maisonneuve

Parc Lafontaine

Cepsum (UdeM)

Parc du Mont-Royal

Île Sainte-Hélène

Île Notre-Dame

Parc Angrignon

Île des Sœurs

Fleuve Saint-Laurent

©ULYSSE

## Randonnées proposées

1. Le boulevard Saint-Laurent
2. La rue Saint-Denis
3. La rue Sherbrooke
4. La rue Sainte-Catherine
5. L'avenue du Mont-Royal
6. Le Vieux-Port de Montréal
7. Le parc du Mont-Royal
8. Le parc Lafontaine
9. Le parc Jean-Drapeau
10. L'île des Sœurs
11. Les berges de Verdun
12. Le canal de Lachine
13. Le parc Angrignon

À la fin du XVIIIe siècle, le faubourg Saint-Laurent se développe en bordure du chemin du même nom, qui conduit à l'intérieur des terres. En 1792, on en fait la division officielle de la ville, en deux quartiers est et ouest, de part et d'autre de l'artère. Puis, au début du XXe siècle, les adresses des rues est-ouest sont réparties de façon à débuter au boulevard Saint-Laurent. Entretemps, vers 1880, la haute société canadienne-française conçoit même le projet de faire de ce boulevard les «Champs-Élysées» montréalais. Mais l'histoire en décidera autrement.

Le boulevard Saint-Laurent peut être décrit comme le berceau de l'immigration à Montréal. En effet, depuis 1880, les nouveaux arrivants s'installent le long d'un segment précis du boulevard, selon leur appartenance ethnique. Si, au bout d'un certain temps, ils vont s'installer dans un autre quartier de la ville ou en banlieue, plusieurs habitent dans un quartier commerçant bien distinct (italien, portugais, chinois, etc.).

## Où, quand, comment?

### Information

Le **Guide Ulysse _Montréal_** regorge d'informations pertinentes sur le boulevard Saint-Laurent, mais égale-

ment sur les quartiers qu'il traverse.

### Accès

Le boulevard Saint-Laurent est décrit dans le sens nord-sud. Le point de départ est le parc Nicolas-Viel (angle boul. St-Laurent et boul. Gouin).

**Transport en commun:** métro Henri-Bourassa et autobus 69 Ouest. Arrêt à l'angle des boulevard Saint-Laurent et boul. Gouin.

**Voitures:** un stationnement est situé dans le parc Nicolas-Viel, sur le boulevard Saint-Laurent, au nord du boulevard Gouin (rue Somerville).

## Le réseau

De la rivière des Prairies au fleuve Saint-Laurent, le boulevard Saint-Laurent fait un peu plus de 11 km. Il peut être parcouru dans un sens comme dans l'autre, mais l'axe nord-sud semble plus intéressant, en raison des nombreux attraits que l'on découvre dans la deuxième moitié du parcours.

Le départ de la randonnée se fait dans le **parc Nicolas-Viel** (0,0 km), situé au bord de la rivière des Prairies, dans le quartier Ahuntsic. Nicolas Viel était ce missionnaire récollet qui fut jeté (ou qui s'est noyé), en compagnie du Huron Ahuntsic, dans les rapides de la rivière des Prairies en 1625, d'où le nom de «Sault... au-Récollet».

Traversant le quartier Ahuntsic, le boulevard Saint-Laurent mène à l'autoroute métropolitaine (3 km), puis dans le quartier Villeray, où il longe le parc Jarry. Le **parc Jarry** (4 km) a constitué la première demeure de l'équipe de baseball Les Expos et a accueilli le pape Jean-Paul II en 1984. Les Internationaux de tennis du Canada y ont lieu chaque été.

Arrivé à la rue Jean-Talon (5 km), le randonneur pénètre dans la **Petite Italie**, où les cafés, trattorias et magasins d'alimentation spécialisés animent la rue. Le célèbre **marché Jean-Talon**, grouillant d'activité, n'est situé qu'à deux rues à l'est (par la rue Shamrock).

Après un petit café *espresso*, celui du **Caffè Italia** (*6840 boul. St-Laurent*) étant particulièrement savoureux, le boulevard descend jusqu'à la rue Saint-Zotique (5,7 km), où l'on aperçoit le parc Piccola Italia Montreal avec son joli kiosque. Ce parc de la Petite Italie rend hommage à la communauté italienne venue habiter le quartier au début du XX$^e$ siècle. Réaménagé, il fut inauguré lors de la visite du

président de l'Italie, Oscar Luigi Scalfaro, le 27 juin 1997. En face du parc se dresse l'église Saint-Jean-de-la-Croix.

Plus loin, le boulevard Saint-Laurent croise la rue Saint-Viateur (6,9 km), royaume du *bagel* encore tout chaud et des petites épiceries. À la hauteur de l'avenue Fairmount, les odeurs de la fine cuisine indienne volent la vedette.

Entre l'avenue du Mont-Royal (8 km) et la rue Sherbrooke (9,7 km), une multitude de restaurants et de bars n'attendent que l'arrivée de la nuit pour faire vibrer la ville. Il n'est pas rare d'y voir plus de gens et de circulation automobile à minuit qu'à midi! C'est dans ce secteur que, depuis 1930, la charcuterie hébraïque de Montréal **Schwartz** (*3895 boul. St-Laurent*) sert ses réputés sandwichs à la viande fumée (*smoked meat*) dans un décor plutot modeste.

Au sud de Sherbrooke, le boulevard Saint-Laurent descend littéralement jusqu'à la rue Sainte-Catherine (10,2 km), où il est communément appelé la *Main*. Dès le début du XX$^e$ siècle, ce secteur deviendra le noyau de la vie nocturne montréalaise. À l'époque de la Prohibition (1919-1930), aux États-Unis, le secteur attire, chaque semaine, des mil-

Montréal

liers d'Américains venus y étancher leur soif et se divertir dans les nombreux cabarets.

Avant d'arriver au boulevard René-Lévesque, le célèbre restaurant **Montréal Pool Room** (*1200 boul. St-Laurent*), qui a pignon sur rue depuis 1912, propose, de l'avis de plusieurs, «les meilleurs hot-dogs en ville». Au sud du boulevard René-Lévesque, on pénètre dans le **Quartier chinois** par une nouvelle porte de style chinois. La rue de La Gauchetière a été transformée en artère piétonne, bordée de restaurants et encadrée par de belles portes à l'architecture d'inspiration chinoise.

À l'angle du boulevard Saint-Laurent et de la rue Saint-Antoine, l'édifice de *La Presse*, journal fondé en 1884, se dresse du côté droit. Par les grandes fenêtres donnant sur le trottoir, on aperçoit les presses de l'imprimerie. Du côté gauche (est) du boulevard Saint-Laurent se dresse l'imposant palais de justice de Montréal.

Au bout du boulevard Saint-Laurent (11,2 km), juste passé la rue de la Commune, on pénètre dans le **Vieux-Port** (voir p 64) à la hauteur du quai King-Edward.

## La rue Saint-Denis

Assurément l'une des artères les plus agréables à parcourir à pied à Montréal, la rue Saint-Denis est bordée de boutiques, de cafés, de restaurants, de bars et de librairies.

Débutant dans le quartier Ahuntsic, au nord de la ville, elle traverse toute l'île pour aller se terminer dans le Vieux-Montréal. Longue, sans jamais être ennuyeuse, belle et animée, la rue Saint-Denis se dévale presque sans effort, bien qu'elle offre une randonnée de 11 km.

On raconte que le nom de la rue proviendrait du nom du premier président de la Société Saint-Jean-Baptiste, Denis-Benjamin Viger. Dès la seconde moitié du XIXe siècle, la rue Saint-Denis constitue l'une des principales artères de la ville. À noter que la très grande majorité des maisons, qui font généralement trois étages, disposent d'un escalier extérieur menant à l'étage.

### Où, quand, comment?

### Accès

**Transports en commun:** métros Henri-Bourassa et Champ-de-Mars. Du métro Henri-Bourassa, la rue

Saint-Denis se trouve une rue à l'ouest de la rue Berri.

**Voitures:** le départ de la randonnée a lieu à l'angle des rues Saint-Denis et Somerville, au nord du boulevard Gouin.

### Le réseau

Cette randonnée, qui débute à l'angle de la rue Somerville pour se terminer à la rue Saint-Antoine (Vieux-Montréal), fait 11 km. Elle est décrite dans l'axe nord-sud. Si vous désirez effectuer une plus courte randonnée, partez du métro Crémazie (7,7 km au total) ou du métro Jean-Talon (5,7 km au total).

De la rue Somerville (0,0 km), la rue Saint-Denis est à sens unique jusqu'au boulevard Crémazie. Tout au long de cette section, la rue Saint-Denis ressemble à une petite rue de quartier paisible, où les maisons ont au plus deux étages.

Arrivé à la rue Sauvé, tournez à gauche afin d'aller emprunter la rue Berri (à droite) de manière à passer sous la voie ferrée. Tout de suite après cette dernière, empruntez le petit passage (à droite) qui vous ramènera à la rue Saint-Denis.

Le boulevard Crémazie (3,3 km) annonce l'**autoroute métropolitaine**, cette voie rapide surélevée qui semble avoir été conçue dans le but d'assourdir les passants. Si bien que l'on s'y sent davantage dans un boîte de nuit que dans la rue!

À partir du boulevard Crémazie, les maisons gagnent un étage et s'alignent les unes contre les autres. La rue Jean-Talon (5,3 km) annonce le très dynamique **marché Jean-Talon**, qui se pointe deux rues à l'ouest.

Le boulevard Rosemont (6,7 km) semble effectuer une division naturelle dans l'île: à l'est, le quartier Rosemont; à l'ouest, au-delà du boulevard qui semble s'envoler, la ville d'Outremont; au sud, le Plateau Mont-Royal.

Entre les avenues Laurier (7,7 km) et du Mont-Royal (8,4 km), la culture est à l'honneur grâce à l'**École nationale de théâtre** *(5030 rue St-Denis)*, **Les Grands Ballets Canadiens** *(4869 rue St-Denis)* et le **Théâtre du Rideau Vert** *(4664 rue St-Denis)*. Sise presque à l'angle de la rue Rachel (8,8 km), la **Librairie Ulysse** *(4176 rue St-Denis)*, spécialisée dans les guides et les livres portant sur le voyage, a pignon sur rue.

Le **square Saint-Louis**, aménagé en 1879 entre les rues Laval et Saint-Denis, était, jusqu'en 1852, un réservoir d'eau à ciel ouvert. Il demeure toujours un joli parc urbain entouré de belles demeures victoriennes.

À l'angle de la rue Sherbrooke (9,8 km) se dresse la statue du *Malheureux Magnifique*. Réalisée en 1972 par Pierryves Angers, la statue occupa d'abord la place Pasteur, avant d'être déplacée ici en 1981. Cette structure d'acier recouverte de treillis métalliques galvanisés et de ciment blanc Medusa peint mesure 3,4 m de hauteur.

À partir de la rue Ontario (10 km), le Quartier latin foisonne de restaurants, bistros, bars et autres lieux nocturnes. On y remarque, entre autres, l'édifice Saint-Sulpice de la **Bibliothèque nationale** *(1700 rue St-Denis)*, le **Théâtre Saint-Denis** *(1594 rue St-Denis)*, l'**Office national du film du Canada** *(1564 rue St-Denis)* ainsi que l'**Université du Québec à Montréal** (UQÀM), à l'angle de la rue Sainte-Catherine.

La rue Saint-Denis vient se terminer à l'angle de la rue Saint-Antoine (11 km). Au-delà, elle prend le nom de rue Bonsecours et conduit, en moins de 300 m, à la jolie **chapelle Notre-Dame-de-Bon-Secours** (angle rue St-Paul) et au **Vieux-Port de Montréal** (voir p 64).

## La rue Sherbrooke

Belle, distinguée, remplie d'attraits et parsemée d'édifices aux façades altières, la rue Sherbrooke ne laisse personne indifférent. Tout près de la rue Sainte-Catherine, qu'elle longe en parallèle, on s'y sent cependant très loin, tant l'architecture, les boutiques, les hôtels et les restaurants rivalisent d'élégance avec ceux de la «Sainte-Cat».

Très agréable à parcourir, la rue Sherbrooke se découvre lentement, laissant libre cours aux nombreuses visites dans les divers musées et galeries qu'elle abrite.

L'une des plus longues artères de l'île de Montréal, la rue Sherbrooke traverse aussi plusieurs quartiers, aussi différents les uns que les autres. Il a donc fallu en choisir un segment afin de proposer une randonnée pas trop exigeante, mais présentant le plus grand nombre d'attraits possible. Ce parcours s'étire, d'ouest en est, de l'avenue Atwater au boulevard Pie-IX.

### Où, quand, comment?

**Accès**

**Transport en commun:** métro Atwater ou métro Pie-IX.

**Voitures:** plusieurs stationnements (intérieurs ou extérieurs) tout au long du parcours.

### Le réseau

Le parcours suggéré mène du métro Atwater au métro Pie-IX, sur une distance de 7,8 km. Il peut être effectué dans un sens comme dans l'autre, mais l'axe ouest-est semble plus intéressant. Si vous désirez faire une plus courte randonnée, arrêtez-vous à la hauteur du parc Lafontaine (4 km).

Près de l'avenue Atwater (0,0 km), on remarque, du côté nord de la rue Sherbrooke, les terrains du **Grand Séminaire**, construits au milieu du XIXe siècle. Les jardins abritent cependant deux tours datant du XVIIe siècle.

Près de la rue Saint-Mathieu, le **Temple Maçonnique** *(1850 rue Sherbrooke Ouest)*, un bel immeuble de calcaire de Queenston, comporte quatre colonnes octogonales autoportantes. Il fut érigé en 1929 par John Smith Archibald et sa façade arbore les mots *fides, caritas, veritas, libertas* et *spees*, c'est-à-dire foi, charité, vérité, liberté et espérance.

La rue Guy (0,8 km) devient, au nord de la rue Sherbrooke, le chemin de la Côte-des-Neiges. À l'angle de la rue Redpath se distingue l'**église St. Andrew and St.Paul** (1932), qui possède de jolis vitraux. De chaque côté de la rue Sherbrooke, le **Musée des beaux-arts de Montréal** *(1380 rue Sherbrooke Ouest)* rappelle dans toute sa splendeur qu'il demeure le plus ancien et le plus important musée du Québec. Tout juste à l'est du musée fut élevée, en 1892, l'**église Erskine & American**.

Le très chic **hôtel Ritz-Carlton** (1,3 km), inauguré en 1911, se dresse fièrement à l'angle de la rue Drummond. L'avenue McGill College (1,8 km) vient se terminer à l'entrée de l'université McGill. À l'angle de l'avenue, on remarque la belle façade de la **maison William Alexander Molson** *(888 rue Sherbrooke Ouest)*, construite en 1906.

Non loin, le **musée McCord d'histoire canadienne** *(690 rue Sherbrooke Ouest)* ravira ceux qui s'intéressent aux communautés autochtones ainsi qu'à la vie quotidienne au Canada à partir du XVIIIe siècle.

C'est à partir du **boulevard Saint-Laurent** (2,8 km) que les adresses des rues est-ouest sont réparties. Ainsi la **chapelle historique du Bon-Pasteur** est-elle située au 100 de la rue Sherbrooke Est.

Montréal

Plus à l'est encore, la **rue Saint-Denis** (3,3 km), au cœur du Quartier latin, se révèle toujours grouillante d'activité. Quelques centaines de mètres plus loin, la rue Sherbrooke conduit à la hauteur du **parc Lafontaine** (4 km, voir p 74), en face duquel on découvre la très belle **Bibliothèque centrale de Montréal** *(angle rue Mont-calm)*.

À l'est du parc Lafontaine, la rue Sherbrooke devient essentiellement résidentielle, large et agréable. Il est facile de poursuivre la randonnée jusqu'à l'angle du boulevard Pie-IX (7,8 km), où se pointent le **Château Dufresne**, le **Jardin botanique** et le **Stade olympique**, situés dans le pôle Maisonneuve (voir p 89). La station de métro Pie-IX se trouve tout juste en bas de la côte.

## La rue Sainte-Catherine

Qui, un jour ou l'autre, n'a pas marché la rue Sainte-Catherine presque d'un bout à l'autre, voire aller-retour, en cherchant désespérément des cadeaux un 23 décembre? Marche rapide ou marche athlétique, le constat est le même à la fin de la journée: on se retrouve aussi crevé que son budget!

Mais l'une des énigmes non résolues demeure toujours: «Combien de kilomètres ai-je donc parcouru?» Eh bien, sachez que la distance séparant les métros Atwater et Berri-UQÀM est de 3,5 km (aller seulement). Cela, bien sûr, ne tient pas compte du nombre de kilomètres parcourus dans les allées des grands magasins et dans les corridors souterrains!

Principale artère commerciale de Montréal, la rue Sainte-Catherine s'étend, en fait, sur 15 km. Grouillante de vie à toute heure du jour ou de la nuit, la «Sainte-Cat», demeure depuis plus d'un siècle un espace où l'on vient faire des affaires, des emplettes, se divertir ou simplement se balader.

### Où, quand, comment?

**Information**

**Centre Infotouriste**
1001 rue du Square-Dorchester
angle Ste-Catherine et Peel
☎*873-2015 ou 877-BONJOUR*

**Accès**

**Transport en commun:** outre les stations de métro Atwater et Papineau, sept autres stations desservent la rue Sainte-Catherine.

**Voitures:** la rue Ste-Catherine est à sens unique, de l'ouest vers l'est. Plusieurs stationnements (intérieurs ou extérieurs) tout au long du parcours.

### Le réseau

Le parcours suggéré mène du métro Atwater au métro Papineau, une distance de 4,6 km. Il peut être effectué dans un sens comme dans l'autre, mais l'axe ouest-est semble plus intéressant.

Le départ de la randonnée se fait à l'angle de la rue Sainte-Catherine et de l'avenue Atwater (0,0 km). Du côté nord de la rue, l'ancien **Forum de Montréal** a été reconverti en un vaste centre de divertissement (jeux, boutiques, restaurants, cinémas, etc.).

À l'angle de la rue Saint-Mathieu se trouve le **Faubourg Sainte-Catherine** (0,7 km), comprenant un marché international (fromagerie, pâtisserie, etc.), plusieurs boutiques, une vingtaine de restaurants ainsi que des salles de cinéma. Un peu plus loin se dresse l'**église anglicane Saint-James the Apostle** (1 km), du côté nord de la rue.

La rue Peel (1,5 km) annonce les grands magasins et centres commerciaux du centre-ville, qui s'alignent presque côte à côte: Simons, Place Montréal Trust, Centre Eaton, Les Ailes de la Mode, Les Promenades de la Cathédrale, La Baie, etc. Malgré la fermeture du célèbre magasin Eaton, on a su préserver la splendide salle à manger Art déco aménagée au 9e étage.

À l'angle de la rue University, l'élégante **cathédrale Christ Church** présente un unique clocher. Quant à elle, l'**église St. James United** (*463 rue Ste-Catherine*) s'avère difficilement observable, car des boutiques occupent sa façade depuis 1926. Il faut traverser du côté sud de la rue afin de pouvoir observer ses deux clochers néogothiques.

Plus loin, la musique semble voler la vedette dans ce secteur de la rue Sainte-Catherine. On y trouvent les studios de **Musique Plus** et la salle de spectacle **Le Spectrum de Montréal**, près de la rue Bleury, ainsi que la **Place des Arts** (2,5 km), établie entre les rues Jeanne-Mance et Saint-Urbain. C'est également dans ce secteur que se tiennent annuellement le réputé **Festival international de Jazz de Montréal** et **Les Francofolies**.

Ce secteur abrite aussi le **Musée d'art contemporain de Montréal** (*angle rue Jeanne-Mance*), le **complexe Desjardins** ainsi que le **Théâtre du Nouveau Monde** (*angle rue St-Urbain*).

Montréal

Quelques enjambées plus loin, on croise le **boulevard Saint-Laurent** (voir p 52), l'une des artères les plus achalandées de la ville. Malheureusement, ce célèbre «coin Saint-Laurent et Sainte-Catherine», connu de tous les Montréalais, a perdu de son lustre et ne présente que des établissements de restauration rapide et autres boutiques erratiques.

Plus à l'est, les rues Saint-Denis et Berri (3,5 km) encadrent plusieurs pavillons de l'**Université du Québec à Montréal** (UQÀM) ainsi que la station de métro Berri-UQÀM. Les grands bâtiments de l'université font presque oublier d'admirer la petite **chapelle Notre-Dame-de-Lourdes** *(430 rue Ste-Catherine Est)*, érigée en 1876.

À partir de la rue Saint-Hubert, le **Village Gay** s'étend jusqu'à la rue Papineau, dans le quartier Centre-Sud. Le Village Gay compte un grand nombre d'établissements (boutiques, restaurants, bars, etc.). La station de métro Beaudry (4 km) est située dans ce secteur.

De son côté, la station de **métro Papineau** (4,6 km), sise à l'est de l'avenue du même nom, est construite presque en bordure du tablier du pont Jacques-Cartier, facilement observable.

## L'avenue du Mont-Royal

Principale artère du Plateau Mont-Royal, l'avenue du Mont-Royal traverse d'ouest en est ce célèbre quartier, appelé simplement «le Plateau». Il fait bon y flâner librement, s'arrêtant ici pour bouquiner ou acheter un disque d'occasion, là pour siroter un café en bavardant de tout et de rien ou simplement en regardant défiler la «faune» d'habitués qui aiment à le fréquenter.

L'avenue du Mont-Royal ne se limite pas aux quelques artères bordant le métro du même nom. En fait, elle débute à Outremont, portant le nom de boulevard du Mont-Royal, pour descendre et traverser le Plateau Mont-Royal.

Vaste plateau s'étendant au pied de la montagne, le quartier du Plateau Mont-Royal reçut cette appellation officielle en 1909. Sa superficie n'est que de 7,6 km², mais on y trouve plus de 90 000 habitants.

### Où, quand, comment?

**Information**

**Tourisme Plateau Mont-Royal**
☎*840-0926 ou 800-449-9944*
*www.tpmr.qc.ca*

## Accès

**Transport en commun:** métro Mont-Royal pour l'accès au quartier, métro Édouard-Montpetit pour le début de la randonnée.

**Voitures:** le début de la randonnée a lieu à l'angle du boulevard Édouard-Montpetit et de l'avenue Vincent-D'Indy.

### Le réseau

Cette randonnée, qui débute au métro Édouard-Montpetit pour se terminer à la rue Frontenac, fait 5,3 km.

Du métro Édouard-Montpetit (0,0 km), tournez à droite par l'avenue Vincent-D'Indy et, après seulement quelques mètres, tournez à gauche par le boulevard du Mont-Royal. L'avenue Vincent-D'Indy borde le **Centre d'éducation physique et de sport de l'Université de Montréal** (CEPSUM).

Le boulevard du Mont-Royal, qui parcourt une partie de la ville d'Outremont, est parsemé de très jolies demeures bourgeoises. Après être passé devant le **Mont-Jésus-Marie**, il faut tourner à droite, à l'angle de l'avenue Springgrove, afin d'aller rejoindre, près de l'entrée du cimetière Mont-Royal, le boulevard du Mont-Royal, qui, ici, est

bordé par la magnifique forêt du mont Royal.

Au sortir d'une courbe, on croise l'entrée de la voie Camillien-Houde (2,1 km), qui grimpe dans le parc du Mont-Royal (voir p 66). En face se dresse le **couvent de Marie-Réparatrice**. Tout près, on atteint le chemin de la Côte-Sainte-Catherine, à partir duquel le boulevard devient une avenue, puis l'avenue du Parc, où, du côté sud-est, on distingue le **parc Jeanne-Mance**.

À partir des environs du boulevard Saint-Laurent (2,7 km), l'avenue du Mont-Royal, qui descend, offre une superbe vue sur le quartier ainsi que sur le **mât du Stade olympique** qui s'élève au loin. L'endroit est particulièrement joli au lever du soleil, alors que le quartier dort encore et que la circulation automobile n'a pas encore envahi les rues.

Jusqu'à la rue Saint-Denis (3,3 km), l'avenue du Mont-Royal comporte un grand nombre de friperies. Le sympathique petit restaurant **La Binerie Mont-Royal** *(367 av. du Mont-Royal Est)* propose, depuis 1940, ses savoureuses «bines» (fèves au lard). Le roman d'Yves Beauchemin, *Le Matou*, contribua grandement à rendre l'endroit encore plus populaire.

Montréal

À l'est de la rue Saint-Denis et du métro Mont-Royal, ce sont les nombreuses boutiques de livres et disques d'occasion qui volent la vedette. Le **monastère des pères du Très-Saint-Sacrement** *(500 av. du Mont-Royal Est)* fut érigé à la fin du XIX$^e$ siècle. Après avoir bouquiné, il est agréable de s'arrêter quelques instants afin de prendre un café ou un repas dans un des restaurants des environs.

À l'est de l'avenue Papineau (4,5 km) et à l'angle de la rue Cartier, le petit **parc des Compagnons de Saint-Laurent** constitue l'un des seuls coins de verdure le long de l'avenue. Plus loin, l'avenue du Mont-Royal vient s'échouer, à l'angle de la rue Frontenac (5,3 km), devant l'édifice moderne abritant les bureaux du *Journal de Montréal*.

## Le Vieux-Port de Montréal

Si cela fait plusieurs années, voire une décennie, que vous n'êtes pas allé vous balader dans le Vieux-Port de Montréal, vous subirez assurément un «choc» lorsque vous constaterez que le site est devenu aussi fabuleux qu'impressionnant.

Considéré comme le plus important port intérieur du continent, le port de Mon-

tréal s'étale sur 25 km le long du fleuve Saint-Laurent, soit de la Cité du Havre jusqu'à Montréal-Est. Délaissée durant plusieurs années, la section appelée le Vieux-Port, qui longe le Vieux-Montréal, a complètement été réaménagée entre 1983 et 1992 afin de redonner cet espace maritime aux Montréalais ainsi qu'à tous les visiteurs. C'est donc à l'occasion du 350$^e$ anniversaire de fondation de la ville de Montréal qu'a eu lieu l'inauguration du «nouveau Vieux-Port de Montréal»!

Dans le Vieux-Port, un agréable parc linéaire est aménagé sur les remblais, doublé d'une promenade le long des quais, offrant une «fenêtre» sur le fleuve, de même que sur les quelques activités maritimes qui ont été préservées.

### Où, quand, comment?

**Information**

**Société du Vieux-Port de Montréal**
☎*496-PORT ou 800-971-PORT*
*www.vieuxportdemontreal.com*

**Accès**

**Transport en commun:** métro Champ-de-Mars ou Place-d'Armes.

**Voitures:** la rue de la Commune longe le Vieux-Port.

Le site dispose de trois stationnements payants: quai de L'Horloge, quai King-Edward et quai Alexandra.

**Frais:**
*aucuns frais d'accès au site.*

**Horaire:**
*tous les jours.*

**Randonnée pédestre hivernale:**
*oui.*

**Autres activités:**
*vélo, patin à roues alignées (location), trottinette (location), patin, croisières (Bateau-Mouche, ☎849-9952), visite guidée (Balade du Vieux-Port).*

**Animaux domestiques:**
*interdits.*

**Services et installations:**
*accueil, stationnements, toilettes, alimentation, aires de pique-nique, aires de jeux, location (patins à roues alignées, trotinettes), navettes fluviales vers l'île Ste-Hélène ou Longueuil (☎281-8000), cartes, brochures.*

### Le réseau

La promenade du Vieux-Port fait 2,5 km de long, mais, en effectuant un tour complet du site, il est facile de marcher entre 6 km et 8 km dans la journée.

Du quai Jacques-Cartier, dirigez-vous d'abord vers l'est et empruntez la promenade qui mène au bout du **quai de l'Horloge**. La jolie **tour de l'Horloge** fut érigée en 1922 à la mémoire des marins disparus lors de la Première Guerre mondiale. De mai à octobre s'y tient une exposition sur Montréal et le fleuve Saint-Laurent. N'hésitez pas à grimper les 192 marches de la tour, car la vue spectaculaire récompensera largement ce petit effort.

Revenez sur vos pas en empruntant le sentier qui longe le fleuve. En regardant de l'autre côté, il est aisé de distinguer l'**île Sainte-Hélène**, sur laquelle se dressent la tour Lévis ainsi que la Biosphère, ce dôme géodésique (structure tubulaire en aluminium) de 80 m de diamètre qui fut, à l'origine, le pavillon américain de l'Expo 67.

Le **bassin Bonsecours**, blotti entre les quais de l'Horloge et Jacques-Cartier s'avère particulièrement agréable. S'y trouvent un petit parc ainsi qu'un pavillon où il fait bon se reposer quelques instants. Le long du **quai Jacques-Cartier**, vous pourrez observer différents bateaux (navettes, croisières, bateau-mouche) accostés.

Le quai suivant, dénommé **quai King-Edward**, abrite dans ses anciens hangars, le centre multimédia ISci.

Montréal

Plus à l'ouest, à la hauteur du **quai Alexandra** et du bassin du même nom, ce sont les bateaux commerciaux qu'il est fréquent d'observer. La promenade du Vieux-Port se poursuit jusqu'à la **maison des Éclusiers**, là où commence le canal de Lachine (voir p 85).

Le retour vers le quai Jacques-Cartier peut s'effectuer en parcourant les espaces verts aménagés en bordure de la promenade, ou en empruntant la rue de la Commune. Ne manquez pas de visiter le **Musée d'archéologie et d'histoire de la Pointe-à-Callière**, qui s'élève en face du quai Alexandra, ainsi que le **marché Bonsecours** et la **chapelle Notre-Dame-de-Bonsecours**, non loin du quai Jacques-Cartier.

---

### Le parc du Mont-Royal

Le mont Royal est un point de repère important dans le paysage montréalais, autour duquel gravitent les quartiers centraux de la ville. Appelée simplement «la montagne» par les citadins, cette masse trapue de 233 m de haut, à son point culminant, est en fait une des huit collines montérégiennes (les monts Saint-Bruno, Saint-Hilaire, Yamaska, Rougemont, Saint-Grégoire, Shefford, Brome et Royal), qui sont autant d'intrusions de roche volcanique dans la plaine du Saint-Laurent.

En fait, le mont Royal provient d'une montée de roche (gabbro) en fusion, formée dans les profondeurs de la Terre, qui s'est par la suite refroidie et solidifiée. Ce n'est donc pas un ancien volcan, contrairement à la croyance populaire.

Ce «poumon vert» couvert d'arbres apparaît à l'extrémité des rues du centre-ville, exerçant un effet bénéfique sur les Montréalais, qui ainsi ne perdent jamais contact avec la nature. La montagne comporte en réalité trois sommets: le premier abrite le parc du Mont-Royal, le second, l'Université de Montréal, et le troisième, Westmount, ville autonome aux belles demeures de style anglais. À cela, il faut ajouter les cimetières catholique, protestant et juif, qui forment ensemble la plus vaste nécropole du continent.

En 1535, puis en 1541, Jacques Cartier est le premier Européen à brièvement parcourir l'île. Il en profite pour gravir la montagne occupant son centre, qu'il baptise mont Royal. Dans son journal de bord, Cartier fait également mention d'une courte visite dans un grand village amérindien situé, semble-t-il, sur les flancs de la montagne. Regroupant environ 1 500 Iro-

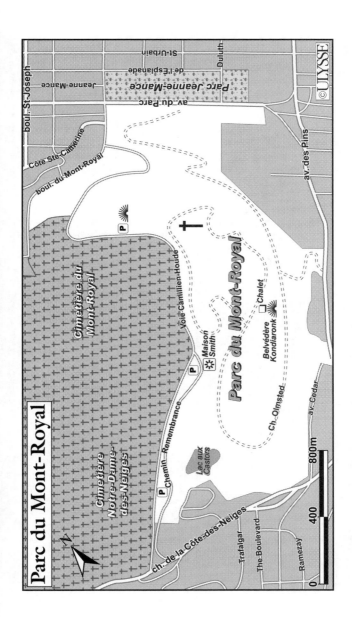

Parc du Mont-Royal

## Le circuit du mont Royal

Le circuit cycliste du mont Royal, qui emprunte, entre autres, la voie Camillien-Houde, le chemin Remembrance, le chemin de la Côte-des-Neiges et le boulevard Édouard-Montpetit, s'avère particulièrement épuisant pour les coureurs et coureuses qui ont du l'affronter à maintes reprises lors d'événements prestigieux.

Ce fut le cas, notamment, lors du Championnat du monde de cyclisme de 1974. Ce 25 août 1974, c'est devant plus de 200 000 spectateurs que le Belge Eddy Merckx fit (encore une fois) la démonstration de tout son talent en remportant l'épreuve sur route.

Deux années plus tard, le circuit du mont Royal est aussi retenu pour la course sur route de cyclisme lors des Jeux olympiques. Au fil des ans, d'autres compétitions, tels le Grand Prix des Amériques, la Classique cycliste de Montréal et une manche de la Coupe du monde féminine, s'y tinrent également.

Un quart de siècle après l'exploit d'Eddy Merckx, on a voulu marquer de façon distinctive ce circuit cycliste du mont Royal. C'est lors de la Féria du vélo (juin 1999) qu'en la présence de M. Merckx 25 ans d'exploits cyclistes furent célébrés. Une plaque commémorative, installée devant le CEPSUM *(angle boul. Édouard-Montpetit et av. Vincent-d'Indy),* relate cet événement.

quois, ce village est alors constitué d'une cinquantaine de grandes habitations que protège une haute palissade de bois. Tout autour, on cultive maïs, courges et haricots, qui assurent l'essentiel de l'alimentation de cette population sédentaire. Malheureusement, Cartier ne laisse qu'un témoignage partiel et parfois contradictoire sur cette communauté amérindienne. On ignore donc encore actuellement l'endroit exact où s'élevait le village, de même que le nom que lui avaient donné les Amérindiens: Hochelaga ou Tutonaguy?

Le parc du Mont-Royal, qui couvre moins de 15% de la superficie totale de la montagne, fut superbement aménagé par l'architecte paysagiste américain Frederick Law Olmsted (1822-1903), à qui l'on doit également le Central Park, de New York. La création du parc du Mont-Royal fait suite aux pressions des résidants du Square Mile qui voyaient leur terrain de jeu favori déboisé par divers exploitants de bois de chauffage.

Frederick Law Olmsted prit le parti de conserver au site son caractère naturel, se limitant à aménager quelques points d'observation reliés par des sentiers en tire-bouchon, afin que les visiteurs puissent prendre le temps de s'imprégner de la beauté d'un tel parc boisé. On a dit de Frederick Law Olmsted *«qu'en urbanisant la nature, il a aussi rendu la ville plus naturelle»*. Malheureusement, la Ville de Montréal ne respecta pas la philosophie d'Olmsted, modifiant ses plans et privilégiant des accès rapides à la montagne.

Inauguré en 1876, le parc du Mont-Royal (101 ha), concentré dans la portion sud de la montagne, n'a cessé d'être un endroit de promenade apprécié par les Montréalais. Halte obligatoire des touristes, le parc du Mont-Royal accueille annuellement près de trois millions de visiteurs.

### Où, quand, comment?

**Information**

**Centre de la montagne**
Maison Smith,
1260 ch. Remembrance
☎*843-8240*
*cdem.mtroyal@sympatico.ca*

**Accès**

À pied, les principaux accès sont situés au nord de la rue Peel (métro Peel) et au monument George-Étienne Cartier, sur l'avenue du Parc, à l'extrémité ouest de la rue Rachel.

**Transport en commun:** métro Peel, puis marche vers le nord, ou métro Mont-Royal et autobus 11.

**Voitures:** accès du côté est par l'avenue Mont-Royal et la voie Camillien-Houde, et du côté ouest par le chemin de la Côte-des-Neiges et le chemin Remembrance. Trois stationnements payants sont accessibles: au lac aux Castors, à la maison Smith (le plus près du cha-

Montréal

let du mont Royal) et au belvédère Camillien-Houde.

**Frais:**
*aucuns.*

**Horaire:**
*tlj 6h à 24h. Le chalet du mont Royal est ouvert de 8h30 à 20h. Les bureaux du Centre de la montagne sont aménagés à la maison Smith (tlj 9h à 17h).*

**Randonnée pédestre hivernale:**
*oui (7 km).*

**Autres activités:**
*randonnées guidées, causeries, vélo, observation des oiseaux, glissades, ski de fond, ski alpin, raquettes, patinage, montée aux flambeaux, grande corvée.*

**Animaux domestiques:**
*admis, si en laisse.*

**Services et installations:**
*stationnements, chalet du mont Royal, pavillon du lac aux Castors, casse-croûte, toilettes, fontaines, aires de pique-nique, cartes du parc et brochures d'interprétation.*

## Le réseau

Le réseau de sentiers de randonnée pédestre du parc du Mont-Royal n'est pas tout à fait défini. Plusieurs sentiers sont en réaménagement. Cependant, il est possible d'affirmer que le parc offre au moins une vingtaine de kilomètres de sentiers, incluant les nombreux petits sentiers secondaires ainsi que le magnifique chemin Olmsted (7 km) et la boucle du sommet (2 km). De quoi marcher une journée complète, ou effectuer plusieurs visites, en découvrant une flore, une faune, une histoire et des points de vue tout à fait exceptionnels.

Au gré de ses balades, le randonneur découvrira le **monument George-Étienne-Cartier**, nommé en l'honneur de celui qui fut copremier ministre du Bas-Canada (1857-1862), et le magnifique **Quartier général du Service des incendies de la Ville de Montréal** (1931), de style néoclassique, tous deux situés près de l'avenue du Parc. C'est du côté est de la montagne que débute le chemin Olmsted. Ce chemin mène au chalet du mont Royal, en passant par la côte Placide, le Piedmont, la Pente rocheuse, l'Escarpement, le Serpentin, la Fougeraie et la Clairière. Ces zones du parc ont été baptisées par Olmsted.

La **maison Smith**, construite en 1858 pour Hosea Bonen Smith, reflète parfaitement la vie bourgeoise de cette époque, où le mont Royal appartenait à 16 propriétaires fonciers. C'est dans cette maison qu'a été aménagé les bureaux du Centre de la montagne (été 1996), où les randonneurs et autres visiteurs peuvent obtenir toutes les informations concernant le mont Royal.

*«Le Centre de la montagne est un organisme d'éducation relative à l'environnement œuvrant depuis 1981 sur le mont Royal. Son objectif est d'amener les petits et les grands à développer un mode de vie permettant de préserver et d'améliorer la qualité de l'environnement. Il a aussi pour mission de promouvoir la conservation du mont Royal. Depuis sa création, le Centre a rejoint plus d'un million de personnes à travers une vaste gamme de services (corvée du mont Royal, montée aux flambeaux, randonnée des trois sommets, randonnées guidées, causeries, expositions, équipes d'intervention environnementale, etc.)».*

Le Centre produit également des publications, dont le bulletin d'information *Sur la montagne* (gratuit), la carte du parc du Mont-Royal et la superbe brochure d'interprétation *Le mont Royal revisité - Le chemin Olmsted*, indispensable au randonneur avide de renseignements historiques sur le patrimoine culturel et naturel de la montagne.

À l'intérieur de la maison Smith, une exposition *(entrée libre)*, agréable et éducative, permet d'en apprendre davantage sur la présence amérindienne sur le mont Royal, l'histoire du parc et de la maison Smith, ainsi que sur la géologie et l'écologie de la montagne.

À l'ouest de la maison Smith se trouve le joli **lac aux Castors**. Entourée de verdure, cette partie du parc est la plus fréquentée par les visiteurs venus s'y détendre entre amis ou en famille. Situé dans une clairière vallonnée, le lac aux Castors fut creusé, en 1938, par 160 hommes. Ayant excavé le sol jusqu'à une profondeur de 2 m, on fit la découverte de vestiges de barrages de castors, d'où le nom du lac. En forme de trèfle à quatre feuilles, le lac aux Castors offre fraîcheur et détente par les chaudes journées d'été et devient une magnifique patinoire en hiver.

Le chemin Olmsted mène au chalet du mont Royal ainsi qu'au sommet de la montagne. Le **chalet du mont Royal** fut conçu par Aristide Beaugrand-Champagne en 1932, en remplacement de l'ancien pavillon d'été qui menaçait ruine. Se prévalant de programmes d'aide mis sur pied par les deux paliers de gouvernement afin de lutter contre la crise économique (1930), la Ville de Montréal fit construire cet immense «chalet» aux grandes baies vitrées.

La grande salle est tout simplement magnifique, avec sa décoration de bon goût. Le haut des murs est orné

**Montréal**

de 17 tableaux et cartes. Parmi les artistes ayant réalisé ces tableaux, on retrouve les peintres Paul-Émile Borduas (1905-1960) et Marc-Aurèle Fortin (1888-1970). Le tableau de M.-A. Fortin, intitulé *Champlain explore le site de Montréal en 1603*, avec ses nuages envoûtants, vaut à lui seul la visite.

Mais si l'on se rend au chalet du mont Royal, c'est d'abord pour la traditionnelle vue sur le centre-ville, depuis le **belvédère Kondiaronk** (du nom du chef wendat ayant initié le traité de la Grande Paix de 1701), admirable en fin d'après-midi et en soirée, alors que les gratte-ciel s'illuminent. Mais, en plus des gratte-ciel, on distingue le fleuve Saint-Laurent, les ponts Jacques-Cartier, Champlain et Victoria, les îles Notre-Dame, Sainte-Hélène, des Sœurs et aux Hérons, les rapides de Lachine, ainsi que les monts Saint-Bruno, Saint-Hilaire et Rougemont, tout au loin.

Près du chalet du mont Royal, où les escaliers qui descendent vers la rue Peel, débute le «Sentier de l'escarpement», qui suit sur 1 km le côté nord-est de la montagne et offre plusieurs superbes points de vue sur la ville et ses environs. Il est parallèle au sentier de la boucle du sommet et mène aux escaliers du belvédère de la voie Camillien-Houde.

Au sommet du mont Royal (233 m) se trouve une **croix** gigantesque de 40 m de hauteur qui s'illumine la nuit venue. Cette croix, construite en 1924 pour la Société Saint-Jean-Baptiste, devait, à l'origine, reposée sur un bâtiment avec plates-formes d'observation. Plus loin se trouvent des tours de communications, telle la tour de la CUM, construite en 1950, et la tour de Radio-Canada, construite en 1963, qui fait 108 m de hauteur.

De l'autre côté de la voie Camillien-Houde s'étendent les cimetières Mont-Royal et Notre-Dame-des-Neiges. Le **cimetière protestant Mont-Royal** fait partie des plus beaux parcs de la ville. Conçu comme un éden pour les vivants visitant leurs défunts, il est aménagé tel un jardin anglais dans une vallée isolée. On y retrouve une grande variété d'arbres fruitiers et de feuillus, ainsi que plusieurs espèces d'oiseaux absentes des autres régions du Québec. Ce cimetière, qui a ouvert ses portes en 1852, abrite de superbes monuments, dont l'imposant mausolée des brasseurs Molson.

Le **cimetière Notre-Dame-des-Neiges**, le plus vaste des cimetières montréalais (55 km de routes et de sentiers sillonnent les lieux), est une véritable cité des morts, puisque plus d'un million de personnes y ont été inhumées depuis 1855, date de son inauguration. Une liste des personnages célèbres inhumés ici est disponible sur demande. Partez à la recherche de la pierre tombale d'Émile Nelligan, de Louis Fréchette, d'Alfred Laliberté, de Louis-Hippolyte Lafontaine, de Camillien Houde, d'Honoré Mercier, etc., ou de l'obélisque à la mémoire des Patriotes de la rébellion de 1837-1838.

Du cimetière et des chemins qui y conduisent, on jouit de plusieurs points de vue sur l'**oratoire Saint-Joseph** *(3800 ch. Reine-Marie,* ☎ *733-8211).* L'énorme édifice, coiffé d'un dôme de cuivre, le second en importance au monde après celui de Saint-Pierre-de-Rome, est érigé à flanc de colline, accentuant encore davantage son caractère mystique. De la grille d'entrée, il faut gravir plus de 300 marches pour accéder à la basilique.

L'oratoire a été construit entre 1924 et 1956, à l'instigation du bienheureux frère André (1845-1937), portier du collège Notre-Dame (situé en face), à qui l'on attribue de nombreux miracles et qui fut béatifié par le pape Jean-Paul II le 23 mai 1982. Ce véritable complexe religieux est donc à la fois dédié à saint Joseph et à son humble créateur. Il

comprend la basilique inférieure, la crypte du frère André et la basilique supérieure, ainsi que deux musées, l'un dédié à la vie du frère André, l'autre à l'art sacré. L'oratoire Saint-Joseph est un des principaux lieux de dévotion et de pèlerinage en Amérique, accueillant plus de deux millions de visiteurs annuellement.

Le mont Royal comporte, en fait, trois sommets distincts, qui s'élèvent dans trois municipalités de l'île. Montréal abrite le sommet principale (233 m), alors qu'Outremont renferme le deuxième (211 m), blotti près de l'Université de Montréal. Le troisième sommet (201 m), quant à lui, niche à Westmount (parc Summit).

Il ne faut d'ailleurs pas hésiter à vous rendre au **parc Summit,** car ce dernier se révèle fort agréable. Pour y accéder, en partant du parc du Mont-Royal, descendez le chemin Remembrance, puis empruntez le chemin de la Côte-des-Neiges en direction sud. Presque immédiatement, empruntez le chemin Belvédère, puis la rue Summit (petit stationnement).

Superbe sanctuaire d'oiseaux, le mont Royal étant fréquenté par plus de 150 espèces, le parc Summit constitue une jolie forêt

Montréal

urbaine où il fait bon se balader en toute quiétude. Un large sentier recouvert de poussière de roche permet d'effectuer le tour du parc en moins d'une demi-heure. D'autres sentiers secondaires ont également été tracés par les visiteurs et les Westmountais qui adorent venir y promener leur animal de compagnie.

Comme le parc Summit n'offre aucun point de vue sur la région, il faut absolument effectuer la boucle du sommet qui emprunte le **Summit Circle** afin d'apprécier, à sa juste valeur, la richesse de cette ville «format de poche» qu'est Westmount (4 km²), l'une des plus petites au Québec.

Du stationnement, suivez le Summit Circle dans le sens contraire des aiguilles d'une montre. Presque au départ, un petit sentier longe la rue en parallèle. Cette randonnée de 1,5 km vous offre de superbes points de vue sur le sommet principal du mont Royal, le cimetière Notre-Dame-des-Neiges, l'Université de Montréal et le dôme de l'oratoire Saint-Joseph ainsi que sur une grande partie de la région métropolitaine. Sans compter les maisons qui, ici, prennent des allures de grandes demeures bourgeoises ou de manoirs. Le **belvédère Westmount** (1,2 km), aménagé au sud

de la montagne, se révèle être une halte panoramique à découvrir.

## Le parc Lafontaine

Blotti au cœur du Plateau Mont-Royal, le parc Lafontaine fait office de véritable poumon vert. Champ de tir militaire jusqu'au début du XXᵉ siècle, le site faisait partie auparavant de la ferme Logan et portait le nom de parc Logan.

D'une superficie de 40 ha, le parc compte de nombreux habitués qui viennent s'y balader et se détendre, principalement par les belles journées estivales. Littéralement envahi les fins de semaine, il semble qu'on y trouve toujours un petit espace paisible où fuir la ville durant quelques heures.

### Où, quand, comment?

**Information**

**Ville de Montréal**
☎*872-2644*

**Tourisme Plateau Mont-Royal**
☎*840-0926 ou 800-449-9944*
*www.tpmr.qc.ca*

**Accès**

**Transport en commun:** du métro Sherbrooke, empruntez la rue Cherrier, qui mène directement au parc.

**Voitures:** le parc est bordé des rues Sherbrooke (au sud) et Rachel (au nord) ainsi que des avenues du Parc-Lafontaine (à l'ouest) et Papineau (à l'est).

**Frais:**
*aucuns.*

**Horaire:**
*tlj 6h à 23h.*

**Randonnée pédestre hivernale:**
*oui.*

**Autres activités:**
*vélo, patin à roues alignées, pétanque, tennis, patin à glace.*

**Animaux domestiques:**
*admis, si en laisse. On y trouve aussi un parc à chiens.*

**Services et installations:**
*stationnement, accueil, toilettes, casse-croûte, aires de pique-nique.*

## Le réseau

Le parc Lafontaine ne dispose pas d'un réseau de sentiers de randonnée bien défini. Par contre, en empruntant les différents sentiers, il est facile de parcourir entre 5 km et 10 km.

On en profitera pour aller observer les différents monuments érigés à la mémoire de Louis-Hippolyte Lafontaine (1807-1864), Dollard des Ormeaux (1635-1660) et Félix Leclerc (1914-1988). Le parc abrite aussi de magnifiques arbres matures, dont certains possèdent un tronc impressionnant, ainsi que deux jolis petits étangs.

Durant la saison estivale, il est agréable d'assister à l'un des concerts d'été présentés au Théâtre de Verdure, établi près de l'avenue du Parc-Lafontaine.

## Le parc Jean-Drapeau

Le parc Jean-Drapeau (autrefois le parc des Îles), qui comprend l'île Sainte-Hélène et l'île Notre-Dame, est situé au milieu du fleuve Saint-Laurent et fait face au centre-ville de Montréal. D'une superficie de 268 ha, le parc des Îles est désormais considéré comme le plus grand parc de Montréal. Si près et si loin de la ville en même temps, il offre une quantité incroyable d'activités, de découvertes, de visites et d'espaces naturels, où il fait bon se promener et se détendre, dans un cadre enchanteur.

C'est une chance que le parc soit situé si près de la ville et qu'il soit si facilement accessible, car il y a tant de petits coins à explorer, de points de vue à contempler, d'activités à pratiquer et d'événements spéciaux auxquels assister qu'il faut bien plus qu'une

Montréal

visite pour avoir la sensa-
tion d'en avoir fait le tour.

## Où, quand, comment?

### Information

**Société du parc Jean-Drapeau**
Île Notre-Dame
☎*872-4537 ou 872-6093*

### Accès

**Transport en commun:** métro
Jean Drapeau. En été, une
navette fluviale relie le quai
Jacques-Cartier (Vieux-Port)
au quai de l'île Sainte-Hélène (☎*281-8000*).

**Voitures:** accès à l'île Sainte-
Hélène par le pont Jacques-
Cartier, et accès à l'île
Notre-Dame par le pont de
la Concorde et l'autoroute
Bonaventure. Plusieurs sta-
tionnements payants dans
les îles.

**Frais:**
*aucuns frais pour se promener
dans le parc. Des frais sont
cependant exigés pour certaines activités et certaines visites.*

**Horaire:**
*tlj.*

**Randonnée pédestre hivernale:**
*oui.*

**Autres activités:**
*baignade (piscines et plage),
patin à roues alignées (location), vélo, cours d'aviron,
parc d'attractions (La Ronde),
musée (Stewart), casino, com-*
*pétition internationale de feux
d'artifice, concerts, ski de fond,
patin, glissades, luge finlan-
daise, raquettes, Fête des neiges, etc.*

**Animaux domestiques:**
*admis, si en laisse.*

**Services et installations:**
*stationnements (payants),
restauration, toilettes, location
(patins à roues alignées, activités nautiques), aires de jeux,
aires de pique-nique.*

## Le réseau

Le réseau de sentiers de
randonnée pédestre n'est
pas tout à fait défini dans le
parc Jean Drapeau. On y
retrouve une multitude de
petits sentiers ainsi que des
sentiers mieux aménagés.
La marche est tolérée
presque partout dans les
îles, si bien qu'il est facile
de faire une douzaine de
kilomètres dans la journée,
même plus si l'on emprunte
les petites routes. Comme il
y a tant à voir et à faire au
parc Jean-Drapeau, la
marche devient le meilleur
moyen de locomotion. Il ne
reste plus qu'à se dresser
une liste de ce que l'on
veut voir, visiter et faire, et
partir d'un pas décidé pour
une autre journée sous le
signe de la balade... sans
oublier son maillot de bain!

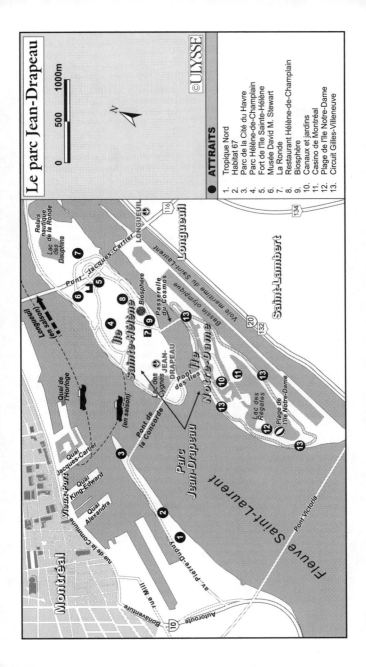

# Le parc Jean-Drapeau

**ATTRAITS**

1. Tropique Nord
2. Habitat 67
3. Parc de la Cité du Havre
4. Parc Hélène-de-Champlain
5. Fort de l'île Sainte-Hélène
6. Musée David M. Stewart
7. La Ronde
8. Restaurant Hélène-de-Champlain
9. Biosphère
10. Canaux et jardins
11. Casino de Montréal
12. Plage de l'île Notre-Dame
13. Circuit Gilles-Villeneuve

© ULYSSE

## L'île Sainte-Hélène

Lorsque Samuel de Champlain aborde l'île de Montréal en 1611, il trouve, en face, un petit archipel rocailleux. Il baptise la plus grande de ces îles du nom de son épouse, Hélène Boulé. L'île Sainte-Hélène est par la suite rattachée à la seigneurie de Longueuil. La baronne de Longueuil y fait ériger une maison de campagne entourée d'un jardin vers 1720.

En 1760, l'île sera le dernier retranchement des troupes françaises en Nouvelle-France, sous le commandement du chevalier François de Lévis. Il est dit que ce dernier aurait brûlé les drapeaux des régiments français plutôt que de les rendre aux Anglais.

L'importance stratégique des lieux est reconnue par l'armée britannique, qui aménage un fort dans la partie est de l'île au début du XIX$^e$ siècle. La menace d'un conflit armé avec les Américains s'étant amenuisée, l'île Sainte-Hélène est louée à la Ville de Montréal par le gouvernement canadien en 1874. Elle devient alors un parc de détente relié au Vieux-Montréal par un service de transport par traversier et, à partir de 1930, par le pont Jacques-Cartier.

Au début des années 1960, Montréal obtient l'Exposition universelle de 1967. On désire l'aménager sur un vaste site attrayant et situé à proximité du centre-ville. Un tel site n'existe pas. Il faut donc l'inventer de toutes pièces, en doublant la superficie de l'île Sainte-Hélène et en créant l'île Notre-Dame, à l'aide de la terre excavée des tunnels du métro. D'avril à novembre 1967, 45 millions de visiteurs fouleront le sol des deux îles et de la Cité du Havre pour visiter «l'Expo», comme l'appellent encore familièrement les Montréalais.

Au centre de l'île se dresse, légèrement surélevé, le **parc Hélène-de-Champlain**. Cette île ayant une superficie de 50 ha à l'origine, les travaux d'Expo 67 l'ont portée à plus de 120 ha. La portion originale correspond au territoire surélevé et ponctué de rochers, composés d'une pierre d'un type particulier à l'île appelée «brèche», une pierre très dure et ferreuse qui prend une teinte orangée avec le temps lorsqu'elle est exposée à l'air.

En 1992, la portion ouest de l'île a été réaménagée en un vaste amphithéâtre en plein air, où sont présentés des spectacles à grand déploiement. Sur une belle place en bordure de la rive, faisant face à Montréal, on aperçoit **L'Homme**, une superbe sculpture d'Alexander Calder inaugurée pour Expo 67.

De petits sentiers conduisent vers l'intérieur de l'île. À l'orée du parc original, on peut voir le chalet des baigneurs, avec son revêtement en pierre de brèche, et ses piscines extérieures, aménagées pendant la crise américaine qui a suivi le krash de la bourse de New York en 1929. L'île, au relief complexe, est dominée par la **tour Lévis**, simple château d'eau aux allures de donjon érigé en 1936, et par le **blockhaus fénien**, poste d'observation en bois élevé en 1849.

Dans le nord de l'île, près du pont Jacques-Cartier, se trouve le **fort de l'île Sainte-Hélène**. C'est à la suite de la guerre de 1812, entre les États-Unis et la Grande-Bretagne, que le fort est construit afin que l'on puisse défendre adéquatement Montréal, si jamais un nouveau conflit devait éclater. Les travaux effectués sous la supervision de l'ingénieur Elias Walker Durnford sont achevés en 1825. L'ensemble en pierre de brèche se présente tel un *U* échancré entourant une place d'armes, qui sert, de nos jours, de terrain de parade à la Compagnie Franche de la Marine et au 78e régiment des Fraser Highlanders. Ces deux régi-

ments factices en costume d'époque font revivre les traditions militaires françaises et écossaises du Canada, au grand plaisir des visiteurs.

À l'intérieur de l'arsenal est installé le **Musée David M. Stewart** (☎861-6701, *www.stewart-museum.org*), aussi appelé «Musée des découvertes». On y présente un ensemble d'objets des XVIIe et XVIIIe siècles, parmi lesquels figurent d'intéressantes collections de cartes, d'armes à feu, d'instruments scientifiques et de navigation, rassemblées par l'industriel montréalais David Stewart et son épouse Liliane.

Au bout de l'île, de l'autre côté du pont Jacques-Cartier, le plus important parc d'attractions du Québec, **La Ronde** (☎872-4537), occupe l'ancienne île Ronde. Inaugurée lors d'Expo 67, La Ronde accueille les amateurs de sensations fortes. Durant les mois de juin et de juillet s'y déroule une des plus importantes compétitions d'art pyrotechnique du monde.

En empruntant le petit sentier qui longe le littoral sud de l'île, en face de l'île Notre-Dame, on parvient au **restaurant Hélène-de-Champlain**. Construit comme pavillon des sports en 1938, il rappelle, par son style inspiré de l'architecture de la

Montréal

Nouvelle-France, la maison d'été de la baronne de Longueuil, autrefois située dans les environs.

Tout à côté du restaurant se dresse fièrement la **Biosphère** (☎283-5000, *www.biosphere.ec.qc.ca*), l'ancien pavillon américain d'Expo 67. Il s'agit du premier dôme géodésique complet à avoir dépassé le stade de la maquette. Son concepteur est le célèbre ingénieur Richard Buckminster Fuller (1895-1983). La Biosphère, de 80 m de diamètre et à structure tubulaire en aluminium, a malheureusement perdu son revêtement translucide en acrylique lors d'un incendie en 1978. Rouverte au grand public, la Biosphère est devenue un haut lieu de connaissances sur l'eau et d'observation active de l'écosystème que forment le fleuve Saint-Laurent et les Grands Lacs. On y retrouve quatre salles d'exposition interactives, fascinantes à parcourir.

### L'île Notre-Dame

L'île Notre-Dame est sortie des eaux du fleuve Saint-Laurent en l'espace de 10 mois, grâce aux 15 millions de tonnes de roc et de terre transportés sur le site depuis le chantier du métro (1967). Comme il s'agit d'une île artificielle, on a pu lui donner une configura-

tion fantaisiste, en jouant autant avec la terre qu'avec l'eau. Ainsi, l'île offre d'agréables canaux et jardins, aménagés à l'occasion des Floralies internationales de 1980. Ce superbe parc floral a conservé son cachet exotique et abrite les jardins d'une quinzaine de pays.

Au centre de l'île, le **Casino de Montréal** (☎392-2746) attire l'attention. Il est aménagé principalement dans l'ancien pavillon de la France d'Expo 67, un bâtiment en aluminium, conçu par l'architecte Jean Faugeron. Des galeries supérieures, on a de beaux points de vue sur le centre-ville et sur la Voie maritime du Saint-Laurent. L'étrange structure trouée, au sud, a été érigée pour reloger les innombrables hirondelles qui faisaient autrefois leur nid dans les recoins de l'ancien pavillon français.

Au bout de l'île, vers le pont Victoria, une superbe **plage** sablonneuse accueille les amants de la baignade et des sports nautiques, par les chaudes journées d'été. Le système de filtration naturel permet de garder l'eau du petit lac intérieur propre, sans devoir employer d'additifs chimiques. Près de la plage, le pavillon des activités nautiques offre en location des canots, des planches à voile ainsi que des dériveurs. Dans le jardin des Floralies, on peut également louer des pédalos pour se promener dans les petits canaux.

D'autres installations de sports et de loisirs s'ajoutent à ceux déjà mentionnés, soit le **Bassin olympique**, aménagé à l'occasion des Jeux olympiques de 1976, où il est possible de s'initier à l'aviron *(Club d'aviron de Montréal,* ☎861-8959)*,* et le **circuit Gilles-Villeneuve**, où l'on dispute, chaque année, le Grand Prix de formule 1 du Canada. En 1995, une piste pour le patin à roues alignées, d'une longueur de 5 km, a été aménagée dans l'île Notre-Dame (service de location).

---

## L'île des Sœurs

---

L'île des Sœurs a été acquise par les Dames de la Congrégation de Notre-Dame en 1676. Ces dernières la baptisèrent «île Saint-Paul». Vers 1720, un vaste manoir de pierres et divers bâtiments de ferme sont érigés dans la partie nord de l'île. À la suite du départ des religieuses en 1956, les bâtiments sont incendiés.

Puis l'île passe entre les mains d'un important promoteur qui trace les premières rues et fait construire trois tours d'habitation (sur le boulevard de l'île des Sœurs, au sud-ouest de la rue Corot), dessinées en 1967 par le célèbre architecte d'origine allemande Ludwig Mies van der Rohe. Celui-ci est également l'auteur de «l'élégante» station-service située près de la rue Berlioz (1968).

Plus récemment, l'île des Sœurs a vu éclore différents projets d'intérêt inégal. Mais, heureusement, le boisé a pu être conservé, la Ville de Verdun ayant décidé de lui donner une vocation écologique. Ainsi, un réseau de sentiers de randonnée pédestre a été aménagé, permettant de parcourir ce riche bois, d'explorer les rives d'un lac et de se familiariser avec la faune et la flore de ce secteur, réputé pour être une véritable réserve ornithologique.

### Où, quand, comment?

**Information**

**Ville de Verdun**
Module urbanisme et environnement
4555 rue de Verdun
☎765-7080

**Accès**

**Transport en commun:** métro LaSalle et autobus 12, ou métro Bonaventure et autobus 168.

**Voitures:** autoroute Bonaventure Ouest, ou autoroute 15 et 20 menant au pont Champlain, sortie Île-des-

Montréal

Sœurs. Un stationnement est situé au début du boulevard de la Forêt (par le boulevard Marguerite-Bourgeoys et le boulevard de l'Île-des-Sœurs), et un autre est situé au parc Elgar (rue Elgar, par le boulevard de l'Île-des-Sœurs).

**Frais:**
*aucuns.*

**Horaire:**
*tlj, du lever au coucher du soleil.*

**Randonnée pédestre hivernale:**
*oui.*

**Autres activités:**
*ski de fond.*

**Animaux domestiques:**
*admis, si en laisse.*

**Services et installations:**
*stationnement, toilettes au parc Elgar, cartes du site (en vente à l'hôtel de ville).*

### Le réseau

Le réseau de sentiers compte deux secteurs distincts: le **Domaine Saint-Paul** et la **Pointe sud de l'île**.

Le **Domaine Saint-Paul** (26 ha), qui est aussi appelé le Boisé de l'île des Sœurs, fut acquis par la Ville de Verdun en 1992. Il compte quatre sentiers pour un total d'un peu plus de 3 km. Une piste cyclable traverse également le site.

Les sentiers (L'Érablière, Le Marécage, La Frênaie et Le Lac) sont courts et bien entretenus. Il est facile d'y entrer et d'en sortir, car on dénombre pas moins de sept accès. Plusieurs panneaux d'interprétation, placés çà et là, informent le randonneur sur les différents attraits du bois, ainsi que sur la richesse d'un tel milieu humide à proximité d'une grande ville. Les pics, notamment le pic flamboyant, le pic mineur et le pic chevelu, semblent particulièrement apprécier ce paisible bois.

Au gré de la balade, on contemple une érablière à caryer, une érablière argentée, des peupliers à feuilles deltoïdes, des noyers cendrés donnant des noix dont les écureuils raffolent, et les restes (troncs) d'ormes d'Amérique victimes de la maladie hollandaise de l'orme, causée par un champignon. La frênaie rouge occupe la majorité de la superficie du bois et se trouve à mi-chemin entre les sites drainés, propices à l'érablière à caryer, et les dépressions inondables, où se trouve l'érablière argentée.

Au bout du bois, le très joli petit **lac des Battures** (5 ha) se dévoile soudainement. Ce lac est en fait un immense trou creusé au début des années 1970, afin de recevoir des matériaux provenant de l'excavation du métro de Montréal. Mais il en fut décidé autrement, et l'imposant trou se remplit peu à peu d'eau et forma un petit lac et des marais. De nos jours, ces étendues d'eau accueillent, de la fin mars à la mi-mai, des dizaines de canards nageant parmi les arbres inondés. L'été durant, c'est le canard colvert et le canard siffleur qui s'y installent, en nichant sur les rives.

Près du lac, la vue sur le fleuve Saint-Laurent, le centre-ville de Montréal, avec ses nombreux gratte-ciel, et le mont Royal est particulièrement propice à la détente. À l'intersection d'un sentier et de la piste cyclable, une petite aire de repos et de pique-nique a été aménagée.

Si vous désirez faire une plus longue randonnée, n'hésitez pas à parcourir le sentier qui longe le fleuve Saint-Laurent et vous permet d'effectuer le tour de la **Pointe sud de l'île**. Cette boucle de 7 km se parcourt presque entièrement en forêt tout en offrant des points de vue magnifiques sur le fleuve, l'île de Montréal (Verdun) et la Rive-Sud.

Du parc Elgar, empruntez la piste cyclable, qui traverse le Domaine Saint-Paul et mène au lac des Battures. Continuez par la piste cy-

clable, qui grimpe une butte et descend jusqu'au fleuve Saint-Laurent. Tournez à gauche dans le sentier longeant le fleuve. À partir d'ici, demeurez constamment dans le sentier aménagé près du fleuve et évitez les nombreux sentiers secondaires menant à l'intérieur du boisé.

Après quelques kilomètres, le sentier redevient une piste cyclable revêtue et mène jusqu'à l'extrémité du boulevard de l'Île-des-Sœurs. Demeurez sur la piste cyclable jusqu'à la rue Elgar et empruntez cette dernière afin de revenir au parc du même nom.

## Les berges de Verdun

Depuis l'aménagement des berges du fleuve Saint-Laurent par la Ville de Verdun, les promeneurs en tous genres (marche, vélo, patin à roues alignées) peuvent côtoyer toute l'année ce magnifique cours d'eau.

Les berges s'étirent sur près de 5 km, du parc Arthur-Thérrien jusqu'aux limites de Verdun et de LaSalle (av. Gérald). Cette fenêtre ouverte sur le fleuve propose des heures de détente et de découverte, d'autant plus que des piscines et des sites historiques s'y retrouvent.

Montréal

## Où, quand, comment?

### Information

### Ville de Verdun
Module urbanisme et environnement
4555 rue de Verdun
☎ *765-7080*

### Accès

Les berges de Verdun longent, en parallèle, le boulevard Lasalle, de la rue de l'Église jusqu'à l'avenue Gérald.

**Transport en commun:** métro de l'Église, descendez la rue de l'Église jusqu'au boulevard Lasalle.

**Voitures:** la ville de Verdun est facilement accessible par l'autoroute 15, sortie 61 ou 59. Le départ s'effectue à l'angle de la rue de l'Église et du boulevard Lasalle.

**Frais:**
*aucuns.*

**Horaire:**
*tlj, du lever au coucher du soleil.*

**Randonnée pédestre hivernale:**
*non.*

**Autres activités:**
*vélo, patin à roues alignées, baignade (piscines), ski de fond.*

**Animaux domestiques:**
*admis, si en laisse.*

**Services et installations:**
*stationnements, cartes de la ville de Verdun, brochures, aires de pique-nique.*

### Le réseau

Une très jolie randonnée consiste à relier les métros de l'Église et Angrignon, en passant par les berges. Cette randonnée linéaire de 7,5 km offre l'avantage de ne pas avoir à revenir sur ses pas, grâce au métro. Si vous désirez marcher uniquement le long des berges, sachez qu'il y a 3,8 km entre l'Auditorium et la maison des Nivard-De Saint-Dizier.

Du métro de l'Église, empruntez la rue de l'Église jusqu'au boulevard LaSalle (environ 0,5 km), où commencent les berges. Tournez à droite (direction ouest) et empruntez le sentier pédestre qui longe parallèlement la piste cyclable. Le sentier permet presque constamment de jouir d'une très belle vue sur le fleuve Saint-Laurent. La grande piscine extérieure relève du **Natatorium**, qui est la toute première piscine extérieure du Québec.

Plus loin, le sentier mène à la **maison des Nivard-De Saint-Dizier**, construite vers 1671 pour Zacharie Dupuis, militaire et fondateur de la ville de Verdun. Cette superbe maison en pierre des champs, avec ses épais murs (environ 40 cm), ses deux cheminées et son toit en bardeaux de cèdre très incliné, a toujours fière allure. Son nom actuel provient d'Étienne Nivard de Saint-Dizier, un important marchand de fourrures qui acquit la maison des Sœurs de la Congrégation Notre-Dame.

Entre la maison et le fleuve, de jolis aménagements paysagers rehaussent la beauté des berges. Une plate-forme donnant sur le fleuve permet d'admirer ce dernier, certaines collines montérégiennes ainsi que l'île aux Chèvres et l'île aux Hérons (refuge d'oiseaux migrateurs).

Afin de vous rendre au **parc Angrignon** et au métro du même nom, empruntez, en partant de la maison des Nivard-De saint-Dizier, l'avenue Crawford Bridge (presque en face) jusqu'au canal de l'aqueduc de Montréal. Une fois traversé le canal, le parc Angrignon surgit aussitôt. Traversez le boulevard de La Vérendrye et pénétrez dans le parc par le stationnement.

Afin de vous rendre au métro Angrignon, le plus simple est d'emprunter la route revêtue (interdite aux voitures), qui vous y mènera directement. Si vous disposez de plus de temps, n'hésitez pas à découvrir les charmes de ce magnifique parc urbain (voir p 88).

## Le canal de Lachine

Les abords du canal de Lachine ont été réaménagés dans le but de mettre en valeur cette voie de communication, si importante au cours du XIX$^e$ siècle et au début du XX$^e$ siècle. Un sentier pédestre et une piste cyclable longent le canal, du Vieux-Port de Montréal jusqu'au parc René-Lévesque, à Lachine, cette mince bande de terre qui avance dans le lac Saint-Louis.

L'histoire du canal de Lachine remonte au XVII$^e$ siècle. Une ferme appartenant aux Messieurs de Saint-Sulpice, alors seigneurs de l'île de Montréal, occupait toute la partie nord de la pointe Saint-Charles. Les sulpiciens, soucieux de développer leur île, entreprennent en 1689 de creuser un canal à même la rivière Saint-Pierre, qui délimite leur propriété, afin de contourner les fameux rapides de Lachine, qui entravent la navigation sur le fleuve Saint-Laurent, en amont de Montréal.

Ces prêtres visionnaires, peut-être trop ambitieux pour leur époque, entament les travaux avant même de demander la permission de

Montréal

leur ordre ou d'obtenir des fonds du Roi, deux autorisations qui leur seront refusées. Les travaux furent donc interrompus jusqu'en 1821, alors que débute le chantier du canal actuel.

Le canal de Lachine, long de 13,4 km, a été ouvert à la navigation en 1824. Il permettait aux bateaux de relier le port de Montréal au lac Saint-Louis, en contournant les rapides et les 14,3 m de dénivellation entre Montréal et Lachine. Le canal comportait sept écluses en pierre de taille, chacune mesurant 30 m de longueur par 6 m de largeur. Élargi à deux reprises par la suite, il servira jusqu'à l'ouverture de la Voie maritime du Saint-Laurent, en 1959. En 1970, il fut définitivement fermé. Parcs Canada s'est porté acquéreur du canal et de ses rives en 1979.

## Où, quand, comment?

### Information

**Canal de Lachine**
200 boulevard René-Lévesque Ouest
Tour Ouest, 6ᵉ étage
☎ *283-6054*
*www.parcscanada.gc.ca/canal lachine*

### Accès

Plusieurs accès possibles le long du canal.

**Transport en commun:** métro Square-Victoria; descendez la rue McGill jusqu'à la rue de la Commune, où un centre d'interprétation est situé à l'intérieur de la Maison des Éclusiers. Il est également facile de se rendre au canal à partir de la station de métro Charlevoix. Pour parvenir au Centre d'interprétation de l'île Monk, à Lachine: métro Angrignon et autobus 195 Ouest.

**Voitures:** plusieurs stationnements; sous l'autoroute Bonaventure, à Côte-Saint-Paul, à l'île Monk et au Lieu historique national du Commerce-de-la-fourrure-à-Lachine.

**Frais:**
*aucuns.*

**Horaire:**
*tlj, du lever du soleil à minuit.*

**Randonnée pédestre hivernale:**
*oui.*

**Autres activités:**
*vélo (piste cyclable), ski de fond, raquettes.*

**Animaux domestiques:**
*admis, si en laisse*

**Services et installations:**
*plusieurs stationnements, deux centres d'interprétation (pavillon de l'île Monk, à Lachine, et Maison des Éclusiers, au Vieux-Port; ouverts de mai à septembre), casse-croûte (entrée Bonaventure, Côte-*

*Saint-Paul), aires de pique-
nique, dépliants.*

### Le réseau

Le sentier du canal de Lachine fait 14 km. Il relie le
Vieux-Port au parc René-
Lévesque, à Lachine. Il peut
être parcouru dans les deux
sens. Il est également possible de n'en traverser
qu'une section et de revenir
au point de départ par le
Transport en commun.

L'embouchure du canal
Lachine est située à l'angle
des rues McGill et de la
Commune. Les écluses du
canal, restaurées en 1991,
sont adjacentes à un parc et
à l'audacieuse **Maison des
Éclusiers**, là où se trouve un
des deux centres d'inter-
prétation de l'histoire du
canal. Au sud des premières
écluses se dresse le dernier
des grands silos à grains du
Vieux-Port, érigé en 1905.

Le sentier du canal de Lachine traverse les municipalités de Montréal, de LaSalle
et Lachine. Il parcourt également de vieux quartiers,
comme Saint-Henri, Pointe-
Saint-Charles, La Petite-
Bourgogne et Côte-Saint-
Paul. Le long du sentier, le
randonneur doit franchir
une douzaine de petits
ponts et peut contempler
les cinq écluses que compte
désormais le canal. À Côte-
Saint-Paul, on retrouve un
petit casse-croûte ainsi

qu'un atelier de réparation
de vélos dans un ancien
fourgon de queue.

À l'extrémité ouest du canal
de Lachine, le sentier conduit au **parc René-Lévesque**,
d'où la vue sur le lac Saint-
Louis est tout simplement
sublime. Trois étroites lan-
gues de terre, aménagées
de main d'homme, forment
l'embouchure du canal de
Lachine, à la manière d'un
estuaire évasé et tentacu-
laire. Le parc dispose de
quelques bancs et de tables
de pique-nique. En outre,
des milliers de goélands
viennent s'y reposer. Au
bout du parc, où se trouve
le Yachting Club, un
bateau-passeur se rend près
du vieux Lachine.

À l'entrée du canal s'étend
le parc Monk, où le
deuxième centre d'interprétation de l'histoire du canal
est situé. Le randonneur
désireux d'en connaître
davantage sur le passé historique de Lachine se ren-
dra au **lieu historique national
du Commerce-de-la-fourrure-
à-Lachine** *(droit d'entrée; 1255
boulevard St-Joseph,* ☎*637-
7433),* ainsi qu'au **musée de
Lachine** *(entrée libre; 110 ch.
LaSalle,* ☎*634-3471, poste
346).* La visite de ces lieux
chargés d'histoire révèle
toute l'importance qu'avait
la traite des fourrures
comme principale activité
économique de la région
montréalaise pendant près
de deux siècles.

Montréal

## Le parc Angrignon

Le parc Angrignon, avec ses 107 ha, est demeuré un parc où il fait bon se balader au gré de ses découvertes. Avec son long mais étroit lac, son étang et sa forêt, le parc Angrignon a de quoi faire oublier la ville pour quelques heures. C'est également un parc où il est possible de pratiquer une foule d'activités physiques, toute l'année durant.

On dit qu'à l'origine le parc Angrignon devait abriter un important jardin zoologique, semblable à celui que l'on retrouve à Granby. Mais il en fut décidé autrement, et le parc eut plutôt une vocation récréative et familiale. On y a ouvert tout de même pendant quelques temps un mini-zoo dans les Quartiers d'hiver. Les animaux que l'on gardait durant l'hiver provenaient du Jardin des merveilles du parc Lafontaine.

Depuis quelques années cependant, le parc Angrignon ne garde plus d'animaux sauvages ou exotiques. Durant la belle saison, des animaux de la ferme peuvent être admirés à La petite ferme, située tout près des Quartiers d'hiver et de la station de métro Angrignon.

Le programme d'activités d'animation de plein air est géré par le Centre d'animation du parc Angrignon (CAPA), une corporation sans but lucratif partenaire de la Ville de Montréal. Le CAPA offre une foule d'activités quatre saisons (variable d'une année à l'autre). Des cours de ski de fond aux différents ateliers, en passant par le programme scolaire, petits et grands peuvent découvrir les joies de jouer dehors au parc Angrignon.

À l'intérieur des Quartiers d'hiver, le Fort Angrignon propose un parcours d'épreuves (escalade, labyrinthe, énigmes, etc.), où la force, l'agilité, le courage et l'esprit d'équipe sont obligatoires (s'informer des modalités d'inscription).

### Où, quand, comment?

**Information**

**Parc Angrignon**
3400 boulevard des Trinitaires
☎*872-3066*
**Centre d'animation du parc Angrignon (CAPA)**
☎*872-3816*
*www.fortangrignon.qc.ca*

**Accès**

**Transport en commun:** l'accès principal est situé aux Quartiers d'hiver, à deux pas de la station de métro Angrignon.

**Voitures:** un stationnement payant se trouve juste à côté de la station de métro Angrignon (boulevard des Trinitaires) et des Quartiers d'hiver (chalet principal). Un autre stationnement *(gratuit)* est situé sur le côté est du parc, par le boulevard de La Vérendrye.

**Frais:**
*aucuns.*

**Horaire:**
*le chalet principal est ouvert entre 9h et 18h en été, et entre 9h et 22h en hiver.*

**Randonnée pédestre hivernale:**
*oui (3,6 km).*

**Autres activités:**
*jeux nature et animation, vélo, pique-niques, patin à roues alignées, ski de fond, raquettes, glissades, patin.*

**Animaux domestiques:**
*admis, si en laisse.*

**Services et installations:**
*stationnements, chalet principal, restauration, toilettes, location d'équipement, casiers, premiers soins.*

### Le réseau

Le réseau compte environ 5 km de sentiers de randonnée pédestre. Il s'agit de la petite route principale du parc ainsi que de plusieurs petits sentiers à travers bois. Les sentiers sont quelque peu anarchiques et vont en tous sens. D'ici quelques années, la Ville de Montréal prévoit restructurer le tout afin de rendre le réseau plus homogène, et ainsi éviter la détérioration rapide du sol de la forêt. Les plans d'aménagement du parc sont même déjà dessinés!

Au gré de sa balade, le randonneur ne manquera pas de se rendre à l'extrémité ouest du grand lac. Le point de vue sur le lac, qui mesure 1,1 km de long, est superbe. Entouré de toute cette jolie végétation, cet endroit est parfait pour rêvasser quelques instants, à moins que l'on préfère se détendre à l'ombre d'un saule pleureur, d'un érable ou d'un orme.

## L'est de l'île

### Le pôle Maisonneuve

Le pôle Maisonneuve est devenu l'une des destinations touristiques par excellence au Québec. C'est également l'un des terrains de jeu favoris des Montréalais. D'une superficie de 188 ha, le pôle Maisonneuve englobe le Château Dufresne, le Parc olympique, le Biodôme, le Jardin botanique, l'Insectarium ainsi que le parc Maisonneuve. Et bien sûr, la marche constitue le moyen de locomotion par

Montréal

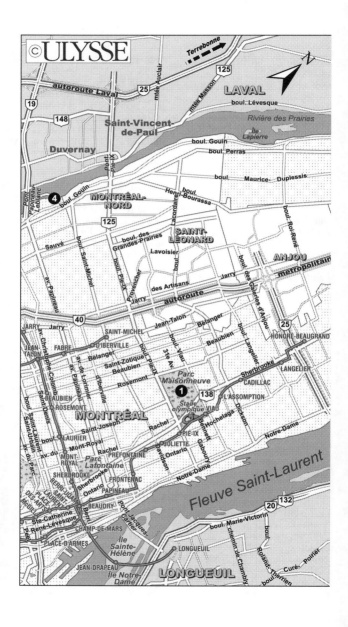

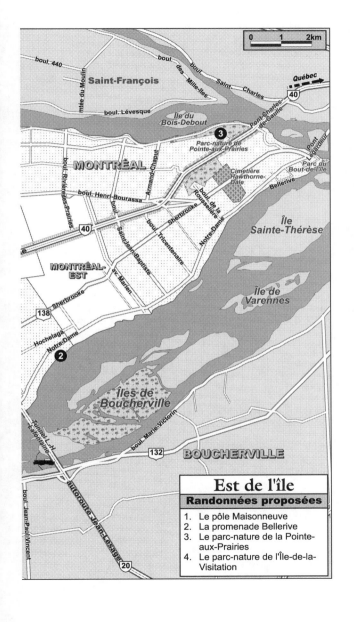

excellence pour découvrir tous ces joyaux concentrés dans un même secteur.

## Où, quand, comment?

### Information

### Ville de Montréal
☎872-1111
(renseignements généraux) ou téléphonez directement au site désiré (voir plus loin)

### Accès

Tous les sites mentionnés se trouvent à l'intérieur (ou aux abords) du quadrilatère délimité par le boulevard Pie-IX, l'avenue Pierre-de-Coubertin, le boulevard Viau et le boulevard Rosemont. À noter qu'un service gratuit de transport par navette relie le Parc olympique et le Biodôme au Jardin botanique et à l'Insectarium.

**Transport en commun:** métro Pie-IX ou métro Viau.

**Voitures:** par les rues mentionnées ci-dessus. Plusieurs stationnements payants près des sites.

**Frais:**
*des frais sont exigés pour la plupart des sites, sauf au parc Maisonneuve et dans les jardins extérieurs du Jardin botanique durant l'hiver.*

**Horaire:**
*comme les horaires sont variables selon la saison, il est préférable de téléphoner avant une visite.*

**Randonnée pédestre hivernale:**
*oui.*

**Autres activités:**
*terrains de jeu, ski de fond.*

**Animaux domestiques:**
*interdits.*

**Services et installations:**
*stationnement, toilettes et casse-croûte dans la plupart des sites.*

## Le réseau

En 1883, la ville de Maisonneuve voit le jour à l'est de Montréal, à l'initiative de fermiers et de marchands canadiens-français. Dès 1889, les installations du port de Montréal la rejoignent, facilitant ainsi son développement. Au cours de son histoire, Maisonneuve a été profondément marquée par des hommes aux grandes idées, qui ont voulu faire de ce coin de pays un lieu d'épanouissement collectif.

Les frères Marius et Oscar Dufresne, à leur arrivée au pouvoir à la mairie de Maisonneuve, en 1910, institueront une politique de démesure en faisant ériger de prestigieux édifices publics de style Beaux-Arts, desti-

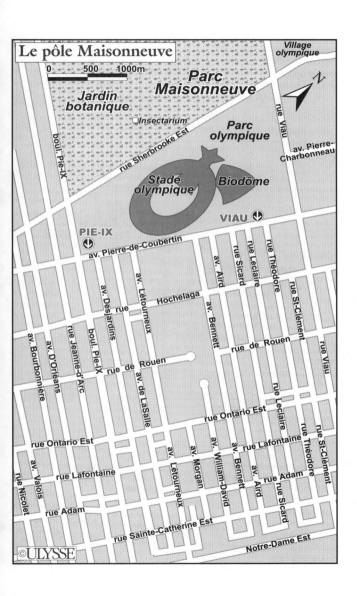

# Le pôle Maisonneuve

0   500   1000m

*Village olympique*

**Parc Maisonneuve**

*Jardin botanique*

☐Insectarium

**Parc olympique**

rue Sherbrooke Est

boul. Pie-IX

av. Pierre-Charbonneau

rue Viau

**Stade olympique**

**Biodôme**

VIAU Ⓜ

PIE-IX Ⓜ

av. Pierre-de-Coubertin

rue Leclaire
rue Sicard
rue Théodore
rue St-Clément

av. Aird

av. Létourneux

av. Desjardins

Hochelaga
rue

av. Bennett

rue Viau

av. D'Orléans

av. Bourbonnière

rue Jeanne-d'Arc

boul. Pie-IX

av. de LaSalle

rue de Rouen

rue de Rouen

rue Leclaire

rue St-Clément

rue Ontario Est

rue Ontario Est

av. Valois

rue Nicolet

rue Lafontaine

rue Adam

av. Létourneux

av. Morgan

av. William-David

av. Bennett

rue Lafontaine

av. Aird

rue Adam

rue Théodore

rue Sicard

rue St-Clément

rue Sainte-Catherine Est

Notre-Dame Est

©ULYSSE

nés à faire de «leur» ville un modèle de développement pour le Québec français. Mais la Première Guerre mondiale allait mettre un terme à cette politique, engendrant la faillite de la municipalité.

Puis en 1918, cette ville est annexée à Montréal, devenant de la sorte un de ses principaux quartiers ouvriers, francophone à 90%.

Des frères Dufresne, il nous reste leur somptueuse demeure, dénommée le **Château Dufresne** *(2929 rue Jeanne-d'Arc)*, qui abritait jusqu'en 1997 le Musée des Arts décoratifs. Le Château Dufresne, construit en 1916 et situé plus précisément à l'angle de la rue Sherbrooke et du boulevard Pie-IX, est constitué, en réalité, de deux résidences bourgeoises jumelées de 22 pièces chacune, érigées derrière une façade commune. Plusieurs pièces du château ont conservé l'apparence qu'elles avaient à l'époque des frères Dufresne.

À l'est du boulevard Pie-IX se trouve le **Parc olympique** *(4141 avenue Pierre-de-Coubertin, ☎252-8687)*, site des Jeux olympiques de 1976. L'instigateur de ce projet fut Jean Drapeau, maire de Montréal pendant près de 30 ans, à qui l'on doit également le métro, la Place des Arts et l'Exposition universelle de 1967. Dessiné

par l'architecte parisien Roger Taillibert, le Stade olympique étonne par ses formes organiques en béton. Le stade ovale de 56 000 places est surmonté d'une tour penchée, haute de 175 m. Un funiculaire monte au sommet de cette tour inclinée, la plus haute du genre au monde, d'où la vue sur la ville est des plus spectaculaires.

Tout à côté du Stade olympique, le **Biodôme** *(4777 avenue Pierre-de-Coubertin, ☎868-3000, www.ville.montreal.qc.ca/biodome)*, inauguré en 1992 à l'intérieur de l'ancien vélodrome olympique, est un musée de l'environnement unique au monde. Ce nouveau type de musée présente, sur 10 000 m², quatre écosystèmes du continent américain fort différents les uns des autres: la forêt tropicale, avec son air chaud et humide, et sa végétation luxuriante; la forêt laurentienne, avec sa grande diversité d'habitats; le Saint-Laurent marin, avec son bassin de 2,5 millions de litres d'eau salée; le monde polaire, où l'Arctique et l'Antarctique se côtoient!

Au nord de la rue Sherbrooke, le **Jardin botanique** (♣) *(4101 rue Sherbrooke Est, ☎872-1400, www.ville.montreal.qc.ca/jardin)* nous dévoile tous ses charmes. Le Jardin botanique a été fondé par le frère Marie-Victorin en 1931. Il est désormais considéré comme le second en importance au monde. Près de 30 000 espèces et variétés de végétaux y représentent la flore du globe. D'une superficie de 73 ha, l'aménagement du Jardin botanique a été entrepris pendant la crise américaine qui a suivi le krash de 1929 sur le site du Mont-de-La-Salle, la maison mère des frères des Écoles chrétiennes.

Derrière l'ancien pavillon Art déco de l'École de biologie de l'Université de Montréal se dressent 10 serres d'exposition reliées les unes aux autres (forêt tropicale, régions désertiques, fougères arborescentes, jardin céleste), où l'on peut notamment admirer une précieuse collection d'orchidées ainsi que le plus important regroupement de bonsaïs et de penjings hors d'Asie.

Le Jardin botanique offre un grand réseau de sentiers de randonnée pédestre (plus de 5 km) qui sillonnent la trentaine de jardins extérieurs, dont les jardins d'exposition symétriques d'inspiration européenne, le jardin japonais (2,5 ha) et son pavillon de thé de style *sukiya*, ainsi que le superbe jardin de Chine (2,5 ha), avec ses sept pavillons réalisés par des artisans venus exprès de Chine, son Lac de rêve, sa montagne de pier-res et son impressionnante collection de penjings offerte par le maître Wu Yee-Sun. Ce jardin est le plus grand du genre jamais construit hors d'Asie.

Au fond du jardin, vers le boulevard Rosemont, de petits sentiers plus tranquilles mènent au jardin Leslie-Hancock (rhododendrons, azalées, etc.), ainsi qu'à l'arboretum, où une multitude d'espèces et de variétés horticoles sont représentées.

En automne, un circuit longeant des arbres remarquables permet d'observer des scènes naturelles magnifiques aux couleurs flamboyantes (procurez-vous le petit dépliant gratuit à l'accueil). L'hiver venu, le Jardin botanique accueille les randonneurs et les skieurs (ski de fond). Les nombreux jardins sont alors agrémentés de postes d'alimentation pour les oiseaux. Lieu privilégié de bon nombre d'ornitholphiles, il est fréquenté par un très grand nombre d'espèces (merle d'Amérique, jaseur, sizerin blanchâtre, junco ardoisé, bruant à gorge blanche, tourterelle triste, mésange à tête noire, chardonneret jaune, sittelle à poitrine rousse, cardinal, etc.). Depuis 1992, le jardin de Chine présente des sculptures de glace lumineuses (février). Ces superbes sculptures sont taillées

Montréal

par une équipe d'artisans originaires de la ville de Harbin, dans le nord de la Chine.

Situé juste à l'est des serres, l'**Insectarium** *(4581 rue Sherbrooke Est, ☎872-8753, www.ville.montreal.qc.ca/insectarium)* nous fait découvrir le monde fascinant des insectes à l'aide de courts films et de jeux interactifs. Inauguré en 1990, l'Insectarium de Montréal abrite une prestigieuse collection de plus de 250 000 spécimens. Ne parlez surtout pas de «bébittes» à son fondateur, Georges Brossard, qui a parcouru tous les continents à la recherche d'insectes. Il pourrait vous «piquer»... une sainte colère!

Adjacent à l'Insectarium et au Jardin botanique, le **parc Maisonneuve** *(4601 rue Sherbrooke Est, ☎872-6555)* offre 5 km de sentiers de randonnée pédestre où il fait bon se détendre et piqueniquer. «Poumon vert» du pôle Maisonneuve, cet endroit est tout désigné pour aller se reposer entre deux visites culturelles.

---

## La promenade Bellerive

La promenade Bellerive est méconnue d'un grand nombre de Montréalais et c'est dommage, car le fleuve Saint-Laurent est ici partout présent et tout est mis en œuvre afin que les visiteurs apprécient ce site riverain.

En plus de longer la berge du fleuve, la promenade relie quatre parcs municipaux (Honoré-Mercier, Pierre-Tétreault, Clément-Jeté et L.O.-Taillon), comportant des aires de jeux pour petits et grands ainsi qu'une piscine.

De plus, la Société d'animation de la promenade Bellerive organise plusieurs activités tout au long de l'année (expositions, soupers, concerts, épluchette de blé d'inde, etc.) ainsi que diverses croisières sur le fleuve afin d'aller admirer les feux d'artifice ou encore découvrir le port de Montréal.

### Où, quand, comment?

**Information**

**Société d'animation de la promenade Bellerive**
8300 rue Bellerive
☎493-1967

**Accès**

La promenade Bellerive longe la rue Notre-Dame, entre la rue Liebert et l'avenue Meese. Elle se situe donc à l'est de la rue Honoré-Beaugrand. L'entrée principale se trouve tout juste au sud de l'angle de la rue Notre-Dame et de l'avenue Mercier.

**Transport en commun:** métro Honoré-Beaugrand et autobus 185 Est.

**Voitures:** rue Notre-Dame, puis rue Lebrun à droite et Bellerive à droite.

**Frais:**
*aucuns.*

**Horaire:**
*tlj 6h à 23h.*

**Randonnée pédestre hivernale:**
*oui.*

**Autres activités:**
*vélo, patin à roues alignées, observation des oiseaux, croisières, pêche, raquettes, patin, ski de fond.*

**Animaux domestiques:**
*admis, si en laisse.*

**Services et installations:**
*stationnement, chalet d'accueil, casse-croûte, toilettes, navette fluviale (île Charron), aires de pique-nique.*

### Le réseau

La promenade Bellerive dispose d'un sentier pédestre qui longe le fleuve sur 2,2 km. En partant du chalet d'accueil, vous êtes à proximité de la limite ouest de la promenade. Tout près se trouve le quai de la navette fluviale, laquelle permet aux randonneurs et aux cyclistes de se rendre à l'île Charron ainsi qu'au superbe parc des Îles-de-Boucherville (voir p 180).

Le long du sentier, deux belvédères permettent de se reposer tout en profitant de la superbe vue sur le fleuve. Des mangeoires pour les oiseaux, installées çà et là, attirent à coup sûr la faune ailée.

Il ne faut pas hésiter à se rendre au **Quai est**, qui se dresse à 2 km à l'est du chalet. La vue y est formidable et l'on distingue aisément, outre l'île Charron, les monts Saint-Hilaire et Saint-Bruno. De plus, on ne se lasse pas d'admirer les énormes paquebots qui naviguent de ce côté-ci des îles de Boucherville. Ce quai a la faveur des pêcheurs qui viennent y taquiner principalement le doré et le brochet.

### Le parc-nature de la Pointe-aux-Prairies

Le parc-nature de la Pointe-aux-Prairies est situé à l'extrémité est de l'île de Montréal, dans les quartiers Rivière-des-Prairies et Pointe-aux-Trembles. D'une superficie de 247 ha, ce parc s'étend de la rivière des Prairies jusqu'au fleuve Saint-Laurent, bien que la zone située au sud de la rue Sherbrooke ne soit pas encore aménagée.

Montréal

Le parc-nature de la Pointe-aux-Prairies est un véritable havre de verdure en plein milieu urbain, où il est possible de prendre connaissance et d'apprécier une variété d'écosystèmes. On y retrouve des bois matures, des marais ainsi que des champs.

Ce parc-nature vise à mettre en valeur des éléments représentatifs du patrimoine naturel de l'est de l'île de Montréal. Il constitue le deuxième plus grand parc de la Communauté urbaine de Montréal, après celui du Cap-Saint-Jacques (288 ha). Lieu propice à la détente, ce parc-nature offre l'initiation aux sciences de la nature, ainsi que la pratique de certaines activités de plein air compatibles avec la vocation écologique du parc.

### Où, quand, comment?

**Information**

**Parc-nature de la Pointe-aux-Prairies**
☎*280-6688 ou 280-6691*
*www.cum.qc.ca/parcs-nature*
(voir aussi p 50)

**Accès**

Le parc est divisé en deux secteurs bien distincts.

**1) Secteur du Bois-de-l'Héritage:** chalet Héritage (*14905 rue Sherbrooke Est,*

☎*280-6691).* **Transport en commun:** métro Honoré-Beaugrand, autobus 189 jusqu'à la rue Yves-Thériault. Empruntez cette rue, du côté nord de Sherbrooke, jusqu'à l'entrée du parc. **Voitures:** autoroute 40 Est, sortie 87. Empruntez la rue Sherbrooke Est jusqu'à l'entrée du parc, sise juste après la rue Arthur-Généreux.

**2) Secteur de la Rivière-des-Prairies:** pavillon des Marais (*12300 boulevard Gouin Est,* ☎*280-6688),* chalet Rivière-des-Prairies (*12980 boulevard Gouin Est,* ☎*280-6772)* et maison Bleau (*13200 boulevard Gouin Est,* ☎*280-6698).* **Transport en commun:** métro Radisson, autobus 44, puis autobus 42, en direction est, ou métro Honoré-Beaugrand, autobus 189 jusqu'au terminus, puis autobus 42, en direction ouest. **Voitures:** autoroute 40 Est, sortie 85. Empruntez le boulevard St-Jean-Baptiste Nord jusqu'au boulevard Gouin. Tournez à droite par le boulevard Gouin et continuez jusqu'à l'adresse désirée.

**Frais:**
*aucuns.*

**Horaire:**
*tlj, du lever au coucher du soleil. Vérifiez les heures et les différentes périodes d'ouverture des chalets d'accueil.*

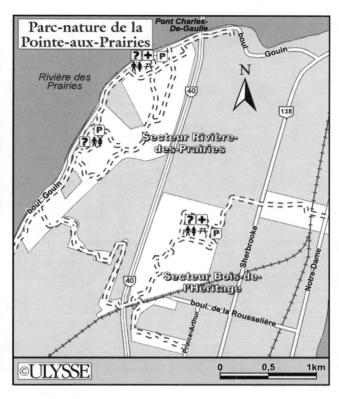

**Randonnée pédestre hivernale:**
*oui (3,8 km).*

**Autres activités:**
*vélo (piste cyclable), ski de fond, glissades, raquettes, activités animées, groupes scolaires, camps de jour, randonnées guidées, ateliers, conférences.*

**Animaux domestiques:**
*admis, si en laisse.*

**Services et installations:**
*stationnements (payants), chalets d'accueil, toilettes, casse-croûte, aires de pique-nique, premiers soins, maison de la culture, centre d'interprétation, location de skis, cartes des sentiers, dépliants, brochures.*

### Le réseau

Le réseau compte 16,7 km de sentiers de randonnée pédestre, dont 13,6 km de

Montréal

sentiers polyvalents, où marcheurs et cyclistes se côtoient, et 3,1 km de sentiers réservés à la randonnée pédestre uniquement.

Du côté du secteur du **Bois-de-l'Héritage**, le chalet Héritage comporte des panneaux d'interprétation ainsi que des jeux interactifs sur des thématiques saisonnières. C'est également ici que l'on accueille les groupes scolaires ainsi que les camps de jour estivaux (juillet et août) destinés aux jeunes de 6 à 14 ans.

Le secteur du Bois-de-l'Héritage, qui comprend également le Bois-de-la-Réparation, abrite les seuls bois matures à l'est du mont Royal. En raison de la grande diversité de ses habitats (bois, marécages, champs en friche), ce secteur possède une faune et une flore des plus riches. Il est d'ailleurs reconnu pour être une importante réserve ornithologique. Le parc est fréquenté par plus de 140 espèces d'oiseaux. Des postes d'alimentation pour les oiseaux, installés le long des sentiers, permettent des rencontres des plus agréables. Mais le randonneur, au détour d'un sentier, peut également surprendre un joli lapin à queue blanche, un renard roux, un raton laveur ou une hermine.

Le **Bois-de-la-Réparation**, de l'autre côté du passage à niveau, abrite une magnifique érablière à caryer ainsi qu'une grande variété d'essences, dont le tilleul, le chêne et le frêne.

Pour se rendre du chalet Héritage au pavillon des Marais, il faut parcourir le sentier (6 km) qui mène de l'autre côté de l'autoroute 40, dans le secteur de la Rivière-des-Prairies.

Le pavillon des Marais, dont l'accueil et l'animation sont assurés par des membres de la Société de biologie de Montréal, présente une exposition thématique portant sur la richesse et la fragilité des milieux humides. Le visiteur ne manquera pas de monter dans la tour d'observation du pavillon, d'où la vue sur la rivière des Prairies et les marais est splendide.

À côté du pavillon, une éolienne de type *Catavent 1000*, servant à contrôler l'alimentation en eau des marais pour ne pas qu'ils s'assèchent durant l'été, se dresse fièrement. L'énergie que l'éolienne génère sert au fonctionnement de la pompe qui aspire l'eau de la rivière des Prairies afin d'alimenter les marais.

Au centre d'un des marais, un magnifique kiosque invite à la détente et à l'observation. Tout près, une aire d'observation des oiseaux a été aménagée.

Plus à l'est encore, à l'extrémité du parc, se trouve la **maison Bleau**. Cette vieille demeure (1890) remplace la maison que Laurent Bleau y construisit en 1732. De nos jours, elle accueille des artistes-résidents qui peuvent y vivre et travailler pendant un an. La maison est ouverte aux visiteurs, et, les dimanches d'été, différentes activités en arts visuels y sont organisées.

---

### Le parc-nature de l'Île-de-la-Visitation

Le parc-nature de l'Île-de-la-Visitation, situé sur le boulevard Gouin, près du pont Papineau-Leblanc, permet de jolies randonnées, surtout à caractère historique. Bien que ce parc soit le plus petit des parcs-nature (33 ha), il possède une flore et une faune des plus remarquables, en plus d'un passé historique fort intéressant.

Jusqu'aux années 1950, le quartier du Sault-au-Récollet formait encore un village agricole le long de la rivière des Prairies, isolé de la ville. L'histoire du «Sault» est cependant très ancienne, puisque, dès 1610, Monsieur des Prairies emprunta la rivière qui porte désormais son nom en pensant qu'il s'agissait du fleuve Saint-Laurent. Puis, en 1625, le récollet Nicolas Viel et son guide amérindien Ahuntsic se noyèrent (ou furent jetés) dans les rapides du cours d'eau, d'où le nom de «Sault... au-Récollet».

En 1696, les sulpiciens y installèrent la mission amérindienne du fort de la Montagne. En 1726, le moulin à scie est construit, de même que la digue qui relie l'île de la Visitation à celle de Montréal. Dès le XIXe siècle, Sault-au-Récollet devint un lieu de villégiature pour les Montréalais.

### Où, quand, comment?

**Information**

**Parc-nature de l'Île-de-la-Visitation**
2425 boulevard Gouin Est
☎ *280-6733*
*www.cum.qc.ca/parcs-nature*
(voir aussi p 50)

**Accès**

**Transport en commun:** métro Henri-Bourassa, autobus 69 Est, arrêt rue De Lille. Montez la rue De Lille jusqu'au boulevard Gouin.

**Voitures:** boulevard Henri-Bourassa jusqu'à la rue De Lille, puis jusqu'au boulevard Gouin.

**Frais:**
*aucuns.*

Montréal

**Horaire:**
*tlj, du lever au coucher du soleil. Vérifiez les heures et les différentes périodes d'ouverture du chalet d'accueil.*

**Randonnée pédestre hivernale:**
*oui.*

**Autres activités:**
*vélo (piste cyclable), ski de fond, glissades, raquettes, pêche, activités animées, groupes scolaires, randonnées guidées, ateliers, conférences, excursions ornithologiques.*

**Animaux domestiques:**
*admis, si en laisse.*

**Services et installations:**
*stationnements (payants), chalet d'accueil, toilettes, casse-croûte, aires de pique-nique, premiers soins, Maison du Pressoir, Maison du Meunier, location (ski et glissade), cartes des sentiers, dépliants, brochures.*

### Le réseau

Le réseau compte 7,5 km de sentiers de randonnée pédestre. On y retrouve des étendues vallonnées, de petits sous-bois, les berges de la rivière des Prairies ainsi qu'une très jolie île, l'**île de la Visitation**, que l'on parcourt aisément et où la végétation abondante nous fait oublier que l'on est toujours sur le territoire de la Communauté urbaine de Montréal.

L'île de la Visitation est une longue bande de terre, fermée à chacune de ses extrémités par des digues qui contrôlent le niveau et le débit de l'eau, éliminant du coup le fameux sault qui a donné son nom au secteur. Il est possible de rejoindre l'île, soit par la rue du Pont, soit par la petite passerelle située en face du chalet d'accueil. De l'autre côté de cette passerelle, un belvédère permet d'observer la centrale hydroélectrique Rivière-des-Prairies, aménagée en 1928 par la Montreal Island Power.

Presque au centre de l'île, une croix fut érigée en hommage à Nicolas Viel et à Ahuntsic. À l'extrémité ouest de l'île, le sentier passe sous le pont Papineau-Leblanc et longe le barrage Simon-Sicard, jusqu'à l'église de la Visitation. Cette superbe église, construite entre 1749 et 1752, est la plus ancienne église qui subsiste dans l'île de Montréal. L'intérieur de l'église forme un des ensembles les plus remarquables de la sculpture en bois au Québec.

Revenant dans l'île de la Visitation, le randonneur y découvrira quelques belles maisons encore habitées. La petite rue du Pont permet d'observer les quelques vestiges restants des moulins que les sulpiciens y firent ériger sous le Régime fran-

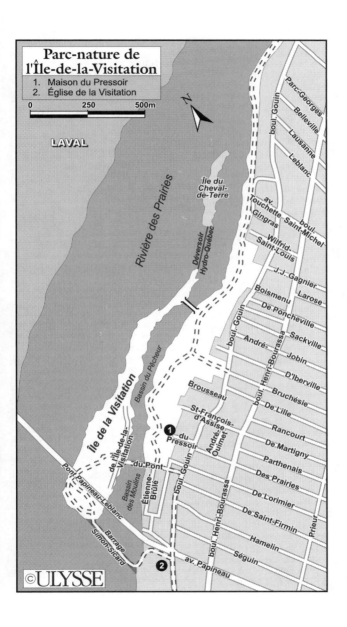

# Parc-nature de l'Île-de-la-Visitation

1. Maison du Pressoir
2. Église de la Visitation

0    250    500m

*N*

LAVAL

Rivière des Prairies

Île du Cheval-de-Terre

Déversoir Hydro-Québec

Bassin du Pêcheur

Île de la Visitation

de l'Île-de-la-Visitation

Pont-Papineau-Leblanc

Bassin des Moulins

Barrage Simon-Sicard

Étienne-Brûlé

du-Pont

du Pressoir

André-Ouimet

St-François-d'Assise

Brousseau

André-

boul. Gouin

boul. Gouin

boul. Gouin

boul. Henri-Bourassa

boul. Henri-Bourassa

Parc-Georges
Belleville
Lausanne
Leblanc

av. Touchette Saint-Michel
Gingras
Wilfrid-Saint-Louis

boul. Saint-Michel

J.-J.-Gagnier
Larose
Boismenu
De Poncheville
Sackville
Jobin
D'Iberville
Bruchésie
De Lille
Rancourt
De Martigny
Parthenais
Des Prairies
De Lorimier
De Saint-Firmin
Hamelin
Séguin

Prieur

av. Papineau

©ULYSSE

çais. Les moulins du Sault-au-Récollet furent exploités pendant plus de 230 années consécutives, soit de 1726 à 1960. Tout à côté du pont se trouve la **Maison du Meunier** *(10897 rue du Pont, ☎280-6709)*, qui sert maintenant de lieu d'expositions en arts visuels.

À l'ouest du chalet d'accueil, la **Maison du Pressoir** *(10865 rue du Pressoir, ☎280-6783)*, restaurée en 1982, présente une exposition sur la fabrication du cidre et sur l'historique du pressoir et de la mission des sulpiciens. Le pressoir à cidre fut érigé par Didier Joubert vers 1810. Les deux pressoirs à pommes qu'abritait la maison servirent jusqu'en 1840. Il s'agit probablement de l'unique exemple de bâtiment à colombages maçonnés qui subsiste dans l'île de Montréal. À partir de 1841, la Maison du Pressoir a subi de nombreuses transformations et divisions du fait qu'elle servait principalement de résidence.

Afin d'en connaître davantage sur les quelque 160 espèces d'oiseaux qui fréquentent les lieux ainsi que sur les différents écosystèmes du parc-nature de l'Île-de-la-Visitation, le randonneur peut se procurer la brochure du «sentier autoguidé» à l'accueil. Ce parcours de 2 km s'effectue dans le secteur est du parc et comporte 11 stations numérotées.

## L'ouest de l'île

### Le parc-nature du Bois-de-Liesse

Le parc-nature du Bois-de-Liesse est situé sur le boulevard Gouin, près de l'autoroute 13. Le parc s'étend sur le territoire de quatre villes de la Communauté urbaine de Montréal, soit Montréal, Pierrefonds, Saint-Laurent et Dollard-des-Ormeaux.

D'une superficie de 159 ha, il est divisé en trois secteurs (secteur de la Péninsule, secteur des Champs et secteur des Bois-Francs) et est traversé par un petit cours d'eau sinueux, le ruisseau Bertrand, qui se déverse dans la rivière des Prairies, à l'est de l'autoroute 13, en face de l'île aux Chats.

La combinaison de phénomènes géographiques et écologiques exceptionnels fait de ce parc-nature un site privilégié pour l'observation d'une nature diversifiée et abondante. Dès 1972, la Communauté urbaine de Montréal (CUM) prévoyait protéger ce grand espace vert qu'était le Bois-de-Liesse et qui s'étendait jusqu'à l'autoroute transca-

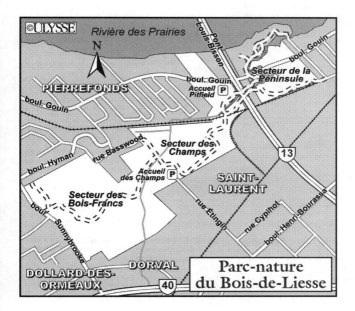

Parc-nature
du Bois-de-Liesse

nadienne (la 40). Mais la construction de l'autoroute Chomedey (la 13) et du pont Louis-Buisson en 1975, qui coupait littéralement le site en deux parties inégales, modifia quelque peu les plans. Néanmoins, la CUM acquit le territoire en 1983 pour aménager un superbe parc-nature.

En 1990-1991, des travaux d'aménagement furent effectués afin de renforcer les caractères naturels du parc. Ainsi, des pôles aquatiques, historiques, agraires et forestiers furent créés dans les secteurs correspondants.

## Où, quand, comment?

**Information**

**Parc-nature du Bois-de-Liesse**
☎ *280-6729 ou 280-6678*
*www.cum.qc.ca/parcs-nature*
(voir aussi p 50)

**Accès**

Deux chalets d'accueil sont accessibles.

**1) Maison Pitfield**, 9432 boulevard Gouin Ouest, ☎280-6729 ou 280-8706. **Transport en commun:** métro Henri-Bourassa, autobus 69 Ouest jusqu'au terminus, puis autobus 68 jusqu'à l'entrée du

Montréal

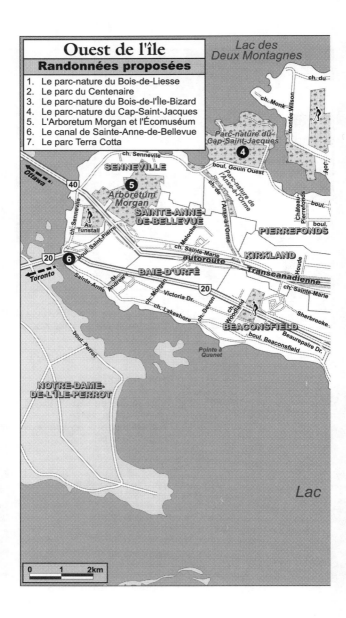

# Ouest de l'île

## Randonnées proposées

1. Le parc-nature du Bois-de-Liesse
2. Le parc du Centenaire
3. Le parc-nature du Bois-de-l'Île-Bizard
4. Le parc-nature du Cap-Saint-Jacques
5. L'Arboretum Morgan et l'Écomuséum
6. Le canal de Sainte-Anne-de-Bellevue
7. Le parc Terra Cotta

Lac des Deux Montagnes

Parc-nature du Cap-Saint-Jacques

ch. du

ch. Monk

montée Wilson

boul. Gouin Ouest

ch. Senneville

SENNEVILLE

Arboretum Morgan

SAINTE-ANNE-DE-BELLEVUE

Parc-nature de l'Anse-à-l'Orme

Rivière à l'Orme

ch. de l'Anse-à-l'Orme

Château Pierrefonds

boul.

boul.

PIERREFONDS

KIRKLAND

ch. Houde

ch. Sainte-Marie

40

Ottawa

ch. Senneville

Av. Tunstall

boul. Saint-Pierre

ch. Sainte-Marie

autoroute

BAIE-D'URFÉ

Transcanadienne

20

Toronto

Sainte-Anne

St-Andrew's

Victoria Dr.

20

ch. Lakeshore

ch. Morgan

ch. Devon

ch. Woodland

ch. Sainte-Marie

Sherbrooke

BEACONSFIELD

boul. Perrot

Pointe à Quenet

Beaurepaire Dr.

boul. Beaconsfield

NOTRE-DAME-DE-L'ÎLE-PERROT

Lac

0   1   2km

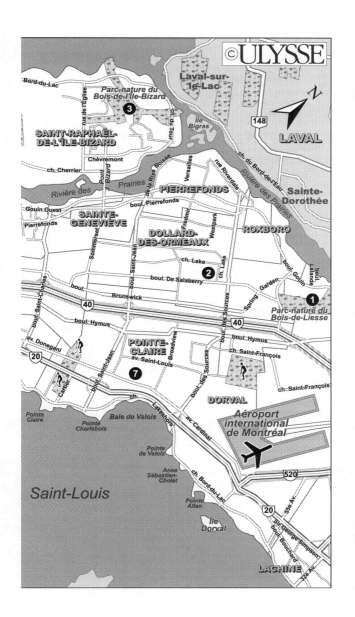

parc (juste après l'autoroute 13). **Voitures:** autoroute 13, sortie boulevard Gouin. La maison Pitfield se pointe à 100 m à l'ouest de l'autoroute 13.

**2) Chalet d'accueil des Champs**, 3555 rue Étingin, Saint-Laurent, ☎280-6678. **Transport en commun:** métro Côte-Vertu, autobus 215 jusqu'à l'arrêt Étingin, puis marche de 900 m jusqu'au chalet. **Voitures:** autoroute 13, sortie Henri-Bourassa. Empruntez Henri-Bourassa vers l'ouest, jusqu'à la rue Étingin, où vous tournerez à droite, et continuez jusqu'au bout.

**Frais:**
*aucuns.*

**Horaire:**
*tlj, du lever au coucher du soleil. Vérifiez les heures et les différentes périodes d'ouverture des chalets d'accueil.*

**Randonnée pédestre hivernale:**
*oui (4,6 km).*

**Autres activités:**
*vélo (piste cyclable), canot, ski de fond, glissades, raquettes, activités animées, groupes scolaires, camps de jour, programmes d'interprétation de la nature, randonnées guidées, ateliers, cliniques, conférences, exploration de la Maison des découvertes.*

**Animaux domestiques:**
*admis, si en laisse.*

**Services et installations:**
*stationnements (payants), chalets d'accueil, toilettes, cassecroûte, aires de pique-nique, premiers soins, location (vélos, skis), cartes des sentiers, dépliants, brochures, service de documentation, location de salles pour réunion ou réception, hébergement pour groupes (Gîte du Ruisseau), journées thématiques, expositions.*

### Le réseau

Le réseau compte 12 km de sentiers de randonnée pédestre, dont 8 km de sentiers partagés avec les cyclistes.

Dans le **secteur de la Péninsule**, le sentier conduit à trois observatoires, dont deux sur le ruisseau Bertrand et un sur la rivière des Prairies, tout près de la **Maison des découvertes** et du **Gîte du Ruisseau**. C'est ici, juste après le petit pont menant à l'avenue du Ruisseau, que le ruisseau Bertrand rejoint la rivière des Prairies. Dans le secteur de la Péninsule, de très jolis spécimens d'arbres, comme le chêne blanc, le chêne à gros fruits, l'érable argenté et le tilleul d'Amérique, peuvent être observés. Ce secteur est également considéré comme un des derniers refuges dans l'île d'une faune inusitée, composée de tortues serpentines ou peintes, de castors, de visons, de grands hérons, de grands-ducs et de canards huppés.

Dans le **secteur Pitfield**, on retrouve un bois d'érables argentés, un bois de saules matures ainsi que des rangées de frênes, près des champs. Mais ce qui retient surtout l'attention, c'est la superbe maison Pitfield, aujourd'hui reconvertie en accueil, en salles de réunion et de réception ainsi qu'en bureaux administratifs des parcs-nature du secteur Centre.

La **maison Pitfield** a été construite en 1954 pour M^me Grace MacDougall Pitfield, épouse de Ward Chipman Pitfield, homme d'affaires prospère, magnat de la finance montréalaise et grand collectionneur d'œuvres d'art. N'eût été du décès prématuré de M. Pitfield en 1939, à l'âge de 42 ans, la maison Pitfield serait probablement devenue une vaste et somptueuse demeure bourgeoise.

Tout à côté de la maison, les deux jolies maisons vertes, dites flamandes (1920), furent achetées par M^me Pitfield afin d'y loger son jardinier et sa dame de compagnie. Le jardinier Gabriel Legault habite toujours une des maisons. Les employés du parc-nature le considèrent comme «la mémoire vivante» de ces lieux chargés d'histoire!

Au sud de la maison Pitfield, vers l'accueil des Champs, une superbe passerelle japonaise au tracé irrégulier donne accès à un milieu naturel fragile. Cette passerelle est située le long du sentier d'interprétation de la nature (1 km aller), où huit poteaux indicateurs et cinq panneaux d'interprétation permettent d'en apprendre davantage sur le milieu naturel de ce parc-nature (procurez-vous la brochure à l'accueil).

Le **secteur des Bois-Francs**, situé à l'ouest du parc, abrite un des rares bois en milieu urbain, illustrant si bien la succession des peuplements et leurs interrelations. Huit différents types d'érablières, dont une d'érables noirs (espèce rare), se partagent ce territoire.

Le parc-nature du Bois-de-Liesse est fréquenté par 131 espèces d'oiseaux, dont 103 qui y nichent. Si certaines espèces d'oiseaux sont fréquemment observées (mésange, cardinal, geai bleu, jaseur des cèdres, oriole du Nord, colibri, grand pic, canard branchu, grand duc, etc.), d'autres, dont le pic à dos rayé et le pic à dos noir, promettent des rencontres mémorables. Certains oiseaux de proie, comme le petit-duc maculé, l'épervier brun et l'autour des palombes, ont également été observés.

Montréal

En ce qui a trait aux petits mammifères du parc, 21 espèces ont été répertoriées, dont le renard roux, le lièvre d'Amérique, le lapin à queue blanche, le raton laveur, la marmotte commune, le rat musqué, le castor, le porc-épic, etc.

## Le parc du Centenaire

Superbement aménagé derrière l'école secondaire des Sources, à Dollard-des-Ormeaux, le parc du Centenaire offre nature et détente à ceux qui le fréquentent.

D'une superficie couvrant un peu plus de 100 ha, le parc abrite une très belle forêt, de jolis sentiers, deux buttes ainsi qu'un agréable lac autour duquel il fait bon se détendre.

Près du stationnement, une aire cloturée permet aux propriétaires de chiens d'y laisser courir leur animal en toute liberté. Le chalet, construit en «pièces sur pièces» comme certaines maisons d'époque, sert également de halte et de lieu de rencontre.

### Où, quand, comment?

**Information**

**Parc du Centenaire**
Service des loisirs de Dollard-des-Ormeaux
☎*684-1012*

### Accès

Le parc est situé au 2938 Lake Road.

**Transport en commun:** métro Henri-Bourassa et autobus 69 Ouest, puis autobus 68 jusqu'au boulevard des Sources et autobus 208 Sud jusqu'à la rue Churchill.

**Voitures:** autoroute 40, sortie 55. Boulevard des Sources - Nord jusqu'à la rue Churchill, que vous empruntez à gauche. À droite sur Lake Road jusqu'à l'entrée du parc (petit stationnement sur la gauche).

**Frais:**
*aucuns.*

**Horaire:**
*tlj 6h à 22h.*

**Randonnée pédestre hivernale:**
*oui (1,9 km).*

**Autres activités:**
*vélo, aire de jeux, glissades, ski de fond, raquettes.*

**Animaux domestiques:**
*admis, si en laisse.*

**Services et installations:**
*stationnement, chalet d'accueil, toilettes, aires de pique-nique.*

### Le réseau

Le réseau compte trois sentiers pour un total de 4,3 km. Près du stationnement, un panneau indique les différents parcours possibles. Les sentiers sont très bien aménagés, entretenus et balisés.

Le sentier **L'ours** (boucle de 1,9 km) permet d'effectuer le tour complet du joli lac artificiel. Un système de marais filtrant (quenouilles, iris, roseaux, etc.) a été mis au point afin d'améliorer la qualité de l'eau. Bien qu'il longe constamment le lac, le sentier se trouve presque toujours sous couvert forestier. Des bancs, des aires de pique-nique et un kiosque ont été aménagés en bordure du lac. Ce dernier accueille régulièrement des canards, dont le colvert.

Les sentiers **Le lièvre** (boucle de 1,3 km) et **Le renard** (boucle de 1,1 km) se partagent le boisé qui se trouve près du stationnement. Outre de magnifiques spécimens d'arbres, l'endroit est fréquenté par bon nombre d'oiseaux, dont le carouge à épaulettes, le chardonneret jaune et le sizerin flammé.

Il ne faut pas hésiter à grimper au sommet des deux **buttes**, dont la plus haute fait près de 30 m d'altitude. Pour s'y rendre, il faut emprunter le sentier qui débute derrière l'aire de jeux. La vue est dégagée dans toutes les directions et l'on distingue aisément une partie du lac, la forêt du parc, le mont Royal ainsi

que les contreforts des Laurentides.

## Le parc-nature du Bois-de-l'Île-Bizard

Le parc-nature du Bois-de-l'Île-Bizard est situé au nord-ouest de l'île de Montréal, en face de la municipalité de Pierrefonds et tout juste à l'ouest de Laval. D'une superficie de 178 ha, ce parc-nature s'étend sur un site exceptionnel de l'île Bizard, où la flore et la faune sont d'une richesse incomparable. En quelques minutes, le paysage peut changer radicalement, passant de la plage et de l'immensité du lac des Deux Montagnes à des milieux humides et boisés tout à fait saisissants et spectaculaires.

L'île Bizard tire son nom de Jacques Bizard, d'origine suisse, qui la reçut en 1678. De religion calviniste, Jacques Bizard simula sa conversion au catholicisme afin d'obtenir un poste officiel. Major de Montréal, Jacques Bizard s'adonnait au trafic illégal de fourrures. Menant une vie quelque peu déréglée, il s'occupait très peu de son île et mourut alcoolique à 50 ans.

D'une superficie de 22,78 km², l'île Bizard était autrefois un lieu de culture maraîchère et de villégiature. Elle devint par la suite une banlieue cossue et recherchée par ceux qui désiraient vivre à la campagne, à deux pas de la ville. D'ailleurs, le développement domiciliaire rapide de l'île Bizard a amené la Communauté urbaine de Montréal (CUM), en juillet 1990, à faire l'acquisition du vaste bois situé dans la partie nord-est de l'île. Les travaux d'aménagement du parc-nature débutèrent à l'été 1992 puis se terminèrent en décembre 1993.

### Où, quand, comment?

### Information

**Parc-nature du Bois-de-l'Île-Bizard**
2115 ch. Bord-du-Lac, Île Bizard
☎ *280-8517*
*www.cum.qc.ca/parcs-nature*

### Accès

**Transport en commun:** métro Côte-Vertu, autobus 215. Une fois dans l'île Bizard, descendez au coin des rues Chevremont et de l'Église. Faites environ 400 m dans la rue de l'Église vers le nord jusqu'à l'entrée sud-ouest du parc. Notez que le chalet d'accueil de Pointe-aux-Carrières est situé à 4 km de cette entrée.

**Voitures:** autoroute 40 Ouest, sortie boulevard St-Jean. Empruntez Saint-Jean Nord jusqu'au boulevard Pierrefonds, tournez à gauche, rendez-vous jusqu'au boulevard Jacques-Bizard, tournez à droite et traversez le pont. Tournez à gauche dans le chemin Cherrier, jusqu'à la rue de l'Église, et tournez à droite, jusqu'au chemin du Bord-du-Lac. À droite dans le chemin du Bord-du-Lac jusqu'à l'entrée du parc. Deux autres stationnements (rue de l'Église, rue Patenaude) sont également accessibles.

**Frais:**
*aucuns.*

**Horaire:**
*tlj, du lever au coucher du soleil. Vérifiez les heures et les différentes périodes d'ouverture du chalet d'accueil.*

**Randonnée pédestre hivernale:**
*oui (4 km).*

**Autres activités:**
*plage et baignade, vélo (piste cyclable), canot, pédalo, kayak, chaloupe, pêche, activités animées, programmes d'interprétation de la nature, randonnées guidées, ateliers, cliniques, ski de fond, glissades.*

**Animaux domestiques:**
*admis, si en laisse.*

**Services et installations:**
*stationnements (payants), chalet d'accueil, toilettes, casse-croûte, aires de pique-nique, premiers soins, location (embarcations, vélos, skis), rampe de mise à l'eau, belvédères, cartes des sentiers, dépliants,*

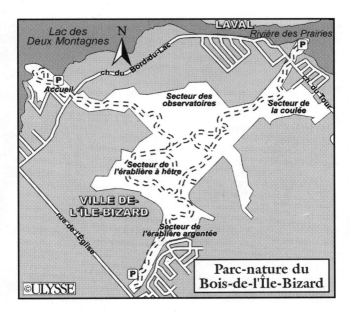

Lac des Deux Montagnes

N

LAVAL

Rivière des Prairies

ch. du Bord-du-Lac

P

Accueil

Secteur des observatoires

Secteur de la coulée

ch. du Tour

Secteur de l'érablière à hêtre

VILLE DE-L'ÎLE-BIZARD

Secteur de l'érablière argentée

rue de l'Église

P

©ULYSSE

**Parc-nature du Bois-de-l'Île-Bizard**

*brochures, service de documentation, journées thématiques.*

### Le réseau

Le réseau compte 9,6 km de sentiers de randonnée pédestre, tous partagés avec les cyclistes. Le parc étant encore difficilement accessible (aucun transport public!) et loin du centre-ville de Montréal, il n'y a pas lieu de s'inquiéter, pour l'instant, du délicat problème «piétons-cyclistes» dans les mêmes sentiers.

Le parc-nature du Bois-de-l'Île-Bizard est divisé en deux zones (la Pointe-aux-Carrières et le bois) bien distinctes. La **Pointe-aux-Carrières** est située dans le nord du parc et donne accès au **lac des Deux Montagnes**. On y trouve le chalet d'accueil du parc, un vaste stationnement, une rampe de mise à l'eau, un quai, une plage de sable naturelle avec une aire de repos en pierres, un amphithéâtre ainsi qu'un belvédère. La vue sur le lac des Deux Montagnes est grandiose. De l'autre côté de la rive, on distingue les municipalités de Deux-Montagnes et de Sainte-Marthe-sur-le-Lac, ainsi que les tours de communications situées près de

Montréal

Pointe-Calumet et quelques montagnes.

La Pointe-aux-Carrières tire son nom du fait que plusieurs carrières de pierres y furent exploitées au XIX$^e$ siècle. C'était également un lieu d'escale des bateaux (cages) transportant du bois sur le fleuve Saint-Laurent, avant de franchir les rapides Lalemant.

De l'autre côté du chemin du Bord-du-Lac, le sentier pénètre dans un bois et mène à une superbe passerelle de 406 m, aménagée au-dessus d'un marécage. Tout autour, la forêt marécageuse, avec ses nombreux arbres morts (érables rouges, érables argentés) mais toujours debout, donne une impression de bout du monde. Avec un peu d'attention, le randonneur pourra observer de nombreux oiseaux aquatiques, comme les butors, les hérons, les râles, les gallinules, ainsi que plusieurs espèces de canards. Un peu plus loin, le sentier mène à l'observatoire «Le grand héron», où effectivement il est très fréquent d'observer de grands hérons. Plusieurs gros nichoirs à oiseaux sont installés sur les arbres morts.

Plus au sud encore, une petite halte permet d'observer les vestiges d'un bâtiment qui servit probablement à l'exploitation de l'érablière à hêtre qui domine le secteur. Près du sentier, certains gros érables à sucre portent encore les cicatrices laissées par l'entaille de ces arbres, afin d'en récolter l'eau d'érable.

Vers l'est, le sentier mène aux observatoires «Le petit butor» et «Le bihoreau», où l'eau du marécage est recouverte d'une mousse verte, d'où l'on s'attendrait à voir surgir un alligator!

Tout au bout du parc, dans le secteur «Les rapides», le sentier débouche sur une superbe pointe qui avance dans les eaux de la rivière des Prairies. Une aire de pique-nique y est aménagée. Laval est juste en face (un traversier saisonnier y mène), et l'île Bigras se trouve au sud.

## Le parc-nature du Cap-Saint-Jacques

Le parc-nature du Cap-Saint-Jacques se pointe dans la partie nord-ouest de l'île de Montréal et est entouré des municipalités de Pierrefonds, de Senneville et de Sainte-Anne-de-Bellevue. D'une superficie de 288 ha, il est le plus vaste des parcs-nature et probablement celui qui a le plus à offrir aux randonneurs ainsi qu'aux amateurs d'activités de plein air.

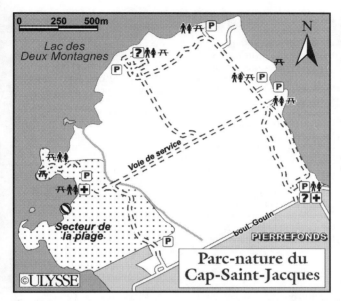

Parc-nature du
Cap-Saint-Jacques

L'eau est omniprésente dans le parc, celui-ci ayant la forme d'une immense presqu'île avançant dans le lac des Deux Montagnes et ceinturée de grèves naturelles. À l'est du parc, la rivière des Prairies débute son long cours. L'intérieur du parc comporte trois milieux terrestres (friches, champs et bois), où les divers sentiers permettent de se balader en toute tranquillité, loin du bruit, de la pollution et du rythme de vie effrénée du centre-ville de Montréal.

Avec sa superbe plage, sa ferme écologique, sa base de plein air, sa cabane à sucre, son vieux château,

ses maisons historiques, ses points de vue sur le lac des Deux Montagnes et son réseau de sentiers, le parc-nature du Cap-Saint-Jacques mérite d'être mieux connu des Montréalais et de tout amoureux et amoureuse de grands espaces naturels.

**Où, quand, comment?**

**Information**

**Parc-nature du
Cap-Saint-Jacques**
20099 boulevard Gouin Ouest
Pierrefonds
☎*280-6871*
*www.cum.qc.ca/parcs-nature*

Montréal

## Accès

**Transport en commun:** métro Côte-Vertu, autobus 64 jusqu'au terminus de Cartierville, puis autobus 68 jusqu'au terminus situé à l'entrée du parc.

**Voitures:** autoroute 40 Ouest, sortie chemin Ste-Marie. Prenez à gauche et continuez jusqu'au chemin de l'Anse-à-l'Orme. Prenez à droite et poursuivez jusqu'au bout. À droite encore dans le chemin Senneville/boulevard Gouin jusqu'à l'accueil du parc (après le premier stationnement).

**Frais:**
*aucuns.*

**Horaire:**
*tlj, du lever au coucher du soleil. Vérifiez les heures et les différentes périodes d'ouverture du chalet d'accueil.*

**Randonnée pédestre hivernale:**
*oui (4 km).*

**Autres activités:**
*plage et baignade, vélo (piste cyclable), pêche, activités animées, programmes d'interprétation de la nature, ski de fond, raquettes, balades en carriole, visites de la ferme écologique.*

**Animaux domestiques:**
*admis, si en laisse.*

**Services et installations:**
*stationnements (payants), chalet d'accueil, toilettes, casse-croûte, aires de pique-nique, premiers soins, location (skis), rampe de mise à l'eau, carte des sentiers, dépliants, brochures, Vieux château, ferme écologique, cabane à sucre, base de plein air (groupes seulement), location de salles (maison Brunet).*

## Le réseau

Le réseau compte deux sentiers de randonnée pédestre, pour un total de 9 km. En plus de ces sentiers, le chemin du Cap-Saint-Jacques et la voie de service offrent également des promenades ou de petits raccourcis.

Les sentiers et routes parcourent une forêt mature (érablière à caryer, érablière argentée et érablière à hêtre), des zones de transition (bouleaux et peupliers) ainsi que des étendues où pousse une grande diversité de plantes aquatiques et riveraines.

Plus d'une centaine d'espèces ailées peuvent être observées dans le parc, dont des échassiers, des rapaces, des passereaux, de même que plusieurs autres types d'oiseaux aquatiques (grand héron, héron vert, grand chevalier, etc.). Canards branchus, grands-ducs et buses à queue rousse profitent également de ce vaste lieu naturel.

L'intérieur du parc comporte trois milieux terrestres (friches, champs et bois), où il est permis de se balader en toute tranquillité, loin du bruit, de la pollution et du rythme effréné du centre-ville de Montréal.

Le sentier **Le Lièvre** (boucle de 6 km) fait presque le tour complet du parc et permet d'atteindre l'ensemble des points d'intérêt. Cependant, il ne permet plus de se rendre à la plage.

Partant du chalet d'accueil et montant en direction nord, le sentier longe la rivière des Prairies et mène à la maison Richer. Plus loin, le sentier passe par une jolie clairière et débouche sur la **ferme écologique** (☎280-6743), où il est possible de visiter gratuitement les animaux, les bâtiments, le jardin biologique ainsi que la serre.

À la ferme écologique, la corporation D-Trois-Pierres offre à de jeunes adultes en difficulté un lieu et un encadrement propices à leur cheminement thérapeutique. Outre la visite de la ferme, il est possible de se procurer des produits de la ferme ainsi que des cadeaux-souvenirs fabriqués sur place. On peut également y casser la croûte, y «bruncher» le dimanche ou se sucrer le bec à la cabane à sucre (de février à avril).

Tout près de la ferme se dresse la magnifique maison Brunet. Cette vaste demeure ancestrale fut construite en 1835. La **maison Brunet** (☎280-6784) peut être louée pour des réunions, des conférences ou des réceptions.

À l'ouest du parc, le **Vieux château** abrite un centre d'interprétation de la nature. Dans la rotonde du Vieux château, différents spécimens vivants de la flore et de la faune du parc sont présentés. Près du Vieux château, la vue sur le lac des Deux Montagnes est des plus apaisantes. On se surprend à imaginer ce que devait être cette «vie de château» dans un si agréable décor! À côté du château, la **Maison de la pointe** renferme un casse-croûte.

Le **sentier d'interprétation** (boucle de 3 km), quant à lui, se trouve dans le secteur de la plage. Cette magnifique plage de sable fin (droits d'accès), blottie dans la **baie de la Pointe-Madeleine**, vaut à elle seule la visite du parc-nature du Cap-Saint-Jacques. Une vraie plage comme il y en a peu dans la région de Montréal. La baignade y est permise, et la qualité de l'eau, sévèrement contrôlée. Des sauveteurs qualifiés assurent la surveillance des lieux.

Montréal

Au sud de la baie de la Pointe-Madeleine, un petit abri (**Havre aux tortues**) permet d'observer des tortues sans les importuner. Tout à côté, une passerelle de bois offre une jolie vue sur la plage et la petite île.

## L'Arboretum Morgan (♣) et l'Écomuséum

Sur la pointe ouest de l'île de Montréal, à Sainte-Anne-de-Bellevue, se trouvent une forêt enchantée ainsi qu'une grande variété d'animaux sauvages. Situés sur les terrains du campus Macdonald de l'université McGill, l'Arboretum Morgan et l'Écomuséum sont relativement peu connus du public.

Pourtant, à quelques minutes du centre-ville, il est possible de marcher à travers un vaste réseau de sentiers tout en découvrant la richesse d'une flore et d'une faune des plus spectaculaires.

L'Arboretum Morgan a fêté, en 1995, ses 50 ans. Cédée en 1945 à l'université McGill par la famille Morgan, cette forêt de 245 ha est le plus grand arboretum (lieu planté d'arbres destiné à la culture expérimentale d'arbres d'essences diverses) du Canada.

Au gré de ses balades, le visiteur découvrira quelques

essences parmi les 150 que compte l'Arboretum. Bouleaux, tilleuls, érables, pins, sapins baumiers, etc., ainsi qu'une sélection exceptionnelle d'arbres et d'arbustes à fleurs qui se volent la vedette le long des parcours. Selon le moment de l'année, le visiteur pourra observer quelques-unes des 200 espèces d'oiseaux qui fréquentent l'Arboretum, dont 80 qui y nichent.

Mais, une visite à l'Arboretum ne serait pas complète sans un arrêt à l'Écomuséum, situé tout à côté. Cet établissement, géré par la Société d'histoire naturelle de la vallée du Saint-Laurent et ouvert au public depuis 1988, permet de voir et d'apprécier la faune et la flore de la vallée du Saint-Laurent. La société a récupéré cet ancien site d'enfouissement (11,3 ha) qui a servi, entre autres, lors de la construction de l'autoroute transcanadienne, au début des années 1960, et lors de la reconstruction des campus Macdonald et John Abbot.

Parmi les animaux les plus impressionnants, on trouve plusieurs oiseaux de proie, dont l'aigle royal avec ses immenses griffes et son regard d'acier qui défie toute personne. On peut également observer d'autres rapaces tels que pygargues à tête blanche, faucons, buses, crécerelle, chouettes et hiboux. Plus loin, une vaste volière permet d'observer des canards, des oies, des hérons ainsi que d'autres oiseaux.

Le parcours nous fait découvrir, tour à tour, des loups, des renards roux, des lynx, des coyotes, des ours noirs, des caribous, des cerfs de Virginie, des porcs-épics, des ratons laveurs ainsi que l'élégante loutre.

À l'intérieur du pavillon d'accueil, de nombreux petits poissons, tortues et grenouilles attirent l'attention. Des biologistes ou des guides sont sur place afin de répondre aux interrogations des petits et des grands.

## Où, quand, comment?

### L'Écomuséum

**Information**
21125 ch. Ste-Marie
Ste-Anne-de-Bellevue
☎457-9449

**Accès**
À quelques centaines de mètres à l'est de l'Arboretum (voir plus loin).

**Frais:**
*adultes 5$, aînés 3$, enfants de 5 à 12 ans accompagnés 2$.*

**Horaire:**
*tlj 9h à 17h.*

**Autres activités:**
*programme éducatif, visites guidées (réservation), parrainage d'un animal, programme de guides bénévoles.*

**Animaux domestiques:**
*interdits.*

**Services et installations:**
*stationnement, pavillon d'accueil, boutique de souvenirs, aire de pique-nique.*

### L'Arboretum Morgan

**Information**
150 chemin des Pins,
Sainte-Anne-de-Bellevue
☎398-7811 ou 398-7812
*www.total.net/~arbo/*

**Accès**
**Transport en commun:**
l'autobus 210 mène à l'Arboretum et à l'Écomuséum, mais n'est en service que pendant les jours d'école, aux heures de pointe. Il est également possible de prendre l'autobus 211 (du métro Lionel-Groulx) jusqu'au campus Macdonald et de marcher jusqu'à l'Arboretum (une heure).

**Voitures:** autoroute 40, sortie 41; il faut suivre les indications vers le chemin Ste-Marie. À l'arrêt en haut de la côte, il faut prendre à gauche le chemin des Pins.

**Frais:**
*adultes 5$, enfants 2$, familles 10$.*

Montréal

**Horaire:**
*tlj (en hiver, certaines fins de semaine sont réservées aux membres).*

**Randonnée pédestre hivernale:**
*oui (3 km).*

**Autres activités:**
*visites de la Ferme expérimentale Macdonald (☎398-7701), visites du Musée d'entomologie et laboratoire de recherche Lyman (☎398-7915), atelier de photographie, randonnées guidées, soirées-séminaires, vente d'arbres de Noël, etc.*

**Animaux domestiques:**
*admis.*

**Services et installations:**
*stationnement, chalet, toilettes, vente d'articles, carte des sentiers, dépliants, aires de pique-nique.*

## Le réseau

Le réseau de sentiers de randonnée pédestre de l'Arboretum Morgan, dont une partie sert de sentiers de ski de fond en hiver, fait 15 km. Parmi les sentiers, on retrouve le **Sentier écologique** (1 km), composé de 11 stations décrivant les relations entre les organismes vivants et leur habitat, ainsi que deux sentiers d'aménagement forestier (1 km et 2 km) qui nous renseignent sur les interventions en aménagement forestier et sur les différents écosystèmes liés à la forêt. Pour ces sentiers, on peut obtenir gratuitement des dépliants explicatifs au bureau d'accueil.

Les autres sentiers, tous en boucle, mènent au coquet chalet en bois rond surnommé «chalet Pruche» et à la cabane à sucre. Cette cabane à sucre, toujours en exploitation (fin mars, début avril) est considérée comme la plus vieille cabane à sucre de l'île de Montréal.

Comme le disait si bien Frédéric Back lors de l'Arbo-Expo 1995: *«Un arboretum a bien des choses en commun avec une cathédrale. Il est l'œuvre de la foi, du temps et du talent de ceux qui le créent, l'embellissent et le préservent. Il sert à la réflexion, à la découverte, au réconfort de ceux et celles qui viennent s'y recueillir, s'y renouveler. On y communie à la beauté de la création, à une perfection qui nous dépasse. Chaque feuille est à la fois une œuvre d'art et un élément de la phénoménale chaîne de vie qui rejoint les racines dans les profondeurs du sol.»*

## Le canal de Sainte-Anne-de-Bellevue

Sainte-Anne-de-Bellevue se trouve à la pointe occidentale de l'île de Montréal, soit à 32 km de Pointe-aux-Trembles, située à l'extrémité est, et à environ 16 km du centre-ville de Montréal.

Ville paisible, Sainte-Anne-de-Bellevue est également reconnue pour ses boutiques et ses nombreux restaurants, avec pour la plupart d'agréables terrasses donnant sur l'eau.

La ville doit son existence à l'écluse qui permet, de nos jours, aux embarcations de plaisance de passer du lac Saint-Louis au lac des Deux Montagnes. La première écluse y fut construite en 1816, dans le chenal de Vaudreuil, donnant ainsi accès à la rivière des Outaouais.

### Où, quand, comment?

**Information**

**Canal de Sainte-Anne-de-Bellevue**
170 rue Ste-Anne
☎457-5546
*www.parcscanada.gc.ca/canal steanne*

**Accès**

**Transport en commun:** métro Lionel-Groulx et autobus 211.

**Voitures:** autoroute 20 Ouest, sortie Ste-Anne-de-Bellevue.

**Frais:**
*aucuns.*

**Horaire:**
*tlj.*

**Randonnée pédestre hivernale:**
*oui.*

**Autres activités:**
*non.*

**Animaux domestiques:**
*admis, si en laisse.*

**Services et installations:**
*stationnement, toilettes, aire de pique-nique, dépliants, panneaux d'interprétation historique.*

### Le réseau

Le réseau compte 2 km de sentiers de randonnée pédestre, incluant la promenade de Sainte-Anne-de-Bellevue. Le canal actuel fut inauguré en 1843 et était utilisé à des fins commerciales, notamment pour le transport du bois, jusqu'au début du XXe siècle.

L'écluse est bordée par une agréable promenade qui permet d'observer le fonctionnement des portes et le remplissage des bassins, dans lesquels se pressent les embarcations de plaisance.

### Le parc Terra Cotta

Le parc Terra Cotta (45 ha) servit, durant une cinquantaine d'années, à fournir l'argile nécessaire à la fabrication de tuiles creuses de la compagnie... Terra Cotta. De nos jours, il forme un

Montréal

joli parc naturel doté d'un grand boisé dans lequel il fait bon se balader. Entouré des rues Saint-Louis, Coolbreeze, Donegani et Maywood, il fait la joie des habitants de la région qui viennent y prendre un grand bol d'air à quelques minutes de la ville.

### Où, quand, comment?

### Information

**Parc Terra Cotta**
Service des loisirs de Pointe-Claire
☎ 630-1214

### Accès

L'entrée principale se trouve au 100 de l'avenue Terra Cotta.

**Transport en commun:** métro Lionel-Groulx et autobus 211 jusqu'au boulevard Saint-Jean. Autobus 201 jusqu'à l'ange de l'avenue Douglas Shand et Maywood Road. Une entrée est située le long de Maywood Road.

**Voitures:** autoroute 20 sortie 50 (St-Jean Nord) ou autoroute 40 sortie 52 (Saint-Jean Sud), empruntez le boulevard St-Jean jusqu'à l'avenue Douglas Shand. Tournez en direction est dans Douglas Shand, à droite par Maywood Road, à gauche par l'avenue Donegani et à gauche par l'avenue Terra Cotta.

**Frais:**
*aucuns.*

**Horaire:**
*tlj, du lever au coucher du soleil.*

**Randonnée pédestre hivernale:**
*non.*

**Autres activités:**
*terrains de sport (baseball, football, etc.), ski de fond.*

**Animaux domestiques:**
*admis, si en laisse.*

**Services et installations:**
*stationnement, dépliants.*

### Le réseau

Le réseau compte plusieurs sentiers de randonnée pour un total d'environ 6 km. Bien que la signalisation soit absente, il est relativement aisé d'effectuer une boucle d'environ 2,5 km en partant du stationnement principal. S'y trouve également une multitude de petits sentiers secondaires. Un cours d'eau et de petits ponts servent de balises facilement repérables.

Les sentiers parcourent la forêt ainsi que des champs abritant une quarantaine d'espèces d'arbres et d'arbustes. On y retrouve environ 15 espèces de mammifères, dont le renard, et l'on a recensé quelque 120 espèces d'oiseaux, dont 30 qui nichent dans le parc.

# Laval

Deuxième ville en importance au Québec, Laval occupe une grande île au nord de Montréal, l'île Jésus, bordée par le lac des Deux Montagnes, la rivière des Prairies et la rivière des Mille Îles.

D'abord concédée aux jésuites en 1636, d'où son nom, l'île Jésus passe ensuite, en 1675, entre les mains de M$^{gr}$ de Laval, évêque de Nouvelle-France, qui confiera bientôt la seigneurie au Séminaire de Québec (1680). Le Séminaire a de grands projets pour l'île, mais peu d'entre eux virent le jour. Il fonde malgré tout quelques villages sur son pourtour.

Les riches terres arables de l'île attirèrent très tôt les colons français qui, après avoir signé un traité de paix avec les Amérindiens, fondèrent, en 1706, Saint-François-de-Sales, premier village de l'île Jésus. Au fil des années, d'autres villages (Saint-Vin-cent, Sainte-Rose, Pont-Viau, etc.) apparurent le long de ses grèves.

En 1965, les 14 villages agricoles de l'île Jésus se fusionnent pour devenir la ville de Laval. Aujourd'hui, Laval compte plus de 300 000 âmes, et toujours pas de véritable centre-ville. Désormais grande banlieue résidentielle et industrielle, Laval (245 km²) a su néanmoins préserver certaines richesses de son patrimoine architectural, ainsi que de grands espaces servant à l'agriculture ou aux activités de plein air.

Bien que Laval soit une ville de grands espaces, nous n'avions découvert, lors de la première édition de ce guide (printemps 1996), que quatre sites où la randonnée pédestre était à l'honneur.

Peu de temps après ce constat, la Ville de Laval décida de corriger ce «petit manque» en élaborant une série de sept brochures (gratuites) intitulées *Marcher et découvrir Laval*. Sous la direction de Raynald Vézeau, assistant-directeur au Service de la culture, des loisirs et de la vie communautaire, à l'initiative de la Direction de la santé publique de la Régie régionale de la santé et des services sociaux de Laval, des parcours ont été élaborés afin de faire connaître les différents quartiers historiques, boisés et autres îles de la ville.

En tout, ce sont 14 sites de marche, répartis aux quatre coins de l'île, qui sont présentés. Notez que l'accès à ces sites est gratuit. Les brochures sont offertes dans un des **Bureaux municipaux de loisir** (**BML**), au nombre de six dans l'île.

---

### Information

---

**Indicatif régional: ☎450**

**Service de la culture, des loisirs et de la vie communautaire ☎662-4343**

## Le nord-est

### Le Centre de la nature de Laval (♣)

Le Centre de la nature de Laval est situé tout près de Montréal (pont Pie-IX). Facilement accessible, ce parc de récréation et de détente est aménagé sur le site d'une ancienne carrière! Arbres, champs, jardins, lac et ruisseau ont redonné vie à cette terre ravagée, en composant, depuis une vingtaine d'années, un îlot naturel fort joli.

La petite histoire du Centre de la nature remonte au début du XX$^e$ siècle. Jusqu'en 1918, les fermes de MM. Deguire et Corbeil occupaient le site. En 1918, Benoit Bastien acheta les deux terres, afin d'y entre-

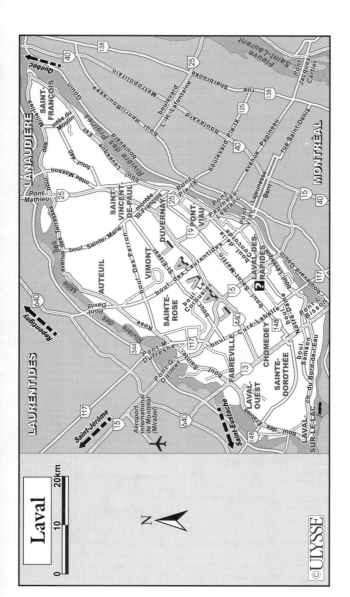

prendre l'exploitation d'une carrière produisant de la pierre à ciment. Au bout de quelques années, on arrêta les opérations, et le site resta ainsi jusqu'au début des années 1960. Deux petits lacs, alimentés par des sources, se formèrent tranquillement.

En 1960, les frères maristes achetèrent le terrain et firent construire le juvénat Saint-Joseph, aujourd'hui devenu la polyvalente Vanier. Puis le terrain est vendu à la Ville de Saint-Vincent-de-Paul, qui le divise entre un complexe sportif et un site d'enfouissement des déchets domestiques!

À la suite de la fusion de 14 municipalités (1965), un projet est soumis au comité exécutif, afin de créer le Centre de la nature de Ville de Laval (1968). En 1970, le centre accueille ses premiers visiteurs. Au fil des ans, plusieurs aménagements (lacs, étangs, jardins, etc.) ont été effectués, de même que la construction de divers bâtiments (étable, serre, etc.), afin de rendre le site de plus en plus magnifique.

Désormais reconnu comme un exemple exceptionnel de nouvelle affectation d'une carrière, le Centre de la nature de Laval accueille annuellement plus d'un million de visiteurs!

## Où, quand, comment?

### Information

**Centre de la nature de Laval**
901 av. du Parc
☎*662-4942*

### Accès

Le centre est blotti entre l'autoroute 25, le boulevard de la Concorde et le boulevard St-Martin.

**Transport en commun:** autobus 54 (à certaines heures), 28 ou 48 de la STL (arrêt à l'angle de Concorde).

**Voitures:** pont Pie-IX (autoroute 25), sortie boulevard de la Concorde Ouest. Empruntez de la Concorde jusqu'à l'avenue du Parc et tournez à droite.

**Frais:**
*aucuns.*

**Horaire:**
*tlj 7h à 2h. Les locaux sont ouverts entre 9h et 21h. La ferme et la serre sont accessibles entre 9h et 17h.*

**Randonnée pédestre hivernale:**
*oui (3 km).*

**Autres activités:**
*aires de jeux pour les tout-petits, sentier d'hébertisme, escalade, pétanque, palet américain, fers, volley-ball, activités nautiques (kayak, canot, tricanot), activités de sciences naturelles, ateliers (musique,*

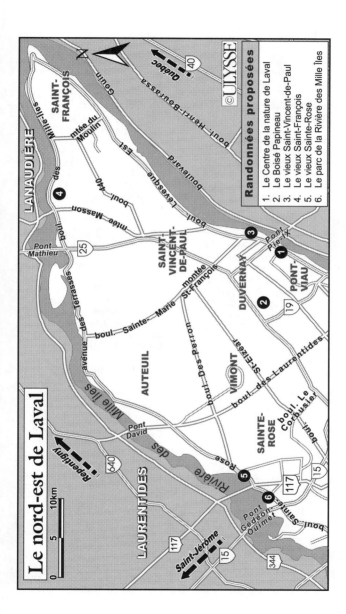

# Le nord-est de Laval

**Randonnées proposées**

1. Le Centre de la nature de Laval
2. Le Boisé Papineau
3. Le vieux Saint-Vincent-de-Paul
4. Le vieux Saint-François
5. Le vieux Sainte-Rose
6. Le parc de la Rivière des Mille Îles

©ULYSSE

*peinture, etc.), spectacles, bala-*
*des en charette à chevaux, ski*
*de fond, patinage, glissades.*

**Animaux domestiques:**
*interdits.*

**Services et installations:**
*stationnements, chalet, restau-*
*rant, aires de pique-nique,*
*toilettes, location d'embarca-*
*tions (kayak, canot, tri-canot),*
*premiers soins.*

## Le réseau

Le réseau de sentiers fait
environ 5 km. Il s'agit plutôt
d'une multitude de petits
sentiers que l'on parcourt
au gré des découvertes.
Comme il y a plusieurs
attraits majeurs et bien
structurés, les découvertes
sont nombreuses.

Le site a été complètement
reboisé. On y trouve une
multitude d'arbustes, d'arbres, de champs et de jardins. Un fort joli petit lac,
des étangs et un ruisseau
procurent un sentiment de
fraîcheur par les chaudes
journées d'été.

De nombreux jardins amé-
nagés invitent à la détente,
tout en faisant découvrir
une flore exceptionnelle. Le
jardin de la détente, avec
ses 25 plates-bandes de
fleurs annuelles, ses bancs
et ses aires de pique-nique,
porte bien son nom. Le jardin des fleurs annuelles,

quant à lui, compte 35
plates-bandes et plus de
40 000 plants.

Le jardin des arbustes orne-
mentaux, aménagé en 1986,
permet d'observer 750 spécimens de 100 espèces d'arbres et d'arbustes. Le jardin
des plantes vivaces, regroupant 70 variétés et plus de
5 000 plants, est sans aucun
doute le plus séduisant de
tous. Rocaille, passerelle de
bois, étang, canards et cy-
gnes font de ce jardin une
halte obligatoire.

Le jardin Laurent-Brisson regroupe plus de 10 000 plantes indigènes du Québec
(130 variétés), cueillies par
des membres de la Société
d'horticulture et d'écologie
de Laval, dans des lieux
voués à la construction.

Le centre, qui compte
désormais plus de 2 500
arbres, n'utilise plus de
produits chimiques, les
produits biologiques, le
fumier et le compost ayant
pris la relève. D'ailleurs, un
site de démonstration de
compostage, situé près de
la serre, permet au visiteur
d'en apprendre davantage
sur le compostage des dé-
chets domestiques.

La serre de plantes tropicales permet de s'initier au
merveilleux monde des vé-
gétaux. On y retrouve un
bassin d'eau, avec des poissons, ainsi que des bancs et
un petit pont. Entourés de

bananiers, de figuiers, de palmiers et d'autres plantes tropicales, les petits oiseaux semblent au paradis.

Tout près de la serre se trouve la ferme. On peut y admirer cheval, vache, chèvre, cochon, canard, caille, perdrix, pintade, paon, buse à queue rousse, etc., en toute saison. En liberté sur le territoire du centre, des marmottes, des rats musqués, des perdrix grises, des lièvres, etc., peuvent être aperçus. Près de l'étable, un enclos à chevreuils permet d'observer plusieurs magnifiques cerfs de Virginie.

Pour les randonneurs avides de géologie, 12 arrêts expliquant des étapes de l'histoire géologique du Canada sont proposés. Afin de rendre cette promenade géologique des plus fructifiantes, le randonneur aura pris soin de se procurer le petit dépliant d'accompagnement (gratuit).

Le Centre de la nature permet aussi aux astronomes amateurs, ou à ceux qui aspirent à le devenir, d'utiliser le télescope de 30,5 cm d'ouverture afin d'observer la voûte céleste et d'en connaître davantage sur l'astronomie. Différents clubs fréquentent le centre et il est possible de participer à une séance d'initiation.

## Le Boisé Papineau

Petit boisé sympathique où il fait bon se balader au rythme des saisons, le Boisé Papineau (100 ha) est un espace naturel qui est réservé à la conservation ainsi qu'à des activités d'éducation, de sensibilisation à la nature et de plein air. C'est également un lieu de refuge où un grand nombre de plantes survivent, à l'abri des villes et des développements domiciliaires.

Situé à quelques pas du Centre de la nature (une vingtaine de minutes à pied), sur le boulevard Saint-Martin, le Boisé Papineau est ce «poumon naturel» coincé entre les autoroute 440, 19 et 25. Il est donc presque impossible de s'y égarer, le bruit des voitures nous rappelant sans cesse que nous sommes tout de même au cœur de la deuxième plus grande ville du Québec.

### Où, quand, comment?

### Information

**BML 1**
4010 boulevard St-Martin Est
St-Vincent-de-Paul
☎*662-4901*

### Accès

L'entrée principale du Boisé Papineau se trouve derrière

Laval

le Pavillon du Bois Papineau (abritant plusieurs organismes), au 3235 du boulevard Saint-Martin Est, juste à côté du poste de police.

**Transport en commun:** autobus 50 de la Société de transport de Laval (STL).

**Voitures:** autoroute 19 (pont Papineau), sortie Saint-Martin Est, ou autoroute 25, sortie Saint-Martin Ouest. Par l'autoroute 440, il faut emprunter la route 19.

**Frais:**
*aucuns.*

**Horaire:**
*tlj, du lever au coucher du soleil.*

**Randonnée pédestre hivernale:**
*non.*

**Autres activités:**
*ski de fond, raquettes, interprétation de la nature*

**Animaux domestiques:**
*interdits.*

**Services et installations:**
*stationnement, toilettes, eau, tables de pique-nique, dépliants avec carte.*

### Le réseau

Le réseau de sentiers (environ 7 km) est en partie aménagé. Le secteur qui se trouve au sud de la voie ferrée compte quelques sentiers, dont ceux du **Hêtre**, de la **Fougère** et du **Tilleul**. Ces sentiers sont très bien aménagés et balisés. On y trouve aussi quelques panneaux d'interprétation (flore, histoire, etc.) mis en place par l'Association pour la conservation du Boisé Papineau (ACBP).

Du côté nord de la voie ferrée, une multitude de petits sentiers s'entrecoupent. Mais, comme le boisé est entouré de routes, le randonneur n'a rien à craindre au niveau des parcours. Il n'a qu'à suivre son instinct, ou à écouter attentivement le bruit des voitures, et à se promener à sa guise. Le Boisé Papineau pourrait d'ailleurs être un lieu idéal où apprendre à manier la boussole. La forêt n'est pas trop dense, et le sol se révèle peu accidenté.

De superbes érables, aux riches coloris l'automne venu, ainsi qu'une multitude de plantes composent le paysage. Le randonneur pourra même constater que certains «sculpteurs en herbe» ont pris soin de graver de précieuses lettres sur le tronc de plusieurs arbres! Ces petits mots, apparemment inoffensifs, peuvent entraîner de sérieuses blessures aux arbres, qui leur sont parfois fatales. C'est le cas, notamment, pour les magnifiques hêtres qui se dressent au sud-ouest du boisé, près des panneaux d'interprétation. Le Boisé Papineau abrite d'ailleurs une superbe hêtraie bicentenaire comportant de vénérables spécimens et près de 90 essences d'arbres et d'arbustes de même que 220 espèces de plantes.

Le Club d'ornithologie de Laval, qui entretient plusieurs mangeoires, a recensé à ce jour quelque 130 espèces d'oiseaux. On raconte aussi que le boisé serait fréquenté par une vingtaine d'espèces de mammifères.

Au hasard de la promenade, le randonneur traversera un superbe champ de quenouilles. Les petits ruisseaux Pariseau et Pinière sillonnent le boisé.

## Le vieux Saint-Vincent-de-Paul

Fondée en 1740, la paroisse de Saint-Vincent-de-Paul longe la rivière des Prairies sur près de 5 km. L'église actuelle, qui date de 1855, a fière allure avec ses deux clochers. Du parvis, la vue s'étend sur la rivière avec, de l'autre côté, le Sault-au-Récollet (aujourd'hui Ahuntsic et Montréal-Nord). À l'époque, une traverse reliait ces deux villages.

Avec ses vieilles demeures et ses étroites petites rues, Saint-Vincent-de-Paul a su

préserver un air d'antan. Le quartier est également connu grâce à son pénitencier, qui accueillit des prisonniers de 1873 à 1988.

De son côté, le Colisée de Laval, où jouait l'équipe de la Ligue de hockey junior majeur du Québec, le Titan de Laval, s'est rendu célèbre grâce aux exploits sportifs de deux de ses joueurs: Mario Lemieux et Mike Bossy.

### Où, quand, comment?

**Information**

Il faut se procurer la brochure n° 3: *Saint-Vincent-de-Paul.*

**BML 1**
4010 boulevard St-Martin Est
St-Vincent-de-Paul
☎*662-4901*

**Accès**

**Transport en commun:** terminus Henri-Bourassa, autobus 25 ou 48 de la Société de transport de Laval (STL). Il faut descendre à l'église Saint-Vincent-de-Paul.

**Voitures:** de l'autoroute 25 (pont Pie-IX en provenance de Montréal), empruntez la sortie du boulevard Lévesque et suivez ce dernier vers l'est jusqu'à l'église.

**Frais:**
*aucuns.*

Laval

**Horaire:**
*tlj.*

**Randonnée pédestre hivernale:**
*oui.*

**Autres activités:**
*non.*

**Animaux domestiques:**
*admis, si en laisse.*

**Services et installations:**
*stationnement, restauration, brochures.*

### Le réseau

Le parcours historique de Saint-Vincent-de-Paul est composé de trois boucles pour un total de 6 km.

Partant de l'église, ce parcours vous mènera au bord de la rivière des Prairies, puis dans le vieux quartier, pour se terminer près de l'ancien pénitencier.

---

### Le vieux Saint-François

C'est à Saint-François que l'on savoure le plus la campagne à Laval. Blotti à l'extrême nord-est de l'île, ce quartier a su conserver de grands champs qui donnent un sentiment d'espace fort agréable.

Fondée en 1721, ce qui en fait la doyenne des paroisses de l'île Jésus, Saint-François-de-Sales s'étire en bordure de la rivière des Mille Îles, tout juste en face de Terrebonne. D'ailleurs, il suffit d'emprunter le vieux pont de Terrebonne, étroit à en faire peur, pour entreprendre instantanément un voyage dans le temps.

### Où, quand, comment?

#### Information

Il faut se procurer la brochure n° 1: *Saint-François-de-Sales.*

**BML 1**
1245 montée du Moulin
St-François
☎ *662-8422*

#### Accès

**Transport en commun:** terminus Henri-Bourassa, autobus 25 de la Société de transport de Laval (STL).

**Voitures:** de l'autoroute 25, empruntez la sortie du boulevard des Mille-Îles et suivez ce dernier vers l'est jusqu'à l'église Saint-François-de-Sales.

**Frais:**
*aucuns.*

**Horaire:**
*tlj.*

**Randonnée pédestre hivernale:**
*oui.*

**Autres activités:**
*non.*

**Animaux domestiques:**
*admis, si en laisse.*

**Services et installations:**
*stationnement, restauration, brochures.*

## Le réseau

Le parcours historique de Saint-François-de-Sales est divisé en deux sections, Ouest et Est, pour un total de 5,8 km.

Partant de l'église, la **section Ouest** (3,3 km) vous mènera au bord de la rivière des Mille Îles, dans le vieux quartier situé de part et d'autre du petit pont de Terrebonne. Le long du boulevard des Mille-Îles, vous pourrez admirer de superbes résidences, dont plusieurs sont centenaires.

De retour à l'église Saint-François, érigée entre 1847 et 1851, la **section Est** (2,5 km) vous fera apprécier d'autres exemples de demeures anciennes, dont certaines de type «habitation d'inspiration française» (autour du XVIIIe siècle).

## Le vieux Sainte-Rose

Avec ses airs de petit village québécois, composé, entre autres, d'une magnifique église en face de laquelle se dresse une petite école primaire (l'école Latour), le vieux Sainte-Rose nous permet de réaliser un agréable voyage dans le passé. Fondée en 1740, la paroisse Sainte-Rose-de-Lima longe la rivière des Mille Îles, s'étirant surtout à l'est du boulevard Curé-Labelle (route 117).

C'est à partir des années 1930 que Sainte-Rose acquit un statut de lieu de villégiature. Un club nautique fait découvrir les joies de la plaisance sur la rivière des Mille Îles. On venait aussi en grand nombre se baigner dans la rivière et se faire voir sur une des plages de la région (Sainte-Rose, Beaulieu, Venise et Jacques-Cartier), dont la célèbre Plage Idéale (Auteuil), qui attirait même les Montréalais.

Sainte-Rose comptait alors un grand nombre de résidences secondaires, appelées «chalets» ou «maisons de plaisance», dont la grande majorité furent reconverties en résidences permanentes à partir des années 1950.

Très appréciée des artistes en tous genres et particulièrement des peintres, Sainte-Rose-de-Lima accueillit en ses murs les illustres peintres Marc-Aurèle Fortin et Clarence Gagnon.

Laval

### Où, quand, comment?

#### Information

Il faut se procurer la brochure n° 2: *Sainte-Rose-de-Lima*.

**BML 5**
2975 boulevard Dagenais Ouest
Fabreville
☎*978-8905*

#### Accès

**Transport en commun:** terminus Henri-Bourassa, autobus 72 de la Société de transport de Laval (STL).

**Voitures:** de l'autoroute 15, empruntez la sortie du boulevard Ste-Rose et suivez ce dernier vers l'est jusqu'à l'église Sainte-Rose-de-Lima. Un stationnement municipal se trouve en face de l'église.

**Frais:**
*aucuns.*

**Horaire:**
*tlj.*

**Randonnée pédestre hivernale:**
*oui.*

**Autres activités:**
*non.*

**Animaux domestiques:**
*admis, si en laisse.*

**Services et installations:**
*stationnement, restauration, aires de pique-nique, brochures.*

### Le réseau

Le parcours historique de Sainte-Rose-de-Lima fait 7,4 km.

Partant de la très belle église, la troisième de la paroisse, érigée entre 1850 et 1856 et comportant une statue à son faîte, le parcours mène près de la rivière des Mille Îles à un endroit autrefois désigné comme la Berge des baigneurs. C'est dans ce secteur que se trouvaient les belles plages de Sainte-Rose.

Sainte-Rose-de-Lima compte plusieurs maisons historiques, pour la plupart construites de part et d'autre de la rue des Patriotes et du boulevard Sainte-Rose. Du côté ouest du boulevard Labelle, d'autres résidences ancestrales sont toujours debout. Tout près se trouve le splendide parc de la Rivière des Mille Îles (voir ci-dessous).

### Le parc de la Rivière-des-Mille-Îles

La rivière des Mille Îles, après avoir été longtemps boudée, est enfin redevenue une rivière

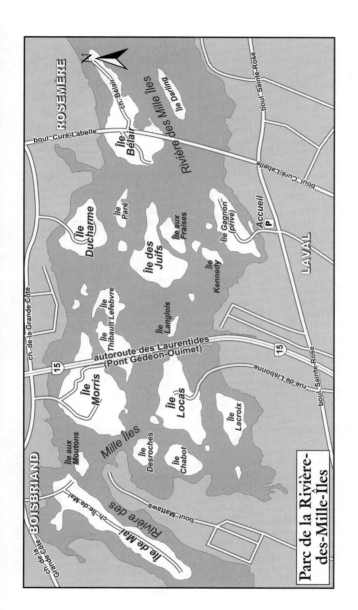

Parc de la Rivière-des-Mille-Îles

où toute la famille prend plaisir à vivre une journée au grand air.

Bien sûr, on ne peut pas encore se baigner dans la rivière, comme au temps des plages de Sainte-Rose, mais on peut aujourd'hui la parcourir en tous sens et s'amuser follement tout en découvrant des habitats, une faune et une flore des plus riches.

La rivière des Mille Îles coule de Saint-Eustache à Lachenaie, sur près de 40 km. Sa largeur varie entre 300 m et 1,3 km. On y trouve près d'une centaine d'îles. La rivière est peu profonde. Le niveau d'eau atteint, au plus, 2 m ou 3 m dans les secteurs d'eau calme et moins de 1 m dans les rapides. En certains endroits, il est même possible de traverser la rivière à pied.

Avec toutes ces îles et cette eau calme, les gens n'ont aucune crainte de s'y aventurer, ce qui en fait un terrain de jeu exceptionnel. Comme les naturalistes du parc le disent si bien, *«la rivière des Mille Îles est juste assez grande pour se perdre, mais pas assez grande pour ne pas se retrouver»*!

Avec ses 50 espèces de poissons, 28 espèces de reptiles et d'amphibiens, 200 espèces d'oiseaux et 46 espèces de mammifères, la grande région de la rivière des Mille Îles, avec en plus ses nombreux marais et marécages, offre beaucoup aux passionnés de la nature.

## Où, quand, comment?

### Information

**Parc de la Rivière-des-Mille-Îles**
345 boulevard Ste-Rose
☎*622-1020*
*www.parc-mille-iles.qc.ca*

### Accès

Le parc est situé entre l'autoroute 15 et la route 117.

**Transport en commun:** métro Henri-Bourassa, autobus 72 de la Société de transport de Laval (STL).

**Voitures:** autoroute 15, sortie 16. Boulevard Sainte-Rose Est, juste avant le boulevard Curé-Labelle. Le parc se trouve à 1 km à l'est de la sortie de l'autoroute.

**Frais:**
*aucuns.*

**Horaire:**
*tlj 9h à 22h (au printemps et en automne, il y a certaines périodes sans activités)*

**Randonnée pédestre hivernale:**
*oui (15 km).*

**Autres activités:**
*randonnées guidées, canot, kayak, pédalo, rabaska, volley-*

Laval

*ball, pétanque, ski de fond, glissades, patin, luge scandinave.*

**Animaux domestiques:**
*admis, si en laisse.*

**Services et installations:**
*stationnement, centre d'interprétation, casse-croûte, toilettes, aires de pique-nique, aire de jeux, cartes et dépliants, location d'embarcations (canot, kayak, pédalo, rabaska), rampe de mise à l'eau, programmes scolaires. En hiver, il y a un autre accès, derrière l'église de Sainte-Rose (par la rue Hotte).*

### Le réseau

La rivière des Mille Îles est divisée en quatre secteurs: les lacs, l'archipel de Sainte-Rose, les rapides et le corridor navigable. Du point de vue des découvertes et de l'accessibilité, les deux premiers secteurs sont nettement avantagés.

Le secteur des lacs, qui s'étend des **rapides du Grand-Moulin** (Saint-Eustache) à l'**île de Mai**, est navigable et présente des grèves ensablées. C'est dans ce secteur que l'on prévoit offrir, dans quelques années, la baignade ainsi que d'autres activités nautiques.

Le deuxième secteur, celui de l'**archipel de Sainte-Rose**, est le secteur le plus intéressant et le mieux préservé. On y trouve une trentaine d'îles ainsi que le merveilleux parc de la Rivière-des-Mille-Îles. Celui-ci a vu le jour en 1987, grâce au travail des membres de la Corporation Éco-Nature de Laval. Sa vocation consiste à favoriser l'éveil aux valeurs de l'environnement ainsi que les loisirs de plein air.

Les naturalistes du parc ont imaginé trois superbes parcours aquatiques et un parcours historique emballant (demandez les brochures à l'accueil). De plus, le parc a presque doublé sa superficie, grâce à l'ajout du **parc Charbonneau**, à Rosemère (rive nord), où trois autres parcours aquatiques sont proposés (on y loue aussi des embarcations).

Depuis 1992, le parc de la Rivière-des-Mille-Îles organise la «Descente de la rivière des Mille Îles». Ce grand rendez-vous annuel permet à plus de 1 200 personnes de relier Saint-Eustache à Rosemère, un parcours de 25 km en eau calme. Plus d'une trentaine de rabaskas (canot pouvant contenir 11 personnes) et plus de 200 canots défilent, pendant cinq ou six heures, sur la rivière. En 1995, le plus long canot du monde était même au rendez-vous. En effet, les gens des ateliers Les Cèdres ont construit un canot de 14 m de long et de 3,2 m de large (au centre)! Ce véritable

«Winnebago flottant» pèse 341 kg et peut contenir 44 personnes!

Le pourtour des îles du parc se parcourt surtout en canot ou en kayak, mais également à pied (cependant, il faut une embarcation pour se rendre sur les îles). Près de 8 km de sentiers de randonnée pédestre permettent de se familiariser avec la faune et la flore typique des marécages et des marais. À noter que le parc offre également des randonnées guidées portant sur le patrimoine naturel et l'histoire de l'environnement insulaire.

Parmi les parcours, ceux de la Tortue et du Héron (en canot ou en kayak) permettent de se rendre à l'**île des Juifs**, où un sentier pédestre de 2 km en fait le tour. Dans l'**île aux Fraises**, située juste à côté, on retrouve également un sentier pédestre (1 km). Tout au long de ce parcours du Héron, 10 points d'observation numérotés permettent d'en apprendre davantage sur la vie de ce chapelet d'îles. En ouvrant grand les yeux, le visiteur aura peut-être la chance d'apercevoir un rat musqué, un castor ou même un vison d'Amérique!

En hiver, le parc offre 15 km de sentiers pour la marche. Ces sentiers sont partagés par les usagers (marche, luge et pas de patin) et se trouvent sur la rivière des Mille Îles.

## Le sud-ouest

### L'Orée-des-Bois

L'Orée-des-Bois est le nom d'un sentier écologique situé dans un joli boisé qui se pointe en bordure de la rivière des Mille Îles, dans le quartier de Fabreville.

Fort bien aménagé par la Ville de Laval et l'école primaire, voisine du boisé, l'Orée-des-Bois charme par son intense couvert forestier et sa fenêtre sur la rivière.

#### Où, quand, comment?

**Information**

**BML 4**
6500 Arthur-Sauvé, bureau 600
Laval-Ouest
☎*978-8904*

**Accès**

L'Orée-des-Bois débute à côté de l'école primaire, au bout de la 37e Avenue.

**Transport en commun:** terminus Henri-Bourassa, autobus 72 de la Société de transport de Laval (STL). Descendez à l'angle du boulevard Sainte-Rose et de la 40e Avenue.

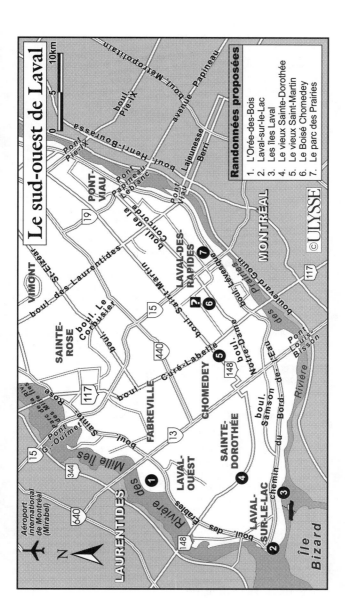

# Le sud-ouest de Laval

**Randonnées proposées**

1. L'Orée-des-Bois
2. Laval-sur-le-Lac
3. Les îles Laval
4. Le vieux Sainte-Dorothée
5. Le vieux Saint-Martin
6. Le Boisé Chomedey
7. Le parc des Prairies

© ULYSSE

0   5   10km

**N**

LAURENTIDES

Aéroport international de Montréal (Mirabel)

MONTRÉAL

Rivière des Prairies

île Bizard

**Voitures:** autoroute 13, sortie 17. Empruntez le boulevard Ste-Rose Ouest et tournez à droite dans la 43ᵉ Avenue. Tournez à gauche dans la rue Séguin, puis à droite dans la 37ᵉ Avenue et roulez jusqu'au petit stationnement aménagé près de la rivière.

**Frais:**
*aucuns.*

**Horaire:**
*tlj, du lever au coucher du soleil.*

**Randonnée pédestre hivernale:**
*oui (1,5 km).*

**Autres activités:**
*non.*

**Animaux domestiques:**
*interdits.*

**Services et installations:**
*stationnement, aire de pique-nique.*

## Le réseau

L'Orée-des-Bois compte trois sentiers pour un total de 1,5 km. En empruntant les sentiers de l'**Érable**, de la **Fougère** et du **Frêne**, il est facile de former une jolie boucle qui fait le tour complet du boisé.

Les sentiers, bien aménagés, sont recouverts de poussière de roche. On y trouve une passerelle en bois ainsi que deux petits trottoirs de bois, près de la rivière des Mille Îles. Dans une baie, il est fréquent d'observer des hérons et des canards.

Le couvert forestier est riche et partout présent. Il abrite, entre autres, une érablière et une frênaie. Essence rare au Québec, le micocoulier occidental s'est implanté dans le boisé.

## Laval-sur-le-Lac

Site naturel d'une grande beauté, Laval-sur-le-Lac occupe la pointe sud-ouest de l'île Jésus. Donnant sur le lac des Deux Montagnes, d'où son nom, Laval-sur-le-Lac se trouve à l'embouchure des rivières des Mille Îles et des Prairies. Au sud surgit l'île Bizard, que l'on peut parcourir après avoir emprunté le traversier.

Fondé seulement en 1941, auparavant cet ancien village faisait partie de Sainte-Dorothée. Il fut abondamment fréquenté par les gens de bonne fortune depuis le début du XXᵉ siècle.

Réputé pour ses imposantes demeures construites au bord de l'eau, dont certaines aux allures de petits châteaux, et son superbe parcours de golf, Laval-sur-le-Lac abrita même une plage que l'on qualifiait de splendide.

## Où, quand, comment?

### Information

Il faut se procurer la brochure n° 7: *Laval-sur-le-Lac, l'île Paton et les îles Laval.*

**BML 4**
6500 Arthur-Sauvé, bureau 600
Laval-Ouest
☎*978-8904*

### Accès

**Transport en commun:** terminus Henri-Bourassa, autobus 72 de la Société de transport de Laval (STL) jusqu'au terminus de Laval-sur-le-Lac. Continuez à pied par la rue des Érables jusqu'à l'angle de l'avenue des Pins. Notez que le train de banlieue Montréal/Deux-Montagnes n'arrête plus à Laval-sur-le-Lac.

**Voitures:** de l'autoroute 13, empruntez la sortie du boulevard Sainte-Rose Ouest et suivez ce dernier vers l'ouest jusqu'au bout, où il devient le boulevard des Érables. Le stationnement se trouve derrière le club de curling (10 avenue des Pins).

**Frais:**
*aucuns.*

**Horaire:**
*tlj.*

**Randonnée pédestre hivernale:**
*oui.*

**Autres activités:**
*non.*

**Animaux domestiques:**
*admis, si en laisse.*

**Services et installations:**
*stationnement, brochures.*

### Le réseau

Le parcours de Laval-sur-le-Lac fait 4,5 km. Outre les belles rues parsemées de somptueuses résidences, le parcours vous fera découvrir la petite île Roussin et passer près du prestigieux golf de Laval-sur-le-Lac.

### Les îles Laval

Laval compte plusieurs îles dont certaines habitées depuis fort longtemps. C'est notamment le cas de l'**île Paton**, située près de l'autoroute 13 et acquise par Hugh Paton en 1871. Ce dernier habita l'île durant plusieurs années, faisant même construire un pont en 1886.

Sises près de Laval-sur-le-Lac et de l'île Bizard, les **îles Laval**, composées des îles Bigras, Parizeau et Verte, furent habitées à partir des années 1940. Parcourues par le train de banlieue Montréal/Deux-Montagnes, ces îles demeurent peu connues du public.

Laval

## Où, quand, comment?

### Information

Il faut se procurer la brochure n° 7: *Laval-sur-le-Lac, l'île Paton et les Îles Laval*.

**BML 4**
6500 Arthur-Sauvé, bureau 600
Laval-Ouest
☎978-8904

### Accès

**Transport en commun:** terminus Henri-Bourassa, autobus 20 de la Société de transport de Laval (STL) pour l'île Paton, ou autobus 44 (STL) pour les îles Laval (descendez au chemin Dupont). Le train de banlieue Montréal/Deux-Montagnes fait un arrêt à l'île Bigras.

**Voitures:** pour accéder à l'île Paton, il faut emprunter la sortie du boulevard Samson de l'autoroute 13, poursuivre vers l'est et tourner à droite dans la promenade des Îles. Les îles Laval sont accessibles en empruntant le chemin Dupont, par le chemin du Bord-de-l'Eau.

**Frais:**
*aucuns.*

**Horaire:**
*tlj.*

**Randonnée pédestre hivernale:**
*oui.*

**Autres activités:**
*non.*

**Animaux domestiques:**
*admis, si en laisse.*

**Services et installations:**
*stationnement, brochures.*

## Le réseau

Le parcours de l'**île Paton** fait 2,5 km. En plus de vous faire découvrir cette île, cette randonnée vous mène à l'île du Tremblay, où se dressent de grands immeubles résidentiels du Havre-des-Îles.

Le parcours des **îles Laval** fait au total 6,4 km. Débutant par le tour de l'île Bigras (3 km), cet itinéraire vous fera aussi visiter l'île Verte (2,5 km) ainsi que l'île Parizeau (0,9 km).

## Le vieux Sainte-Dorothée

À Sainte-Dorothée plus qu'ailleurs à Laval, les champs volent la vedette. Ce charmant côté campagnard ne fait pas uniquement référence au passé, car il est bien présent, comme en témoignent les nombreuses serres vouées à la production de fleurs annuelles. D'ailleurs, Sainte-Dorothée s'enorgueillit d'abriter «la plus grande concentration de productions florales en serre au Québec».

Sainte-Dorothée a mis sur pied un circuit intitulé la **Route des fleurs**. Il est donc possible de vous arrêter chez plusieurs producteurs afin de parfaire vos connaissances en la matière. Pour en connaître davantage sur la production des fleurs séchées, il faut visiter l'**Économusée de la fleur Fleurineau** *(1270 rue Principale,* ☎*689-8414).* Pour les fleurs annuelles, rendez-vous aux **Serres Sylvain Cléroux** *(1570 rue Principale,* ☎*627-2471)* ou aux **Serres Lucien Charbonneau et fils** *(75 ch. du Bord-de-l'Eau,* ☎*689-1934).*

Le vieux Sainte-Dorothée, quant à lui, se révèle charmant avec sa Place publique où les gens viennent discuter ou simplement se reposer. Fondée en 1869, Sainte-Dorothée devint la cinquième paroisse de l'île Jésus.

## Où, quand, comment?

### Information

Il faut se procurer la brochure n° 5: *Sainte-Dorothée.*

**BML 4**
6500 Arthur-Sauvé, bureau 600
Laval-Ouest
☎*978-8904*

### Accès

**Transport en commun:** terminus Henri-Bourassa, autobus 44 de la Société de transport de Laval (STL).

**Voitures:** autoroute 13, sortie boulevard Saint-Martin Ouest, puis rue Principale. Stationnement du côté ouest de l'église.

**Frais:**
*aucuns.*

**Horaire:**
*tlj.*

**Randonnée pédestre hivernale:**
*oui.*

**Autres activités:**
*non.*

**Animaux domestiques:**
*admis, si en laisse.*

**Services et installations:**
*stationnement, restauration, brochures.*

## Le réseau

Le parcours historique de Sainte-Dorothée fait 4,1 km.

Partant de l'église de Sainte-Dorothée *(655 rue Principale),* la randonnée permet d'effectuer le tour de la Place publique et d'observer de jolies résidences anciennes, construites le long de la rue Principale, de part et d'autre de l'église. On y remarque aussi deux croix érigées dans le même secteur.

## Le vieux Saint-Martin

Datant de 1774, le vieux Saint-Martin a été aménagé à l'ouest du boulevard Curé-Labelle, entre le boulevard Saint-Martin et le chemin du Souvenir. Jusqu'aux années 1930, la rue principale portait le nom de la montée de L'Abord-à-Plouffe. Mais avec la construction du boulevard Curé-Labelle (1933), les principaux commerçants adoptent cette artère. La montée de L'Abord-à-Plouffe porte désormais le nom de rue Robinson.

Saint-Martin vit, en mai 1836, une assemblée de Patriotes. L'année suivante, les troupes anglaises y font halte avant de se rendre à Saint-Eustache. L'histoire retient aussi la date du 22 avril 1868, alors qu'un gigantesque incendie, allumé accidentellement par un enfant, ravage une partie du village ainsi que de nombreux bâtiments de ferme.

### Où, quand, comment?

### Information

Il faut se procurer la brochure n° 4: *Saint-Martin*.

**BML 3**
435 boulevard Curé-Labelle,
bureau 104, Chomedey
☎*978-8903*

### Accès

**Transport en commun:** terminus Henri-Bourassa, autobus 46 de la Société de transport de Laval (STL)

**Voitures:** autoroute 15, sortie Saint-Martin Ouest, ou autoroute 13, sortie Saint-Martin Est.

**Frais:**
*aucuns.*

**Horaire:**
*tlj.*

**Randonnée pédestre hivernale:**
*oui.*

**Autres activités:**
*non.*

**Animaux domestiques:**
*admis, si en laisse.*

**Services et installations:**
*stationnement, restauration, brochures.*

### Le réseau

Le parcours historique de Saint-Martin fait 3,5 km.

Partant de l'église de Saint-Martin *(4080 boulevard St-Martin Ouest)*, la randonnée permet d'effectuer le tour du vieux village. Quelques demeures anciennes sont toujours debout, bien que la plupart aient été rénovées avec peu de goût. Tout comme à Sainte-Dorothée, Saint-Martin disposait d'une Place publique (près de l'église) très prisée des villageois.

## Le Bois Chomedey

Le Bois Chomedey, situé dans le quartier Chomedey, près de l'autoroute des Laurentides (15), couvre une superficie de 23 ha. Peu connu de la population en général, et même de plusieurs résidants habitant tout près, le Bois Chomedey est considéré comme un îlot de verdure, situé au cœur même de la ville de Laval, qu'il faut à tout prix protéger.

Le Bois Chomedey abrite une vingtaine d'essences (érable à sucre, frêne de Pennsylvanie, bouleau gris, chêne rouge, ostryer de Virginie, caryer cordiforme, peuplier, noyer cendré, hêtre, tilleul d'Amérique, cerisier de Pennsylvanie, etc.), en plus d'une colonie très rare d'érables noirs. Le peuplement d'érables noirs est situé au sud-ouest du bois.

Fait assez rare au Québec, les érables noirs se retrouvent ici en grand nombre. On les reconnaît par leur écorce foncée, qui devient presque noire en vieillissant. L'âge moyen des érables noirs du Bois Chomedey est de 100 ans.

## Où, quand, comment?

**Information**

**BML 3**
435 boulevard Curé-Labelle, bureau 104, Chomedey
☎ *978-8903*

**Accès**

Le Bois Chomedey se trouve à l'ouest de l'autoroute des Laurentides, et entre les boulevards Chomedey et du Souvenir, et la 5e Rue. L'entrée principale est située à l'angle du boulevard Daniel-Johnson et de la 8e Rue.

**Transport en commun:** autobus 24 de la STL, arrêt à l'angle du boulevard Cartier Ouest et du boulevard Daniel-Johnson.

**Voitures:** autoroute des Laurentides, sortie boulevard Cartier Ouest, jusqu'au boulevard Daniel-Johnson. À droite sur le boulevard Daniel-Johnson; le bois est tout au fond.

**Frais:**
*aucuns.*

**Horaire:**
*tlj, du lever au coucher du soleil.*

**Randonnée pédestre hivernale:**
*oui.*

**Autres activités:**
*ski de fond.*

**Animaux domestiques:**
*interdits.*

**Services et installations:**
*dépliants, tables de pique-nique, bancs.*

### Le réseau

Le Bois Chomedey est divisé en quatre zones (hautes technologies, publiques, résidentielles et d'aménagement différé). Le Parc scientifique et de haute technologie occupe la partie est du bois. Une nouvelle section de la rue Armand-Frappier sépare ainsi le bois jusqu'au boulevard du Souvenir.

Plusieurs sentiers, recouverts de pierres concassées ou de terre, parcourent le Bois Chomedey. Le nombre de kilomètres n'est pas encore défini (environ 3 km), mais il est possible d'y marcher pendant au moins une bonne heure. La signalisation semble faire défaut par endroits. Par contre, il est facile de s'y retrouver, le bois étant entouré de rues.

Il est possible d'accomplir une agréable boucle en empruntant le sentier de l'**Érable** puis celui du **Frêne**. Le sentier de la **Fougère**, quant à lui, concède un raccourci entre les deux sentiers.

## Le parc des Prairies

Presque en constant aménagement, le parc des Prairies, blotti dans le quartier Laval-des-Rapides, se présente comme une aire de promenade où il fait bon profiter de la «nature en ville».

La Ville de Laval s'est portée acquéreur de ce vaste terrain, qui appartenait alors à une communauté religieuse, afin de le convertir en un agréable parc doté d'un boisé et d'un étang.

### Où, quand, comment?

**Information**

**BML 2**
62 rue St-Florent
Pont-Viau
☎ *662-4902*

**Accès**

**Transport en commun:** terminus Henri-Bourassa, autobus 20 de la Société de transport de Laval (STL). Descendez à l'angle du boulevard des Prairies et de l'avenue du Crochet.

**Voitures:** le parc est situé le long du boulevard des Prairies, entre l'autoroute des Laurentides (15) et le boulevard des Laurentides. Stationnement dans le parc Gagné, à l'angle de l'avenue du Crochet.

**Frais:**
*aucuns.*

**Horaire:**
*tlj, du lever au coucher du soleil.*

**Randonnée pédestre hivernale:**
*oui (1 km).*

**Autres activités:**
*vélo.*

**Animaux domestiques:**
*interdits.*

**Services et installations:**
*stationnement, aires de pique-nique, aires de jeux, rampe de mise à l'eau (parc Gagné).*

### Le réseau

Le réseau du parc compte deux sentiers pour un total de 3,5 km. Le parc des prairies n'ayant pas d'accès à la rivière des Prairies, il est agréable de s'arrêter quelques instants au parc Gagné (juste en face) afin de profiter de ce lieu reposant. De l'autre côté de la rivière, on distingue le dôme de la prison de Bordeaux ainsi que l'hôpital Notre-Dame-de-la-Merci. Le parc Gagné renferme aussi un petit moulin, dénommé le moulin du Crochet.

Dans le parc des Prairies, le premier sentier (2,5 km) est revêtu d'asphalte et le second (1 km) de poussière de roche. On n'y trouve aucune signalisation ni plan du parc, de sorte qu'il demeure difficile de s'orienter.

L'endroit le plus charmant du parc est sans contredit l'espace aménagé autour de l'étang, où il est fréquent d'observer une trentaine de canards. Ce charmant petit étang se cache dans la partie boisée du parc.

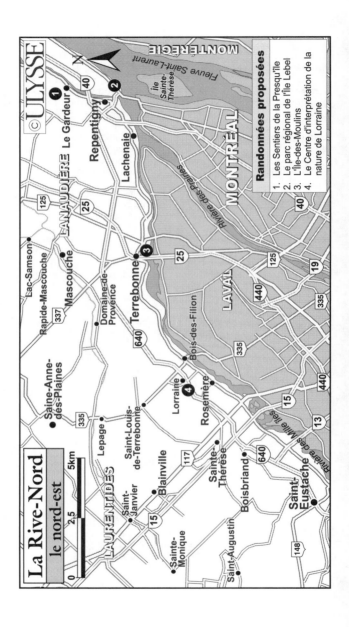

La Rive-Nord
le nord-est

0   2,5   5km

LAURENTIDES

LANAUDIÈRE

MONTRÉAL

LAVAL

MONTÉRÉGIE

Fleuve Saint-Laurent

Île Sainte-Thérèse

Rivière des Prairies

Rivière des Mille Îles

© ULYSSE

**Randonnées proposées**

1. Les Sentiers de la Presqu'île
2. Le parc régional de l'île Lebel
3. L'île-des-Moulins
4. Le Centre d'interprétation de la nature de Lorraine

Lac-Samson
Rapide-Mascouche
Mascouche
Domaine-de-Provence
Saine-Anne-des-Plaines
Lepage
Saint-Louis-de-Terrebonne
Saint-Janvier
Blainville
Sainte-Monique
Saint-Augustin
Sainte-Thérèse
Boisbriand
Saint-Eustache
Rosemère
Lorraine
Bois-des-Filion
Terrebonne
Lachenaie
Repentigny
Le Gardeur

125
25
337
640
335
15
117
148
13
440
19
335
25
40
125

# La Rive-Nord

La Rive-Nord s'étend de la région de Lanaudière, vers l'est, où nous avons retenu trois sites, à la région des Laurentides, vers l'ouest.

Le sud de la région des Laurentides, nommé les Basses-Laurentides, fut très tôt habité par des colons français venus en cultiver les riches terres arables. D'ailleurs, plusieurs localités des Basses-Laurentides rappellent toujours l'histoire du pays par leur patrimoine architectural ou simplement par l'évocation d'événements s'y étant déroulés.

Les différents sentiers de randonnée pédestre que l'on retrouve sur la Rive-Nord vous feront découvrir des municipalités comme Le Gardeur, Terrebonne, Lorraine, Boisbriand, Deux-Montagnes, Oka, Mirabel et Saint-Jérôme.

Dans cette section représentant la région de la Rive-Nord, nous proposons 12 sites, soit plus de 100 km de sentiers de randonnée pédestre à parcourir. Le Parc linéaire du P'tit train du Nord, avec son sentier de 200 km, n'est pas ici comptabilisé, car la plus grande partie du sentier se trouve dans la région des Hautes-Laurentides.

**Indicatif régional: ☎450**

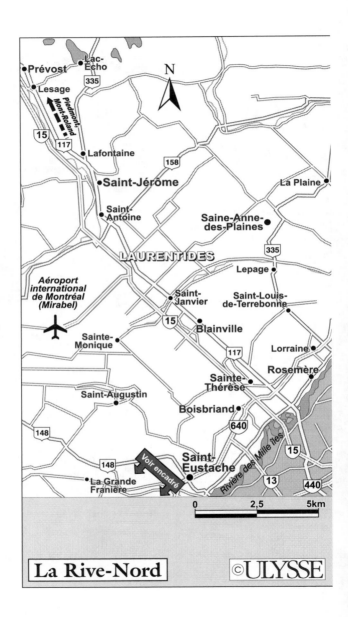

La Rive-Nord

©ULYSSE

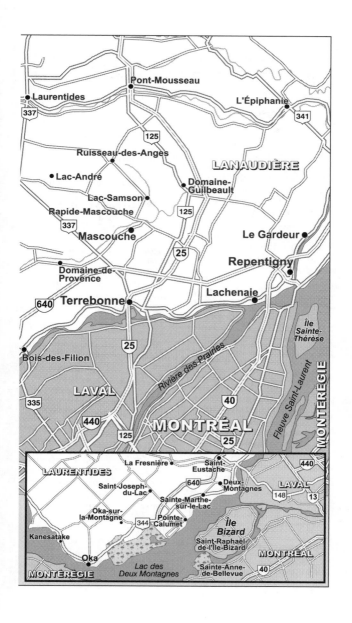

## Le nord-est

### Les Sentiers de la Presqu'île

Les Sentiers de la Presqu'île sont situés à Le Gardeur, soit à quelques minutes de Montréal. Ce centre très familial est fréquenté par les amants de la nature des villes avoisinantes, comme Mascouche, Lachenaie et Repentigny, mais également par bon nombre de marcheurs et skieurs de Laval et de Montréal.

C'est qu'au fil des ans Jean-Marie Desrosiers et sa sœur Jacqueline, les copropriétaires du site, ont su s'adapter aux besoins de la clientèle. Entre autres, depuis 1991, ils permettent aux chiens de fréquenter les lieux (dans certains sentiers). Ainsi, comme il y a très peu d'endroits où il est permis d'amener son fidèle compagnon avec soi, les Sentiers de la Presqu'île sont vite devenus un site recherché. Ici, non seulement les chiens sont les bienvenus, ils sont même invités à participer à certains rallyes où leur sens de l'odorat est mis à l'épreuve.

Les Sentiers de la Presqu'île se présentent comme un centre très sociable où les gens peuvent venir relaxer et décompresser après une journée ou une semaine de travail. À noter que l'on retrouve beaucoup de personnes seules qui fréquentent l'endroit, et ce, à tout moment de l'année.

### Où, quand, comment?

**Information**

**Les Sentiers de la Presqu'île**
2001 rue Jean-Pierre, Le Gardeur
☎ *585-8015 ou 585-0121*

**Accès**

**Transport en commun:** métro Radisson, prenez l'autobus Lanaubus (☎ 255-5664) jusqu'à Repentigny. À Repentigny, il faut prendre un taxi jusqu'aux Sentiers de la Presqu'île (5 km).

**Voitures:** autoroute 40, sortie 97. Suivez les indications sur les panneaux bleus. Le centre est à 5 km de la sortie. Il est également possible d'emprunter l'autoroute 640 (sortie Charlemagne).

**Frais:**
*3$ adultes, 2$ de 4 à 16 ans (aussi carte individuelle ou familiale). Autres frais pour certaines activités (ski de fond, vélo de montagne).*

**Horaire:**
*tlj, de 8h au coucher du soleil.*

**Randonnée pédestre hivernale:**
*oui (7 km).*

**Autres activités:**
*vélo de montagne, vélo de ville, ski de fond, plusieurs activités de groupe (méchoui, épluchettes, etc.).*

**Animaux domestiques:**
*admis.*

**Services et installations:**
*stationnement, restaurant, salle de séjour, toilettes, cartes des sentiers, tables de pique-nique.*

### Le réseau

Le réseau compte cinq sentiers de randonnée pédestre pour un total de 20 km. En hiver, la marche se pratique sur 7 km. L'été n'est pas la meilleure saison pour marcher dans les sentiers de la Presqu'île, en raison du très grand nombre de moustiques que l'on y retrouve à cause des marécages. C'est pour cette raison que le vélo de montagne s'y développe de plus en plus.

Le long des sentiers, le randonneur parcourra une superbe érablière et pourra s'arrêter près d'un des deux étangs aménagés pour relaxer et casser la croûte. On dénombre pas moins de 35 espèces d'arbres, beaucoup d'arbustes, ainsi qu'un grand nombre de fleurs de sous-bois.

En ce qui concerne les activités, le centre a aménagé un sentier des sciences de la nature, où professeurs et étudiants mettent leurs connaissances à jour (réservation). Un cahier pédagogique est offert à l'accueil. L'hiver venu, les Sentiers de la Presqu'île organisent des randonnées pédestres au clair de lune (décembre à mars).

## Le parc régional de l'Île Lebel

La ville de Repentigny, avec ses 56 000 habitants, tente de rallier le meilleur des deux mondes: la ville et la campagne. Elle y réussit particulièrement bien avec le magnifique parc régional de l'Île Lebel.

Inauguré en août 1993, ce parc urbain de 15 ha, aménagé en bordure du fleuve Saint-Laurent, se révèle être un lieu où il fait bon se balader et pique-niquer en toute quiétude. Notez que le chalet d'accueil abrite un bureau d'information touristique sur la région.

### Où, quand, comment?

**Information**

**Parc régional de l'Île Lebel**
396 rue Notre-Dame, Repentigny
☎*657-9914*
Bureau d'information touristique
☎*654-2330*
Ville de Repentigny

**Rive-Nord**

### Accès

**Transport en commun:** du métro Radisson, empruntez l'autobus 3 de la Société de transport de Repentigny (☎654-2315).

**Voitures:** autoroute 40 ou 640 jusqu'à Repentigny, puis route 132 jusqu'à la rue Thouin, par laquelle on accède au stationnement.

**Frais:**
*aucuns.*

**Horaire:**
*tlj.*

**Randonnée pédestre hivernale:**
*non.*

**Autres activités:**
*vélo, ski de fond, raquettes, patin.*

**Animaux domestiques:**
*interdits.*

**Services et installations:**
*stationnement, accueil, toilettes, aires de pique-nique, aire de jeux.*

### Le réseau

Le parc compte deux boucles pour un total de 2,6 km. La première boucle (2 km) passe d'abord par une jolie passerelle en bois, d'environ 100 m de longueur, qui enjambe un champ de quenouilles. De l'autre côté, le belvédère du Saint-Laurent fut aménagé en septembre 1997. Outre le fleuve, la vue embrasse quelques collines montérégiennes sises de l'autre côté.

Au bout de l'île, un petit kiosque permet une halte tout en observant de belles demeures derrière lesquelles un bateau est accosté. Le retour à la passerelle permet de faire le tour d'un immeuble moderne qui abrite la station de traitement des eaux usées de Repentigny.

De l'autre côté de la passerelle, il est possible d'effectuer une autre boucle (0,6 km) avant de revenir à l'accueil.

### L'Île-des-Moulins

L'Île-des-Moulins est un site de verdure enchanteur situé au milieu de la rivière des Mille Îles à Terrebonne. Classé «site historique» en 1973, l'endroit est géré par la Société de développement culturel de Terrebonne (SODECT). Le site historique de l'Île-des-Moulins est considéré comme une des plus belles réussites québécoises en matière de conservation et de mise en valeur du patrimoine.

Le passé historique de l'île remonte au début du XVIII$^e$ siècle, alors que le curé Louis Lepage y construit les premiers moulins (1721). Mais c'est au début du XIXᵉ siècle que l'île devient un important complexe préindustriel, sous la gouverne de seigneurs bâtisseurs et entrepreneurs. On y construit tour à tour une boulangerie (1803), un moulin à scie (1804), un moulin à farine (1846), un moulin neuf (1850) et le bureau seigneurial (1850). Ces cinq bâtiments historiques, situés à l'entrée de l'île, ont été restaurés et se dressent fièrement dans le paysage enchanteur de la pointe de l'île.

Le site historique de l'Île-des-Moulins est divisé en deux parties bien distinctes. D'un côté, on retrouve une zone réservée à l'interprétation historique (visites commentées, animation, expositions thématiques, circuit historique, conférences, galerie d'art, etc.), alors que, de l'autre, le site permet une multitude d'activités récréatives en toute saison (camps de jour, interprétation de la nature, patinage, carnaval d'hiver, etc.).

**Où, quand, comment?**

Information

**Société de développement culturel de Terrebonne**
Île-des-Moulins, Terrebonne
☎*471-0619*

**Accès**

**Transport en commun**: terminus Henri-Bourassa, autobus 25A jusqu'à Terrebonne, puis autobus local 8 *(CITM, ☎477-1110)* jusqu'au parc (ou marche d'environ 15 min).

**Voitures:** autoroute 25 Nord, sortie 22 Est (boulevard des Seigneurs). Suivez les panneaux «Site historique Île-des-Moulins», boulevard des Seigneurs, rue Saint-Louis et boulevard des Braves.

**Frais:**
*aucuns.*

**Horaire:**
*tlj 7h à 23h. Selon les saisons, la liste et l'horaire des activités varient. En été, des visites commentées avec animation historique sont offertes.*

**Randonnée pédestre hivernale:**
*oui (1 km).*

**Autres activités:**
*interprétation de la nature, circuit «Art et Nature», patinage sur l'étang des Moulins, carnaval d'hiver, activités d'interprétation historique ou culturelles.*

**Animaux domestiques:**
*interdits.*

**Services et installations:**
*stationnement, pavillon d'accueil et d'information, centre d'interprétation, Bibliothèque municipale, galerie d'art, salles d'exposition et de spectacle,*

**Rive-Nord**

*agora, toilettes, restaurant,
cartes et brochures, aires de
pique-nique, accès adaptés
aux personnes en fauteuil
roulant.*

## Le réseau

Le réseau de sentiers de
randonnée pédestre est tout
petit et fait environ 1 km.
Mais, pour le randonneur
qui apprécie l'histoire, l'art
et la douceur d'une île, ce
coin de repos situé tout
près de la ville est tout
désigné.

À l'entrée de l'île, sur le petit pont qui mène au boulevard des Braves, les superbes moulins à farine (1846)
et à scie (1804) constituent
désormais la Bibliothèque
municipale. À gauche, le
bureau seigneurial (1850)
abrite le Centre d'interprétation ainsi que les bureaux
administratifs. Un peu plus
loin, le bâtiment de l'ancienne boulangerie (1803)
renferme le restaurant Au
Bourgère, où l'on retrouve
une terrasse offrant une vue
sur la rivière des Mille Îles
ainsi qu'une galerie d'art.
Une tour vitrée sépare la
boulangerie du Moulin neuf
(1850), dernier bâtiment de
l'île, où sont aménagées des
salles d'exposition et de
spectacle.

Après les bâtiments historiques, le sentier mène à la
passerelle qui relie l'île à
l'île Saint-Jean. Tout au long
des sentiers de l'Île-des-
Moulins, de superbes arbres
(chêne rouges, tilleuls, bouleaux, saules, pins, etc.)
sont identifiés. On peut
également admirer les 10
sculptures du Jardin de
sculptures de l'île, où l'Art
et la Nature sont célébrés.
Sept de ces sculptures mo-
numentales proviennent du
Symposium de sculpture de
Terrebonne, tenu en 1978
sous l'initiative de Germain
Bergeron, artiste reconnu.

Au bout de l'île, près de
l'agora, le visiteur peut admirer quelques superbes
demeures, situées de l'autre
côté de l'étang des Moulins,
à l'ouest du **parc Masson**.
Dans le parc Masson, un
monument est érigé en
l'honneur des héros de la
Première Guerre mondiale
(1914-1918) et des citoyens
de Terrebonne morts au
champ d'honneur lors de la
Deuxième Guerre mondiale
(1939-1945). L'hiver venu,
l'étang des Moulins devient
une vaste surface glacée, au
grand plaisir des nombreux
patineurs.

## Le Centre d'interprétation
## de la nature de Lorraine

La ville de Lorraine, située
tout près de l'autoroute 640,
à la limite est des Laurentides, fut fondée en 1960.
Cette jeune ville de quelque
9 000 habitants est composée de somptueuses

résidences. Les rues sont dégagées, du fait que la ville interdit les fils électriques suspendus. Ils sont tout simplement sous terre! Ainsi, la câblodistribution n'est toujours pas accessible à Lorraine. Ce qui laisse sûrement plus de temps aux résidants pour pratiquer des activités de plein air.

La ville de Lorraine possède un magnifique centre d'interprétation de la nature, où l'on retrouve plus d'une dizaine de kilomètres de sentiers de randonnée pédestre et où le randonneur est amené à découvrir la richesse et la diversité de ce vaste boisé.

### Où, quand, comment?

**Information**

**Centre d'interprétation de la nature de Lorraine**
☎*621-8550*

**Accès**

Le début des sentiers est situé au Centre culturel (10 place Dabo), ce beau bâtiment que l'on aperçoit du côté nord de la 640.

**Transport en commun:** terminus Henri-Bourassa (Limocar, ☎435-8899), autobus 9 et correspondance avec l'autobus 2.

**Voitures:** autoroute 640, sortie ville de Lorraine. Empruntez le boulevard de Gaulle puis le boulevard Montbéliard.

**Frais:**
*aucuns.*

**Horaire:**
*tlj, du lever au coucher du soleil.*

**Randonnée pédestre hivernale:**
*non.*

**Autres activités:**
*ski de fond, raquettes.*

**Animaux domestiques:**
*interdits.*

**Services et installations:**
*stationnement (gratuit), bancs, tables de pique-nique.*

### Le réseau

Le Centre d'interprétation de la nature compte trois sentiers pour un total de 11,2 km. Il s'agit des sentiers de l'**Éclair** (2,5 km), de la **Forêt Noire** (3,8 km) et du **Mille-Feuilles** (4,9 km). Chaque sentier forme une boucle, permettant ainsi de faire une courte ou une plus longue promenade. Les sentiers sont situés en forêt et sont tous faciles. Au départ, ils longent l'autoroute 640, puis s'enfoncent dans la forêt jusqu'aux lignes de haute tension. Au départ de la randonnée, le sentier longe de somptueuses maisons,

**Rive-Nord**

où certaines cabanes à oiseaux comptent jusqu'à neuf étages!

Les sentiers sont bien aménagés. Des escaliers et des petits ponts de bois rendent la balade très agréable. Des bancs et des tables de pique-nique permettent un petit repos. Malheureusement, il n'y a plus de panneau présentant les sentiers à l'entrée, et la ville n'a toujours pas élaboré de carte des sentiers.

Le boisé est traversé par la paisible petite rivière aux Chiens. Jadis surnommée la petite rivière Sainte-Thérèse, la rivière aux Chiens coule sur près de 20 km et va se jeter dans la rivière des Mille Îles.

Le boisé de Lorraine est riche et très diversifié, du fait qu'il abrite une grande variété d'arbres caractéristiques de la plaine du Saint-Laurent, mais également d'essences propres à la région des Laurentides. On y retrouve des chênes à gros fruits, des frênes américains, des hêtres à grandes feuilles, des bouleaux (blancs, jaunes), des érables (rouges, à sucre, de Pennsylvanie), des peupliers à grandes dents, des ifs du Canada, des pruches du Canada, des pins blancs, des ormes et des tilleuls d'Amérique.

## Le nord-ouest

### Le Centre d'interprétation de la nature de Boisbriand

Bien des randonneurs se promènent dans la forêt et ne regardent que leur montre ou la distance qu'il reste à parcourir. Il ne prennent malheureusement pas le temps d'observer, de sentir, de toucher, de comprendre, ou tout simplement de se questionner sur les mille et une choses qui les entourent.

Un petit lieu de nature comme le Centre d'interprétation de la nature de Boisbriand a ceci de merveilleux qu'il ne nous donne pas le choix! Si l'on recherche la performance, le tour du Centre sera fait en moins de 20 min! Alors, il vaut peut-être mieux prendre son temps et se laisser aller au jeu de la découverte, dans ce labyrinthe d'espèces, d'essences et d'autres végétaux.

Ici, tout a été conçu pour que le visiteur puisse acquérir des connaissances tout en se baladant, en s'amusant et en se laissant intriguer par toutes ces merveilles de la nature. D'ailleurs, en août 1995, le centre s'est enrichi d'un nouvel attrait naturel, soit les mar-

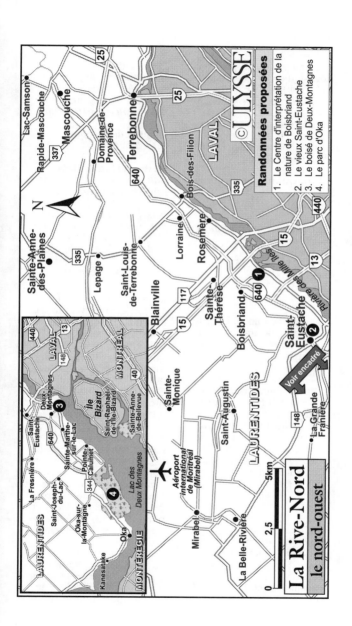

## La Rive-Nord
### le nord-ouest

**Randonnées proposées**

1. Le Centre d'interprétation de la nature de Boisbriand
2. Le vieux Saint-Eustache
3. Le boisé de Deux-Montagnes
4. Le parc d'Oka

©ULYSSE

Voir encadré

0  2,5  5km

ques tangibles du passage dévastateur d'une petite tornade! En effet, il est possible d'observer plusieurs arbres qui ont été arrachés ou fracassés lors de cette tempête, et ainsi deviner facilement la trajectoire de la tornade.

### Où, quand, comment?

**Information**

**Centre d'interprétation de la nature de Boisbriand**
rue Chavigny
☎ *435-1954, poste 255*
☎ *435-5435*

**Accès**

**Transport en commun:** terminus Henri-Bourassa (Limocar, ☎435-8899), autobus 9 et correspondance avec l'autobus 5.

**Voitures:** autoroute 13 ou 15, sortie Boisbriand. Empruntez le chemin de la Grande-Côte jusqu'à l'avenue Chauvin, puis tournez à gauche dans la rue Chavigny. Le centre est situé entre les autoroutes 13 et 15.

**Frais:**
*aucuns.*

**Horaire:**
*mai à oct, lun-ven 8h30 à 20h, la fin de semaine 10h à 18h.*

**Randonnée pédestre hivernale:**
*non.*

**Autres activités:**
*interprétation de la nature, animation dans les sentiers les fins de semaine, animation pour groupes (réservation).*

**Animaux domestiques:**
*interdits.*

**Services et installations:**
*stationnement, accueil, deux aires de pique-nique, abreuvoirs, toilettes, cartes des sentiers, brochures d'interprétation, sentiers aménagés pour les personnes en fauteuil roulant.*

### Le réseau

Le sentier aménagé fait 1,1 km et pourrait être parcouru facilement en quelques minutes. Mais un kilomètre de découvertes, de questions et d'émerveillement occupe près de deux heures de notre temps. C'est donc un excellent endroit où aller pique-niquer en famille ou entre amis.

À l'entrée du Centre, des naturalistes accueillent les visiteurs. Il est très vivement conseillé de se procurer (gratuitement) les deux différentes brochures d'interprétation afin de découvrir par soi-même les secrets des 23 stations étalées le long du sentier.

Le sentier traverse une érablière à caryer et mène à un immense tilleul d'Amérique dont le centre est très fortement attaqué, mais qui demeure cependant fier et droit. On se demande comment il a pu résister au passage d'une tornade. Le sentier suit la rivière des Mille Îles et conduit à quatre plates-formes offrant une vue sur la rivière ainsi qu'à l'île de Mai. La rivière des Mille Îles, connue à différentes époques sous les noms de Saint-Jean, Jésus et du Chêne, fait 40 km et compte 60 îles. Un joli marais, grouillant de vie, peut être parcouru car le sentier repose désormais sur pilotis.

En ouvrant l'œil, le randonneur aura peut-être la chance d'apercevoir un pic flamboyant, un canard branchu, un castor ou même un vison!

## Le vieux Saint-Eustache

La région de Saint-Eustache fut peuplée dès le milieu du XVIIIe siècle. Grâce à la fertilité du sol, les terres se trouvant en bordure de la rivière des Mille Îles et de la rivière du Chêne, concédées par le seigneur Eustache Lambert-Dumont, attirèrent de plus en plus de colons.

Chargé d'histoire, Saint-Eustache se distingue particulièrement en raison du tragique épisode du 14 décembre 1837. Afin d'écraser le mouvement de révolte d'environ 250 Patriotes dirigés par le docteur Jean-Olivier Chénier, l'armée britannique, avec à sa tête le général John Colborne, encercle puis attaque le village.

Les 1 260 soldats britanniques, soutenus par une dizaine de canons, ne mirent que quelques heures pour gagner la bataille de Saint-Eustache. S'étant réfugiés principalement dans l'église, le couvent et le presbytère, les Patriotes, cinq fois moins nombreux et mal armés, subirent une lourde défaite. Résultat: plus de 70 Patriotes tués, dont le docteur Chénier, et 200 prisonniers. Après les combats, l'armée britannique mit le feu à une soixantaine de maisons ainsi qu'à plusieurs édifices.

Les traces des boulets de canon de l'armée britannique, toujours observables sur la façade de l'église de Saint-Eustache (*123 rue Saint-Louis*), rappellent à jamais ce funeste évènement.

### Où, quand, comment?

**Information**

**Ville de Saint-Eustache**
Service des arts et de la culture
235 rue Saint-Eustache
☎974-5166
*www.tourisme-st-eustache.com*

## Accès

Le départ de la randonnée a lieu au **musée de Saint-Eustache et de ses Patriotes** *(droit d'entrée; stationnement; 235 rue Saint-Eustache, ☎974-5170)*, aménagé dans l'ancien manoir Globensky.

**Transport en commun:** métro Henri-Bourassa, autobus 46 de la STL *(☎688-6520)* jusqu'à Saint-Eustache.

**Voitures:** autoroute 640, sortie 11, empruntez le boulevard Arthur-Sauvé Sud (route 148). Tournez à droite dans la rue du Moulin, puis à gauche dans la rue Saint-Eustache.

**Frais:**
*uniquement pour la brochure (1,50$) et l'accès au musée (3$).*

**Horaire:**
*tlj (le musée est fermé le lundi).*

**Randonnée pédestre hivernale:**
*oui.*

**Autres activités:**
*vélo, patin, ski de fond dans la municipalité.*

**Animaux domestiques:**
*admis, si en laisse.*

**Services et installations:**
*stationnement, accueil, musée, toilettes, aire de pique-nique, restauration, brochures, guides touristiques.*

## Le réseau

Le circuit historique du vieux Saint-Eustache forme un parcours de 2,6 km au total (aller-retour à partir du musée). Avant d'entreprendre cette randonnée, assurez-vous d'avoir en votre possession la brochure *Le circuit historique du Vieux Saint-Eustache*, renfermant une foule de détails, photos, dessins et plan. Le circuit comporoute 33 sites historiques, identifiés par un numéro peint sur le trottoir en face de chaque site.

La visite du **musée de Saint-Eustache et de ses Patriotes** vous fera découvrir le mouvement patriote, la ville de Saint-Eustache ainsi que l'histoire du **manoir Globensky**. Le circuit historique parcourt les rues Saint-Eustache et Saint-Louis, au bord desquelles de superbes demeures historiques ont été très bien préservées.

La visite du **moulin Légaré** *(236 rue Saint-Eustache, ☎974-5166)*, construit en 1762 et toujours fonctionnel, s'avère fascinante et instructive. Ce moulin demeure le plus ancien moulin à farine toujours en exploitation (sans interruption) en Amérique du Nord.

Derrière le moulin coule la rivière du Chêne, et, de l'autre côté, on a aménagé le **parc du Moulin-Légaré**.

Autre lieu intéressant où il est permis de pique-niquer, les **berges de la rivière des Mille Îles** se pointent derrière l'église de Saint-Eustache, à l'embouchure de la rivière du Chêne.

## Le boisé de Deux-Montagnes

En 1986, trois amis décidèrent de faire un geste positif pour l'environnement, au lieu de déblatérer contre les problèmes qui nous entourent. C'est ainsi que le Centre local d'écologie des Basses-Laurentides (CLÉ) est né le 5 juillet 1986.

Malheureusement le CLÉ n'existe plus et c'est dommage, car il répondait aux besoins environnementaux de ses membres, des écoles, des municipalités, de la population et des régions. Il vulgarisait, protégeait et mettait en valeur la richesse de l'environnement laurentien.

Depuis 1991, le CLÉ travaillait à mettre sur pied le projet récréo-touristique Accès-Nature, qui avait pour objectifs la conservation et la mise en valeur de richesses naturelles situées en milieu urbain dans la région de la MRC Deux-Montagnes. Le circuit Accès-Nature se voulait un moyen de protection d'espaces verts ainsi qu'un moyen de sensibilisation et d'éducation de population sur les écosystèmes, et ce, à travers des sites harmonieusement aménagés le long de la piste cyclable de la région de Deux-Montagnes.

À Sainte-Marthe-sur-le-Lac, le **parc de La Frayère** *(derrière l'hôtel de ville, par la rue Louise puis la 23ᵉ Avenue)* comporte une passerelle de bois, d'environ 300 m, menant au lac des Deux Montagnes. On y trouve une fort jolie plage ainsi qu'une petite baie parsemée de hautes herbes. La vue y est tout simplement merveilleuse. C'est l'endroit tout désigné pour aller pique-niquer et se détendre au chaud soleil, en observant les petites vagues et les oiseaux aquatiques qui viennent y faire une petite halte.

Mais le site qui fut le mieux aménagé est celui qui se trouve à Deux-Montagnes, près de la gare, et nommé **Le boisé de Deux-Montagnes**.

### Où, quand, comment?

**Information**

**Ville de Deux-Montagnes**
Service des loisirs
☎*473-4700*

**Accès**

L'accès principal du boisé se trouve à côté de la gare

de Deux-Montagnes, sur le boulevard Deux-Montagnes.

**Transport en commun:** train de banlieue Montréal/Deux-Montagnes (☎288-6287 ou AUTOBUS). Autobus: terminus Henri-Bourassa, autobus 46 de la STL (☎688-6520) jusqu'à Saint-Eustache, puis autobus de la CIT Deux-Montagnes (☎472-5511) jusqu'à la gare de Deux-Montagnes.

**Voitures:** autoroute 640 Ouest, sortie 8. Empruntez la 20e Avenue jusqu'au boulevard Deux-Montagnes, où vous tournerez à gauche.

**Frais:**
*aucuns.*

**Horaire:**
*tlj, du lever au coucher du soleil.*

**Randonnée pédestre hivernale:**
*oui.*

**Autres activités:**
*vélo (piste cyclable).*

**Animaux domestiques:**
*admis, si en laisse.*

**Services et installations:**
*stationnement, toilettes et casse-croûte à la gare.*

## Le réseau

Le réseau compte environ 2,5 km de sentiers de randonnée pédestre. Un sentier est situé du côté nord du boulevard Deux-Montagnes et un autre du côté sud. On y trouve neuf stations numérotées. Les sentiers sont bien balisés et parfaitement aménagés.

Le boisé constitue une superbe forêt mature et densément peuplée. L'érablière révèle toute ses splendeurs une fois l'automne venu. Les arbres y sont de grande taille, et l'on peut observer quelques grosses souches d'arbres à proximité des sentiers.

Le boisé abrite également quelques ormes de Thomas, ou ormes-lièges, essence plutôt rare dans la région. Plusieurs plantes y croissent, notamment dans le marécage situé tout à côté de l'érablière.

## Le parc d'Oka

Le parc d'Oka, aménagé à seulement 50 km de Montréal, permet d'agréables randonnées dans des sentiers faciles et bien balisés. C'est l'endroit idéal pour s'initier à l'interprétation de la nature. Bien que le parc d'Oka ne soit pas très grand (24 km²), son paysage est très diversifié. On y parcourt, en quelques heures, collines, champs, marais, plage et abords d'un lac.

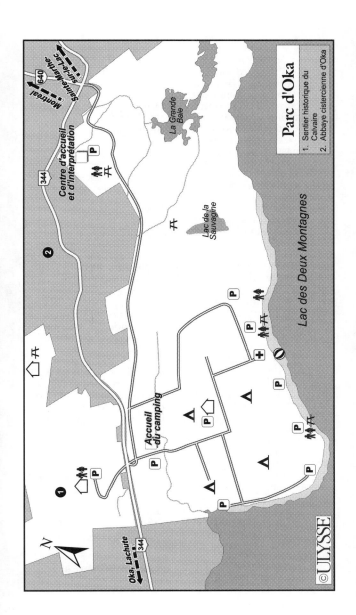

Parc d'Oka

1. Sentier historique du Calvaire
2. Abbaye cistercienne d'Oka

Lac des Deux Montagnes

La Grande Baie

Lac de la Sauvagine

Centre d'accueil et d'interprétation

Accueil du camping

Montréal
Saint-Marthe-sur-le-Lac
640
344

Oka, Lachute
344

N

©ULYSSE

La région d'Oka est riche en sites historiques, dont le célèbre calvaire d'Oka, ce chemin de croix classé site historique où l'on retrouve des oratoires et des chapelles. On y trouve aussi la Trappe d'Oka, qui possède un monastère où les moines fabriquent et vendent au public (magasin) leur réputé fromage Oka ainsi que d'autres produits.

Oka signifie «poisson doré». C'était également le nom d'un chef algonquin. La présence des Amérindiens à Oka remonte à 3 500 ans. On a retrouvé des vestiges de cette époque sur la plage. De nos jours, environ 500 Mohawks vivent sur la réserve amérindienne de Kanesatake.

Le parc d'Oka devait, à l'origine (1962), être une réserve de chasse et de pêche. Mais le gouvernement du Québec changea d'avis et aménagea plutôt un terrain de camping ainsi qu'un stationnement en 1967. L'année suivante, le parc prend le nom de «Paul-Sauvé», en mémoire de l'ancien premier ministre du Québec en 1959-1960.

En 1990, le parc reprend le nom de «parc d'Oka» et reçoit le statut de parc de récréation. Sa vocation est désormais de favoriser la pratique d'activités récréatives de plein air tout en assurant la protection du milieu naturel.

## Où, quand, comment?

### Information

**Parc d'Oka**
2020 chemin d'Oka
☎*479-8365 ou 888-PARC-OKA*
*www.sepaq.com*

### Accès

**Transport en commun:** terminus Henri-Bourassa, autobus 46 de la STL (☎688-6520) jusqu'à Saint-Eustache, puis autobus de la CIT Deux-Montagnes (☎472-5511) jusqu'à Pointe-Calumet. De Pointe-Calumet, il faut prendre un taxi jusqu'au parc d'Oka (environ 4 km).

**Voitures:** autoroute 13 ou 15, puis autoroute 640 Ouest jusqu'au bout. Une fois passés les feux de signalisation, on pénètre dans le parc d'Oka.

**Frais:**
*adultes $3,50; autres frais pour l'accès à la plage et au camping.*

**Horaire:**
*tlj de 8h au coucher du soleil. L'horaire peut varier selon les saisons.*

**Randonnée pédestre hivernale:** *oui.*

**Autres activités:**
*baignade et sports nautiques, camping, randonnées guidées, vélo de ville, vélo de montagne, ski de fond, raquettes, patin, pêche sous la glace, glissades.*

**Animaux domestiques:**
*interdits.*

**Services et installations:**
*stationnement, centre d'accueil et d'interprétation, cassecroûte, refuge, location (équipement nautique et de ski de fond), rampe de mise à l'eau, animation, cartes du parc, dépliants, brochures d'interprétation, emplacement de camping.*

### Le réseau

Le réseau compte trois sentiers de randonnée pédestre pour un total de 10 km. Mais, en plus de ceux-ci, on retrouve d'autres petits sentiers et des routes piétonnières. Sous peu, le nombre pourrait augmenter car les gestionnaires du parc d'Oka prévoient en aménager de nouveaux, dont l'ancien sentier passant près du lac de la Sauvagine.

À l'intérieur du parc, les randonnées s'effectuent dans de magnifiques décors boisés tels que l'érablière à chênes rouges, l'érablière argentée, la chênaie ou la magnifique pinède. En tout, plus de 30 espèces d'arbres et 50 espèces d'arbustes, de même que plus de 700 plantes herbacées et une grande variété de champignons peuvent être admirées. Quelque 200 espèces d'oiseaux fréquentent le parc, dont une grande diversité fréquente les milieux humides. On y retrouve pas moins de 20 espèces de canards! Quant aux mammifères, la marmotte, l'écureuil et le raton laveur sont facilement observables, alors que le vison, le renard ou le chevreuil se laissent quelquefois surprendre par le randonneur.

Le sentier historique du **calvaire d'Oka**, une jolie boucle de 5,5 km, mérite une attention particulière. Le calvaire est un petit sommet de 152 m, duquel la vue sur le lac des Deux Montagnes, le village d'Oka et le parc est splendide. Ce sentier historique est en fait un chemin de croix, jalonné de quatre oratoires et de trois chapelles, tous construits entre 1740 et 1742 par les prêtres de Saint-Sulpice, dans le but d'évangéliser les Amérindiens. Vers les années 1870, les Blancs vinrent y faire de nombreux pèlerinages, attirant jusqu'à 30 000 pèlerins en 1889!

À l'intérieur de chaque petit bâtiment se retrouvait, à l'époque, un tableau représentant une scène de la Passion. En raison du climat vigoureux, les tableaux ont été remplacés par des reliefs en bois polychromes.

Rive-Nord

Les tableaux furent placés à l'intérieur de l'église d'Oka. Quant aux reliefs, ils ont également été retirés, au début des années 1970, en raison de divers actes de vandalisme.

À noter qu'il est possible d'atteindre le sommet du calvaire par un sentier plus court. Une vingtaine de minutes suffisent alors pour se rendre du stationnement l'Orée au sommet (chapelles).

Le sentier écologique de la **Grande-Baie** (boucle de 3 km) offre une quantité d'informations des plus intéressantes. Voilà un beau sentier, réaménagé en 1991. À l'entrée du sentier, un petit guide d'interprétation est fourni gratuitement. Le long du sentier, le randonneur est invité à s'arrêter à différentes stations. En quelques minutes, on traverse quatre écosystèmes: le champ, l'érablière à caryer, l'érablière argentée et le marais.

Au marais se trouvent une passerelle flottante de 300 m de longueur ainsi qu'une tour d'observation d'où la vue sur la Grande Baie est exceptionnelle. Selon la saison, la végétation y varie énormément. La Grande Baie est un marais qui sert de régulateur d'eau, notamment lors des inondations printanières, et d'usine d'épuration naturelle. C'est

l'endroit tout désigné pour tenter de repérer l'une des 200 espèces d'oiseaux qui fréquentent le parc.

Le sentier de l'**Érablière** (1,5 km) parcourt la jolie forêt située à côté du Centre d'accueil et d'interprétation. Un rallye fort instructif peut même y être effectué. Il suffit de demander le cahier intitulé *À travers les branches* à l'accueil. Le long du parcours, qui prend environ une heure à effectuer, tous les sens seront sollicités. Au retour, la correction donne lieu à plusieurs nouvelles interrogations.

## Le nord

### Le parc du Domaine Vert

Le parc du Domaine Vert n'est situé qu'à une vingtaine de kilomètres au nord de Montréal, près de l'autoroute des Laurentides, mais il a beaucoup à offrir aux amateurs d'activités de plein air «quatre saisons».

C'est en 1976 qu'a débuté la pratique d'activités de plein air sur ce site, avec quelques sentiers de ski de fond, en collaboration avec le Club des Lions de Sainte-Thérèse, et la mise en place d'un premier chalet, géré par la Ville de Sainte-Thérèse. En 1977 est créé le Réseau plein air La Mira-

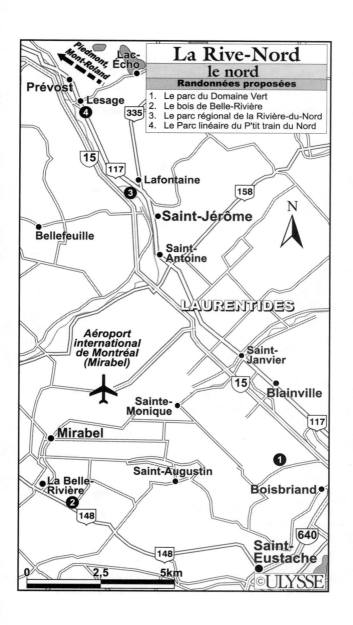

## La Rive-Nord
### le nord

**Randonnées proposées**

1. Le parc du Domaine Vert
2. Le bois de Belle-Rivière
3. Le parc régional de la Rivière-du-Nord
4. Le Parc linéaire du P'tit train du Nord

Piedmont, Mont-Roland

Lac-Écho

Prévost

Lesage **4**

335

**15**

**117**

Lafontaine

**3**

**158**

Bellefeuille

•Saint-Jérôme

Saint-Antoine

N

LAURENTIDES

Aéroport international de Montréal (Mirabel)

Saint-Janvier

**15**

Blainville

Sainte-Monique

**117**

Mirabel

**1**

Saint-Augustin

Boisbriand•

La Belle-Rivière **2**

**148**

**640**

**148**

Saint-Eustache

0     2,5     5km

©ULYSSE

belle, suivi en 1985 de la formation de la Régie intermunicipale du parc du Domaine Vert. Cette société intermunicipale des villes de Boisbriand, de Blainville, de Sainte-Thérèse et de Mirabel acheta, en octobre 1988, les 640 ha de terrain et tous les bâtiments situés dans le parc à la Société Immobilière du Canada.

Le parc du Domaine Vert s'impose comme le rendez-vous familial par excellence. Tout au long de l'année, on y accueille un grand nombre de groupes scolaires ainsi que des enfants venus s'amuser et apprivoiser la nature dans un camp de vacances.

Si près des grands centres urbains, on s'y sent tout de même partout en «plein bois». Le programme des activités est bien élaboré et bien conçu. De plus, on peut y pratiquer l'équitation (à l'heure), même en hiver, et ainsi galoper allègrement sur un tapis de neige!

À ceux qui ont envie d'une nuit calme et paisible au fond des bois, mais pas trop loin de la ville, le parc loue à prix modiques des petits chalets rustiques pouvant recevoir de six à huit personnes, de même qu'un grand chalet pouvant loger 24 personnes.

## Où, quand, comment?

### Information

**Parc du Domaine Vert**
10423 montée Ste-Marianne
Mirabel
☎ *435-6510*

### Accès

**Transport en commun:** terminus Henri-Bourassa, autobus 9 *(Limocar,* ☎ *435-8899)* jusqu'à Sainte-Thérèse. De Sainte-Thérèse, prenez un taxi jusqu'au parc (5 km).

**Voitures:** autoroute 15, sortie 23. Empruntez le chemin de la Côte-Nord vers l'ouest, jusqu'à la montée Sainte-Marianne. Tournez à droite et suivez la route jusqu'à l'entrée du parc (panneau).

**Frais:**
*stationnement 4$. Selon la saison, des droits d'accès peuvent être perçus.*

**Horaire:**
*tlj, de 9h au coucher du soleil.*

**Randonnée pédestre hivernale:**
*oui (5 km).*

**Autres activités:**
*baignade, vélo, équitation, terrains de jeu pour enfants, piste d'hébertisme, escalade (dimanche), théâtre d'été, animation pour groupes, ski de fond, raquettes, patin, glissades.*

**Animaux domestiques:**
*interdits.*

**Services et installations:**
*stationnement, toilettes, restauration, hébergement (location de chalets), location de salles, animation (groupes scolaires, entreprises, familles), aires de pique-nique, refuge, centre équestre, piscine, piste cyclable, salle de fartage, location d'équipement de ski de fond.*

### Le réseau

Le réseau de sentiers de randonnée pédestre n'est pas encore tout à fait défini. On y trouve présentement 5 km de sentiers qui sont superbement aménagés et environ 30 km qui sont ouverts aux randonneurs, mais qui sont quelquefois impraticables à cause de la trop foroute accumulation d'eau (s'en informer à l'accueil). Dans un avenir rapproché, le parc prévoit aménager ces sentiers (petits ponts, passerelles, etc.), qui servent surtout aux skieurs de fond en hiver, afin que les randonneurs puissent aussi en bénéficier pleinement.

Le paysage du parc est en partie vallonné et ne comporoute aucune difficulté. Vers le sentier Le Lièvre, de l'autre côté de la montée Sainte-Marianne, le randonneur côtoie de magnifiques hêtraies et prucheraies. C'est sur ce sentier que l'on retrouve un petit refuge.

Près du sentier Le Geai Gris, on peut observer le travail acharné des castors qui y ont construit un barrage.

En ce qui a trait aux animaux observés dans le parc, soulignons la grenouille des bois, le crapaud d'Amérique, le raton laveur, l'araignée loup, la salamandre noire avec picots jaunes, la salamandre maculée, la moufette, la couleuvre noire et jaune, la couleuvre à ventre rouge, le lièvre, le porc-épic, le castor, le cerf de Virginie et l'orignal. Les naturalistes du parc ont recensé, entre 1990 et 1994, 42 espèces d'oiseaux.

### Le bois de Belle-Rivière

Le bois de Belle-Rivière se trouve à 65 km de Montréal, à mi-chemin entre Saint-Eustache et Lachute, juste à l'ouest de l'aéroport de Mirabel. Il tire son nom du petit village historique de Belle-Rivière, dont il représente la partie boisée.

Ce parc est l'ancien Centre éducatif et forestier (CEF), qui était alors géré par le ministère des Forêts du gouvernement du Québec. Comme le gouvernement s'est retiré des 10 CEF du Québec il y a quelques années déjà, ces CEF sont désormais gérés par divers

**Rive-Nord**

groupes ou municipalités.
Le bois de Belle-Rivière, qui appartient à la ville de Mirabel, est géré par la Corporation pour la protection de l'environnement à Mirabel (CPEM).

Après avoir été fermé au public durant quelques années, le bois de Belle-Rivière a finalement rouvert à l'été 1997. D'une superficie de 176 ha, le bois comporte de magnifiques couverts forestiers, des jardins, un verger ainsi que de jolis sentiers de randonnée pédestre.

## Où, quand, comment?

### Information

**Bois de Belle-Rivière**
9009 boulevard Arthur-Sauvé, Mirabel
☎ 258-4924
*www.ville.mirabel.qc.ca*

### Accès

**Transport en commun:** aucun.

**Voitures:** autoroute 15, sortie 35. Suivez l'autoroute qui passe à côté de l'aéroport de Mirabel, jusqu'à la route 148 Est (direction Saint-Eustache). Le parc est alors sur le côté gauche de la route 148 (panneau). Il est également possible de prendre la route 148 Ouest, de Saint-Eustache vers Lachute (le parc se trouve alors du côté droit).

**Frais:**
*adultes 3$, enfants 1$.*

**Horaire:**
*tlj, de 9h à 17h, jusqu'à 19h les fins de semaine de l'été.*

**Randonnée pédestre hivernale:**
*oui.*

**Autres activités:**
*vélo de montagne, pêche, traîneau à chiens, raquettes, ski de fond, glissades.*

**Animaux domestiques:**
*admis, si en laisse (dans certains sentiers seulement)*

**Services et installations:**
*stationnement, accueil, refuges, toilettes, casse-croûte, aires de pique-nique, aire de jeux, jardins aménagés.*

## Le réseau

Le réseau compte cinq sentiers de randonnée pédestre pour un total de 10,4 km. C'est au cœur d'un des plus beaux patrimoines forestiers du Québec, celui du domaine de l'érablière à caryer, que le bois de Belle-Rivière s'étend. Il est situé dans une région forestière caractérisée par une grande diversité d'arbres et de plantes de sous-bois.

La forêt, surtout l'érablière, recouvre la plus grande partie du territoire. On y retrouve également des peuplements de pruches et de thuyas ainsi que des champs, dont certains sont convertis en jardins ornemental et forestier ou en vergers.

Le long du **Sentier Principal** (6 km) et des sentiers **Le Sylvestre** (1,8 km), **La Prucheraie** (1 km), **L'Écotone** (1 km) et **Le Charme** (0,6 km), le randonneur sera émerveillé par toutes ces beautés de la nature, surtout par un printemps fleuri ou un automne haut en couleur. Il observera également divers bâtiments, dont le pavillon d'accueil, le refuge, la sucrerie d'antan, la sucrerie moderne, le gîte et le relais, en plus de certains aménagements paysagers ayant servi lors de la réalisation de l'émission hebdomadaire *Jardin d'aujourd'hui*, présentée à Radio-Canada.

## Le parc régional de la Rivière-du-Nord

Dans le parc régional de la Rivière-du-Nord, on se balade au rythme de l'eau, qui coule, tantôt d'un ton si doux et reposant, tantôt vrombissant du ton musclé de ses chutes. Écouter les sons d'une rivière, c'est comme regarder un feu de camp; on devient absorbé, captif, et l'on voudrait que cet instant paisible soit éternel. C'est le repos bien mérité du randonneur.

D'ailleurs, presque tous les sentiers longent cette rivière du Nord, qui est le cœur même du parc. Le parc régional de la Rivière-du-Nord, situé à une cinquantaine de kilomètres au nord de Montréal, est régi par les municipalités de Saint-Jérôme, de Lafontaine, de Bellefeuille et de Prévost. Il est donc divisé en quatre secteurs.

Le parc a vu le jour en 1990, et, depuis ce temps, de nouveaux sentiers sont sans cesse créés. Des belvédères et des aires de jeux sont aménagés afin de rendre le séjour des plus agréables. Pour l'instant, on y trouve différents jeux éducatifs tels que le sentier sensoriel, l'atelier de boussole, la chasse au trésor, etc.

### Où, quand, comment?

**Information**

**Parc régional de la Rivière-du-Nord**
1051 boulevard International, R.R. 2, Saint-Jérôme
☎*431-1676*

**Accès**

**Transport en commun:** du terminus Berri-UQÀM, prenez l'autobus 45 (Limocar Laurentides, ☎435-6767), ou au terminus Henri-Bourassa, l'autobus 9 (Limocar Basses-Laurentides, ☎435-8899) jus-

Rive-Nord

qu'à Saint-Jérôme. À Saint-Jérôme, prenez l'autobus local (☎436-1711) jusqu'au centre commercial Carrefour du Nord, puis marchez jusqu'au parc (environ 20 min).

**Voitures:** autoroute des Laurentides (15 Nord), sortie 45 (montée Ste-Thérèse). Empruntez, à gauche, la montée Meunier (viaduc) et tout de suite à droite le boulevard International. Un autre stationnement est situé à Prévost, sur le chemin du Plein Air (par le chemin Principal).

**Frais:**
*5$ par voiture et 20$ par autobus.*

**Horaire:**
*tlj, de 9h à 19h en été, 17h en hiver.*

**Randonnée pédestre hivernale:**
*oui (16 km).*

**Autres activités:**
*vélo de montagne, pêche (zone 9), pétanque, jeu de fers, canot, ski de fond, raquettes.*

**Animaux domestiques:**
*interdits.*

**Services et installations:**
*stationnement, chalet d'accueil, casse-croûte, tables, toilettes, expositions, aires de pique-nique, location (skis, canots, vélos).*

## Le réseau

Le parc propose plus de 30 km de sentiers aménagés pour la randonnée pédestre. Même si la signalisation est quelque peu confuse (marche-vélo-ski), il est très facile de s'y retrouver, la rivière du Nord servant continuellement de repère. Les sentiers permettent de se balader des deux côtés de la rivière (secteurs Saint-Jérôme et Lafontaine) et ainsi d'admirer la chute Wilson, de même que les vestiges de la pulperie Wilson et de la centrale hydro-électrique.

Dans le secteur Prévost, les sentiers longent le côté nord de la rivière, pour ensuite traverser du côté sud, passer derrière la Poroute du Nord et se terminer au bout du boulevard International.

Un abri en bois rond est situé près de l'ancien barrage, du côté nord de la rivière. C'est à cet endroit qu'il est possible d'emprunter le sentier du Parc linéaire du P'tit Train du Nord. Ce sentier de 200 km part de Saint-Jérôme et conduit à Mont-Laurier! 

Le long des sentiers, des panneaux d'interprétation permettent de se familiariser avec la faune, la flore ainsi qu'avec le patrimoine culturel de la région.

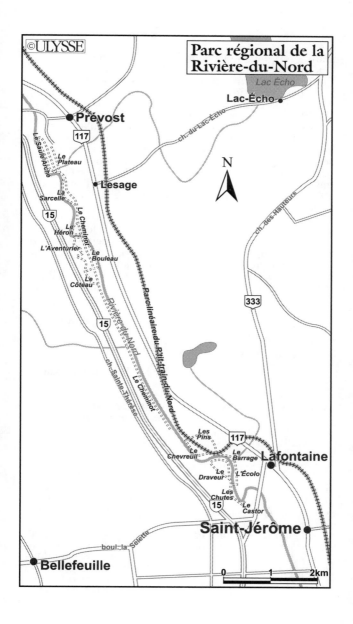

**©ULYSSE**

**Parc régional de la Rivière-du-Nord**

Lac Écho

**Lac-Écho** •

ch.-du-Lac-Écho

• **Prévost**

**117**

Le Plateau

Le Saule-AIché

• **Lesage**

La Sarcelle

**15**

Le Cheminot

Le Héron

L'Aventurier

Le Bouleau

Le Côteau

Rivière-du-Nord

**15**

ch.-des-Hauteurs

**333**

Parc linéaire du p'tit train du Nord

ch.-Sainte-Thérèse

Le Cheminot

Les Pins

**117**

Le Chevreuil

Le Barrage

**Lafontaine** •

Le Draveur

L'Écolo

Les Chutes

**15**

Le Castor

**Saint-Jérôme** •

boul.-la-Salette

• **Bellefeuille**

0     1     2km

Dans le magnifique Pavillon d'accueil Marie-Victorin (tout en bois rond), un panneau nous présente l'historique de la chute Wilson. Sur place, près du petit pont et de la chute Wilson, on peut encore observer les vestiges de la pulperie Wilson (construite en 1881 et fermée en 1958), de la centrale hydroélectrique (1924-1974), ainsi que du barrage en béton. La conduite forcée (immense tuyau de 412 m de long) avec sa cheminée d'équilibre, qui reliait le barrage à la centrale, est encore très apparente. Des panneaux d'interprétation permettent d'en apprendre davantage sur cette époque.

---

## Le Parc linéaire du P'tit train du Nord

---

Le Parc linéaire du P'tit train du Nord est officiellement devenu propriété publique en juin 1994, même si l'on s'y promenait depuis 1991. Devenu le plus long sentier de la région (200 km), également considéré comme la plus longue piste cyclable du genre au monde, il emprunte l'ancienne voie ferrée du Canadien Pacifique (CP), qui permettait de «monter dans l'nord» en train pour y pratiquer, entre autres, le ski alpin et le ski de fond.

Ce sentier linéaire de 200 km, qui relie Saint-Jérôme à Mont-Laurier, ne comporoute aucune difficulté majeure car il est plat et droit. Par contre, il faut mentionner qu'un nombre de plus en plus grandissant de cyclistes s'y promène, surtout les fins de semaine, et qu'il faut donc être vigilant, surtout si l'on est accompagné de jeunes enfants.

L'hiver venu, le parc devient un superbe sentier de ski de fond de 45 km, reliant Saint-Jérôme à Val-David. Au nord de Val-David, le parc est réservé aux motoneigistes.

### Où, quand, comment?

**Information**

**Parc linéaire du P'tit train du Nord**
☎ 436-8532
☎ 800-561-NORD
*www.laurentides.com*

**Accès**

Le départ se fait à l'emplacement de l'ancienne gare de Saint-Jérôme. Le stationnement n'étant pas évident à cet endroit, il est possible de stationner, les fins de semaine, au Cégep de Saint-Jérôme ou au parc régional de la Rivière-du-Nord (voir p 173), mais également à Prévost, à Piedmont, à Mont-Roland, etc.

**Frais:**
*aucuns.*

**Horaire:**
*tlj, du lever au coucher du soleil.*

**Randonnée pédestre hivernale:**
*non.*

**Autres activités:**
*vélo, ski de fond.*

**Animaux domestiques:**
*interdits.*

**Services et installations:**
*stationnement, cartes du parc; plusieurs anciennes gares sont ouvertes (toilettes, casse-croûte, location, etc.).*

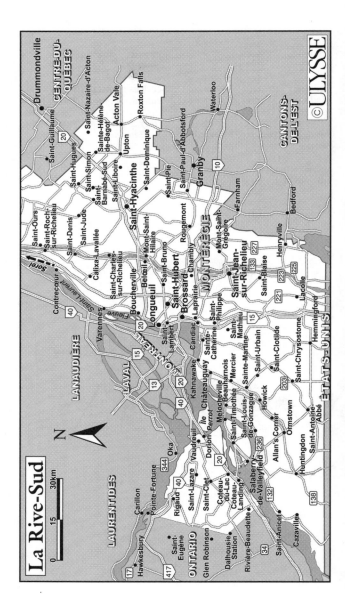

# La Rive-Sud

Mis à part deux sites situés dans la région des Cantons-de-l'Est (Granby et Farnham), la Rive-Sud réfère à la région touristique de la Montérégie, incluant l'extrême sud-ouest du Québec, que l'on nomme désormais le Suroît (vent dominant du sud-ouest, annonçant ciel bleu et temps plus chaud).

Parmi les collines montérégiennes, les monts Shefford, Saint-Bruno, Saint-Hilaire, Yamaska, Rougemont, Saint-Grégoire et Rigaud constituent les seules dénivellations d'importance de ce plat pays. Disposées ici et là sur le territoire, ces collines massives qui ne s'élèvent qu'à environ 400 m furent longtemps considérées comme d'anciens volcans.

En réalité, il s'agit plutôt de roches métamorphiques qui n'ont pu perforer la couche superficielle de la croûte terrestre et qui devinrent apparentes à la suite de la longue érosion des terres avoisinantes.

Riche d'histoire, la Montérégie est donc d'abord et avant tout une belle plaine très propice à l'agriculture, située entre l'Ontario, la Nouvelle-Angleterre et les contreforts des Appalaches estriennes. Sa position géographique, tout juste au sud de Montréal, et ses multiples voies de communication naturelles, dont la rivière Richelieu, lui octroyèrent longtemps un rôle militaire et stratégique d'importance.

Dans ce chapître consacré à la Rive-Sud, nous proposons 34 sites, soit plus de 275 km de sentiers de randonnée pédestre à parcourir.

**Indicatif régional:** ☎**450**

## Le centre

### Le parc des Îles-de-Boucherville

Le parc des Îles-de-Boucherville fut créé en 1984. Niché au milieu du fleuve Saint-Laurent, à quelques minutes du centre-ville de Montréal (10 km), ce parc constitue un havre de paix pour tous les amants de la nature. Bosquets, bois, prairies, champs, chenaux et fleuve composent le décor. Ce refuge champêtre est désormais réservé à la récréation. On y offre une vaste gamme d'activités de plein air et de découverte pour toute la famille.

Les îles de Boucherville ont depuis longtemps attiré l'attention des habitants de la région. Elles avaient d'excellentes terres agricoles, et l'on y amenait aussi le bétail au pâturage. L'île de la Commune, entre autres, était, et demeure toujours, plantée de maïs, et l'on y retrouve de superbes paysages, selon la saison.

Le parc des Îles-de-Boucherville est composé de cinq îles reliées les unes aux autres. On y retrouve les îles Sainte-Marguerite, Saint-Jean, à Pinard, de la Commune et Grosbois. L'île Charron, au sud-ouest, ne fait pas partie du parc. Pendant la construction du pont-tunnel Louis-Hippolyte-Lafontaine (1964-1967), des tonnes de béton et de pierres ont été déposées sur les abords des îles Charron et Sainte-Marguerite, modelant ainsi passablement le décor.

L'eau est un élément important dans ce parc provincial. Les eaux du fleuve Saint-Laurent ont façonné les îles. Les chenaux, dont le chenal du Courant, qui sépare les îles des grandes battures Tailhandier, sont grouillants de vie et se parcourent aisément en canot (location). D'ailleurs, on y a aménagé quatre circuits (28 km) afin que les canoteurs puissent vivre des moments de découverte (faune ailée et aquatique) et de détente (se procurer la brochure à l'accueil).

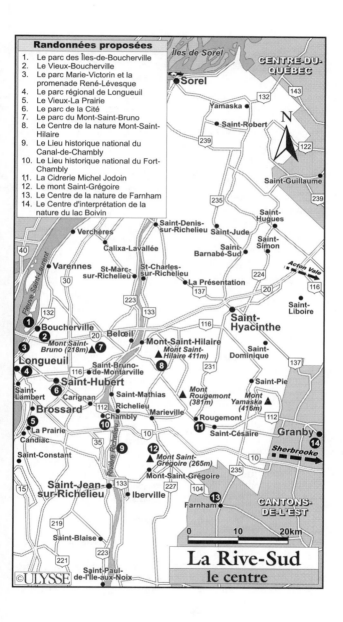

## Randonnées proposées

1. Le parc des Îles-de-Boucherville
2. Le Vieux-Boucherville
3. Le parc Marie-Victorin et la promenade René-Lévesque
4. Le parc régional de Longueuil
5. Le Vieux-La Prairie
6. Le parc de la Cité
7. Le parc du Mont-Saint-Bruno
8. Le Centre de la nature Mont-Saint-Hilaire
9. Le Lieu historique national du Canal-de-Chambly
10. Le Lieu historique national du Fort-Chambly
11. La Cidrerie Michel Jodoin
12. Le mont Saint-Grégoire
13. Le Centre de la nature de Farnham
14. Le Centre d'interprétation de la nature du lac Boivin

Îles de Sorel

**CENTRE-DU-QUÉBEC**

Sorel

N

132 · 143
Yamaska
Saint-Robert
239
122
Saint-Guillaume
235 · 239
Saint-Hugues
Saint-Denis-sur-Richelieu · Saint-Jude
Saint-Barnabé-Sud · Saint-Simon
40
Verchères
Calixa-Lavallée
Varennes
30
St-Marc-sur-Richelieu · St-Charles-sur-Richelieu
La Présentation
223 · 137
224
Acton Vale
116
20
Saint-Liboire
132
133
116
Saint-Hyacinthe
① Boucherville
② Beloeil
Mont-Saint-Bruno (218m) ▲ ⑦
Mont-Saint-Hilaire
③ Longueuil
Saint-Bruno-de-Montarville
Mont Saint-Hilaire 411m ▲ ⑧
Saint-Dominique
231
137
④
116
⑥ Saint-Hubert
Saint-Lambert
Carignan
Saint-Mathias
Mont Rougemont (381m) ▲
Saint-Pie
Mont Yamaska (416m) ▲
Brossard
112
Richelieu
Marieville
Rougemont
112
⑤ La Prairie
⑩ Chambly
⑪
Granby ⑭
Candiac
Saint-Césaire
Saint-Constant
35
⑨ ⑫ Mont Saint-Grégoire (265m) ▲
10
Sherbrooke
235
15
Saint-Jean-sur-Richelieu
133
227
104
Iberville
⑬
CANTONS-DE-L'EST
219
Farnham
Saint-Blaise
0 · 10 · 20km
221 · 223
Saint-Paul-de-l'Île-aux-Noix

# La Rive-Sud
## le centre

©ULYSSE

## Pierre Boucher

Le nom de Boucherville provient de Pierre Boucher (1622-1717), fondateur de la seigneurie de Boucherville. Pierre Boucher, qui fut un des premiers colonisateurs de la Nouvelle-France, était un homme influent aux idées avant-gardistes. Entre autres, il croyait qu'une alliance entre Français et Amérindiens ferait naître un peuple nouveau.

Ainsi, à l'âge de 27 ans, il épousa une jeune Huronne. Malheureusement, cette dernière mourut en donnant naissance à un enfant, et Pierre Boucher se maria de nouveau, avec Jeanne Crevier.

Plus de 190 espèces d'oiseaux (canard, bernache, aigle pêcheur, hibou des marais, busard des marais, guifette noire, etc.) et 40 espèces de poissons (perchaude, achigan, doré, grand brochet, etc.) y ont été recensées à ce jour. Le fleuve Saint-Laurent étant un des «corridors de migration» des oiseaux migrateurs, les îles de Boucherville offrent tranquillité et nourriture, à quelques battements d'ailes de la ville.

Des îles, la vue sur la ville de Montréal, avec son port et ses gratte-ciel, ainsi que le Stade olympique, est magnifique. De l'autre côté, le Vieux-Boucherville se laisse admirer. On y distingue bien l'église de Sainte-Famille ainsi que le couvent de la congrégation de Notre-Dame, en plus de superbes maisons centenaires.

### Où, quand, comment?

**Information**

**Parc des Îles-de-Boucherville**
55 île Ste-Marguerite
☎*928-5088 ou 928-5089*
*www.sepaq.com*

**Accès**

**Transport en commun:** aucun transport public depuis Montréal, mais en été, une navette fait la traversée entre Longueuil (près du

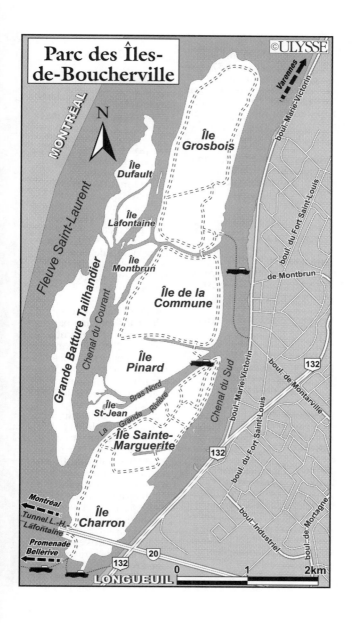

pont L.-H.-LaFontaine) et
l'île Charron (☎442-9575),
alors qu'une autre relie
Boucherville à l'île Grosbois
(☎842-1053). De Montréal,
une navette relie la promenade Bellerive (voir p 96) à
l'île Charron.

**Voitures:** de Montréal, pont-
tunnel Louis-Hippolyte-Lafontaine, sortie 1 (île Charron). De la Rive-Sud, autoroute 20, sortie 1.

**Frais:**
*adultes $3,50.*

**Horaire:**
*tlj, de 8h au coucher du soleil.
Le poste d'accueil est ouvert
d'avril à novembre.*

**Randonnée pédestre hivernale:**
*oui.*

**Autres activités:**
*vélo, canot, pêche, terrains de
jeu, golf (☎670-4522), parcours d'interprétation, ski de
fond (hors-piste), raquettes,
pêche blanche.*

**Animaux domestiques:**
*interdits.*

**Services et installations:**
*stationnement, accueil, toilet-
tes, casse-croûte, abris communautaires, aires de pique-
nique, location (vélos et embarcations), rampe de mise à
l'eau, bac à câble, animation,
cartes des sentiers, dépliants,
brochures.*

## Le réseau

Le réseau de sentiers de
randonnée pédestre fait
20 km. Les sentiers sont
principalement aménagés le
long des grèves.

Du poste d'accueil de l'île
Sainte-Marguerite, on se
dirige vers le bac à câble
qui permet de traverser,
gratuitement, à l'île Pinard.
Le bac à câble, qui peut
recevoir 34 personnes et
leur bicyclette, suit un long
câble retenu sous l'eau.
C'est dans l'**île Pinard** que
l'on trouve le terrain de golf
public, un parcours de 18
trous à normale 70.

De l'île Pinard, on rejoint
l'**île de la Commune** par un
petit pont qui enjambe le
chenal à Pinard, inondé au
printemps et où plusieurs
espèces de poissons vien-
nent frayer. On amenait
autrefois à l'île de la Commune, maintenant plantée
de maïs, le bétail au pâturage. Plus tard, les cultiva-
teurs de Boucherville traver-
saient le fleuve sur un cha-
land (bateau à fond plat
servant au transport des
marchandises) afin d'aller
cultiver les champs de l'île.

Le sentier longe le fleuve
Saint-Laurent, à une trentaine de mètres de la piste
cyclable, puis traverse dans
l'**île Grosbois** en empruntant
la passerelle La Passe. Au
début du XX$^e$ siècle, l'île

Grosbois abritait le parc d'attractions King Edward (1909-1928) ainsi qu'un hippodrome. Le sentier fait complètement le tour de l'île Grosbois, avant de revenir vers l'île de la Commune et le bac à câble.

À noter qu'il n'est pas nécessaire de faire le trajet en entier. Plusieurs boucles de quelques kilomètres sont possibles, et le personnel du parc se fera un plaisir de vous tracer un parcours à votre mesure.

## Le Vieux-Boucherville

Considérée comme l'une des 10 plus vieilles villes du Québec, Boucherville a su préserver son riche patrimoine, comme en témoignent les nombreuses demeures anciennes dont plusieurs ont été classées «monument historique». Reconnu à juste titre «comme l'un des joyaux du patrimoine architectural québécois», le Vieux-Boucherville étonne par son élégance et son ambiance feutrée.

Fondée en 1667, Boucherville occupe un site merveilleux en bordure du fleuve Saint-Laurent, face aux îles de Boucherville. Le Vieux-Boucherville, qui se parcourt facilement à pied, nous ramène de façon admirable plusieurs siècles en arrière. En maint endroit, on sent toujours la présence de son fondateur, Pierre Boucher (voir encadré), et de ses descendants.

La ville de Boucherville, en collaboration avec la Société d'histoire des Îles-Percées, a élaboré un magnifique dépliant-carte intitulé *Découvrir le patrimoine de Boucherville* (gratuit) présentant 19 sites (église, couvent, maisons, etc.) ainsi qu'une dizaine de lieux (monuments, plaques commémoratives, parcs, etc.).

## Où, quand, comment?

**Information**

**Ville de Boucherville**
Bibliothèque municipale
501 ch. du Lac
☎449-8209
☎*449-3131 (hôtel de ville)*

**Accès**

**Transport en commun:** métro Longueuil, autobus 81 ou 82, ou métro Radisson, autobus 61 de la STRSM (☎*463-0131*).

**Voitures:** pont-tunnel Louis-Hippolyte-Lafontaine, puis route 132 Est et boulevard Marie-Victorin. Continuez par le boulevard Marie-Victorin jusqu'à l'église Sainte-Famille *(560 boulevard Marie-Victorin)*, à côté de laquelle se trouve un stationnement public.

Rive-Sud

**Frais:**
*aucuns.*

**Horaire:**
*tlj.*

**Randonnée pédestre hivernale:**
*oui.*

**Autres activités:**
*non.*

**Animaux domestiques:**
*admis, si en laisse.*

**Services et installations:**
*stationnements, toilettes, restauration, dépliants-cartes.*

### Le réseau

Le parcours historique du Vieux-Boucherville fait 4,4 km. Avant d'entreprendre cette randonnée, assurez-vous d'avoir en votre possession le dépliant-carte *Découvrir le patrimoine de Boucherville* (offert à la bibliothèque ou à l'hôtel de ville), très bien conçu.

Partant de l'**église Sainte-Famille**, classée monument historique en 1964, ce parcours vous mènera le long du boulevard Marie-Victorin, qui longe le fleuve Saint-Laurent, ainsi que dans les petites rues paisibles du Vieux-Boucherville.

Parmi les remarquables demeures historiques se distinguent le splendide **manoir François-Pierre-Boucher-De Boucherville** *(470 boulevard Marie-Victorin)*, érigé au milieu du XVIII$^e$ siècle, l'imposante **maison Charles-Eugène Boucher-De Boucherville** *(486 boulevard Marie-Victorin)*, construite en 1876, et la coquette **maison Weilbrenner** *(10 rue De Grandpré)*.

Quant à elle, la **maison dite Louis-Hippolyte-Lafontaine** *(314 boulevard Marie-Victorin)*, nichée au fond du parc de la Broquerie, au bout du parcours historique, a fière allure. Maison dans laquelle l'éminent politicien aurait passé une partie de son enfance, cette demeure fut construite en 1766 près de l'église, avant d'être transportée dans son lieu actuel en 1964. Près de la maison se dresse la statue de Louis-Hippolyte Lafontaine (1807-1864), qui fut premier ministre du Bas-Canada.

### Le parc Marie-Victorin et la promenade René-Lévesque

Faisant partie du vaste réseau récréatif de Longueuil, qui comprend 80 km de pistes cyclables et de sentiers, le parc Marie-Victorin et la promenade René-Lévesque occupent la rive sud du fleuve Saint-Laurent, entre le Port de plaisance de Longueuil et le pont-tunnel Louis-Hippolyte-Lafontaine.

Grâce, entre autres, à la navette fluviale Vieux-Port de Montréal/Port de plaisance de Longueuil et au bateau-passeur Longueuil-île Charron, l'endroit est abondamment fréquenté. À juste titre, car il est plaisant de pouvoir longer constamment le fleuve et de profiter des nombreux points de vue sur Montréal.

Seul désavantage à cette randonnée, il faut être capable de faire abstraction du bruit ahurissant qui provient de l'autoroute qui longe le site.

### Où, quand, comment?

**Information**

**Sogerive**
Ch. de la Rive, Longueuil
☎442-9575

**Accès**

**Transport en commun:** métro Longueuil, autobus 8 ou 28. Descendez à l'angle des rues Bord-de-L'eau et Grant. Empruntez la passerelle qui enjambe la route et qui conduit au Port de plaisance de Longueuil, situé à côté du parc Marie-Victorin. Navette fluviale Vieux-Port de Montréal/Port de plaisance de Longueuil (☎514-281-8000)

**Voitures:** autoroute 20, sortie Marie-Victorin. Suivez les indications vers le Port de plaisance de Longueuil et le parc Marie-Victorin, situé juste après (stationnement).

**Frais:**
*aucuns.*

**Horaire:**
*avr à fin oct.*

**Randonnée pédestre hivernale:**
*non.*

**Autres activités:**
*vélo, patin à roues alignées, pêche.*

**Animaux domestiques:**
*admis, si en laisse.*

**Services et installations:**
*stationnement, toilettes, aires de pique-nique, restauration au Port de plaisance, cartes.*

### Le réseau

Le réseau est composé du parc Marie-Victorin, qui compte environ 1 km de sentiers, ainsi que de la promenade René-Lévesque, qui s'étend sur 5,3 km (aller seulement).

Le **parc Marie-Victorin** dispose de plusieurs petits sentiers, dont le principal forme une boucle menant du stationnement au bord du fleuve, soit à la promenade René-Lévesque. Au bord du fleuve, n'hésitez pas à emprunter le petit sentier qui descend sur la gauche dévoilant le Port de plaisance de Longueuil. Ce

Rive-Sud

court sentier (0,5 km aller) permet d'admirer, d'un côté, les jolis bateaux accostés aux différents quais, et, de l'autre, le fleuve Saint-Laurent.

Quant à elle, la **promenade René-Lévesque** offre une randonnée des plus agréables car elle longe le fleuve Saint-Laurent. Le sentier est en grande partie constitué de trottoirs de bois qui suivent parallèlement la piste cyclable. Au début, il faut cependant partager la piste avec les vélos. Des bancs et des panneaux d'interprétation rendent cette randonnée moins monotone.

Les nombreux points de vue donnant sur Montréal permettent d'observer, entre autres, les bateaux amarrés au port de Montréal, le mât du Stade olympique, le mont Royal ainsi que plusieurs clochers d'églises.

L'endroit le plus intéressant s'avère la **Pointe-du-Marigot**, sorte de presqu'île qui s'avance dans le fleuve à 1,7 km du parc Marie-Victorin. Des plates-formes ont été installées afin de favoriser la nidification des canards, notamment le canard siffleur d'Amérique.

La rive sud du fleuve Saint-Laurent était autrefois réputée pour ses marais, ses boisés, ses prairies inondables et ses... plages. Mais

avec la construction de l'autoroute 20 en 1966, tout ce secteur a subi de lourdes modifications. Le remblayage a éliminé marais, prairies et plages. En revanche, un projet de réhabilitation du milieu a vu le jour en 1988. Ce sont les résultats de ce projet qui nous permettent aujourd'hui de pouvoir bénéficier de cette superbe fenêtre ouverte sur le fleuve.

---

## Le parc régional de Longueuil

Le parc régional de Longueuil offre de nombreuses activités pour les amateurs de plein air et d'écologie. Ce parc est tellement apprécié que sa réputation a vite franchi les limites de la ville. Les gens viennent bien sûr de Longueuil, mais également de Montréal et d'un peu partout en Montérégie. C'est que cet espace vert, d'une superficie comparable au parc du Mont-Royal, permet aux amants de la nature de s'évader en pleine forêt, et ce, à quelques pas seulement des grands centres urbains.

Les grands espaces verts de la Rive-Sud ont depuis toujours eu la faveur des gens qui voulaient fuir le rythme de vie de Montréal, ou se sentir loin de la ville tout en y étant tout près, n'ayant que le fleuve à traverser.

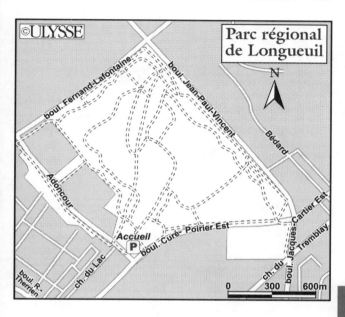

C'est sûrement ce que se disait déjà Charles LeMoyne en 1657, lorsqu'il reçut, de la part du gouverneur Lauzon, la seigneurie de Longueuil, aux abords du fleuve Saint-Laurent.

## Où, quand, comment?

### Information

**Parc régional de Longueuil**
1895 rue Adoncour
☎468-7617*(renseignements)*
☎*468-7619 (message: activités, conditions)*

### Accès

Le parc est situé entre les boulevards Curé-Poirier, Jean-Paul-Vincent et Fernand-Lafontaine, et la rue Adoncour.

**Transport en commun:** métro Longueuil, autobus 71 (STRSM) jusqu'au pavillon d'accueil, angle Adoncour et Curé-Poirier.

**Voitures:** pont Jacques-Cartier, boulevard Roland-Therrien et Curé-Poirier Est, ou autoroute 20, boulevard Marie-Victorin et Jean-Paul-Vincent.

Rive-Sud

# Charles Le Moyne

Charles Le Moyne (1626-1685), qui était arrivé en Nouvelle-France à l'âge de 15 ans, participa à de nombreuses batailles contre les Iroquois. À la suite de ces batailles et de certaines négociations, il fut récompensé par l'octroi de nombreuses concessions de terres, notamment l'île Sainte-Hélène, l'île Ronde, la pointe Saint-Charles, Châteauguay, ainsi que les terres situées entre Varennes et La Prairie. Il devint ainsi l'un des hommes les plus riches et influents de toute la région.

Il eut de nombreux enfants, dont Charles Le Moyne de Longueuil (1656-1729), son fils aîné, qui défendit Québec contre William Phips en octobre 1690, et à qui revint la seigneurie de Longueuil. Cette seigneurie fut nommée baronnie en 1700 par Louis XIV.

Mais son plus célèbre fils fut, sans aucun doute, Pierre Le Moyne d'Iberville (1661-1706). Valeureux guerrier aux méthodes radicales, Pierre Le Moyne d'Iberville se battit pendant près de 20 ans et mena des attaques à la baie d'Hudson (1686, 1689, 1694, 1697), en Nouvelle-Angleterre (1690), à Terre-Neuve (1696) et dans les Antilles (1705). En 1697-1698, il fonda les forts Maurepas et Saint-Louis, dans la vallée du Mississippi, méritant ainsi le titre de fondateur de la Louisiane.

**Frais:**
*aucuns.*

**Horaire:**
*tlj, de 6h à 23h. Le pavillon d'accueil est ouvert de 9h à* *16h30 (jusqu'à 23h selon la saison).*

**Randonnée pédestre hivernale:**
*oui (2,9 km).*

**Autres activités:**
*vélo, camps d'été et d'hiver, ski de fond, raquettes, glissades, patin, cours (ski de fond), activités et sorties en groupe.*

**Animaux domestiques:**
*interdits.*

**Services et installations:**
*stationnement, pavillon d'accueil, toilettes, casse-croûte, premiers soins, location d'équipement (pour le ski de fond, les glissade, etc.), aires de pique-nique, aire de jeux, cadran solaire, cartes.*

### Le réseau

Le réseau compte 15 km de sentiers de randonnée pédestre. Se balader à travers la forêt, dans un réseau de sentiers bien balisés et bien entretenus, ou se faire distraire par le chant de quelques oiseaux permet d'oublier pour quelques instants le rythme de la ville... pourtant si proche. Petits lacs, collines et espaces gazonnés attendent le randonneur. Du haut de la colline, la vue sur Montréal et le mât du Stade olympique est très jolie.

L'observation de la nature est possible sur presque l'ensemble du territoire. À ce jour, plus d'une centaine d'espèces d'oiseaux ont été identifiées. Plusieurs mangeoires sont installées dans le parc. D'ailleurs, le **Club d'ornithologie de Longueuil** y

est très actif, organisant des sorties de sensibilisation et des conférences.

L'hiver venu, le parc régional de Longueuil organise une foule d'activités, allant des cours de fartage à des randonnées au clair de lune, en passant par des cours de ski de fond, un camp d'hiver et les «Pâques des Coccinelles».

La butte pour les glissades, située derrière le pavillon d'accueil, est très fréquentée et bien appréciée par les amateurs de tous âges. Elle est entretenue telle une pente de ski alpin, avec fabrication de neige artificielle, entretien mécanique et éclairage! Pas étonnant qu'autrefois le parc régional de Longueuil portait le nom de «base de plein air».

## Le Vieux-La Prairie

La Prairie se développa dès l'arrivée des premiers colons dans la région, soit à partir de 1667. Une vingtaine d'années plus tard, une fortification (en pieux) fut érigée afin de protéger les villageois des attaques iroquoises. Au début du XVIIIe siècle, une première église fut construite. Grâce au traité de paix signé avec les Iroquois en 1701, La Prairie devint un village de plus en plus prospère.

Rive-Sud

En 1846, un incendie majeur détruisit une grande partie du village, dont 350 bâtiments et maisons. Bien qu'il ne reste que très peu de bâtiments qui précèdent cette tragédie, le Vieux-La Prairie regorge tout de même d'un grand nombre de maisons qui ont plus d'un siècle et demi et qui témoignent de cette époque où le village rayonnnait autour de l'église et du marché.

Aujourd'hui, La Prairie compte environ 18 000 habitants et, bien qu'elle soit devenue une banlieue parmi tant d'autres, elle abrite un vieux quartier fort bien préservé et mis en valeur. En 1975, le Vieux-La Prairie fut déclaré «arrondissement historique» par le ministère de la Culture du Québec.

Depuis 1972, la Société historique de La Prairie de la Magdeleine (SHLM) effectue des recherches afin de faire découvrir le passé historique de La Prairie. La SHLM ouvre son centre de documentation au public et propose des visites guidées durant la saison estivale. Elle publie aussi des dépliants fort bien documentés.

## Où, quand, comment?

### Information

**Société historique de La Prairie de la Magdeleine (SHLM)**
249 rue Ste-Marie
☎**659-1393**
*www.pages.infinit.net/shlm*

### Accès

**Transport en commun:** métro Bonaventure, autobus 34 ou 36 du CIT Le Richelin
(☎*514-877-6003)*

**Voitures:** autoroute 15/route 132, sortie La Prairie. Le stationnement principal se trouve sur la rue Sainte-Marie, par le chemin Saint-Jean.

**Frais:**
*aucuns.*

**Horaire:**
*tlj.*

**Randonnée pédestre hivernale:**
*oui.*

**Autres activités:**
*non.*

**Animaux domestiques:**
*admis, si en laisse.*

**Services et installations:**
*stationnement, accueil, toilettes, restauration, dépliants-cartes, dépliants historiques.*

## Le réseau

Le parcours historique du Vieux-La Prairie forme une boucle de 1,5 km. Avant d'entreprendre cette randonnée, assurez-vous d'avoir en votre possession le dépliant-carte *Le Vieux-La Prairie, Circuit patrimonial au cœur du village*, très bien conçu.

Débutant au Vieux-Marché, qui abrite de nos jours les locaux de la SHLM et, à l'étage, le Théâtre du Vieux-La Prairie, le parcours vous fera découvrir l'église de la Nativité, l'ancien bureau de poste, l'ancien magasin général ainsi que plusieurs maisons centenaires.

À l'angle des rues Saint-Ignace et Saint-Georges, la place de la Boulangerie, remise en valeur en juillet 1999, abrite la structure rappelant une vieille maison construite avec des poutres de bois. Avec son toit en pente et ses lucarnes, l'endroit constitue une halte apaisante, d'autant plus que la vue porte vers le fleuve Saint-Laurent.

## Le parc de la Cité

La ville de Saint-Hubert a un secret bien gardé: le parc de la Cité. Alors que l'on s'attend à trouver un simple parc municipal sans grand intérêt, on est ravi d'y découvrir un vaste parc fort bien aménagé et des plus agréables à parcourir.

Avec son très joli lac, tout en longueur, ses petits ponts et passerelles, ses sentiers, ses aires de piquenique et ses buttes, le parc de la Cité se révèle être un havre de paix où il fait bon se balader et relaxer à seulement quelques minutes de la ville.

## Où, quand, comment?

**Information**

**Ville de Saint-Hubert**
☎ 445-7750

**Accès**

**Transport en commun:** métro Longueuil, autobus 42 ou 142 de la STRSM. Descendez à l'angle des boulevards Gaétan-Boucher et Davis.

**Voitures:** de l'autoroute 30 ou de la route 116, empruntez la route 112 (boulevard Cousineau) vers Saint-Hubert. Tournez en direction nord par le boulevard Gaétan-Boucher et roulez jusqu'à l'angle du boulevard Davis (à gauche encore).

**Frais:**
*aucuns.*

**Horaire:**
*tlj, du lever au coucher du soleil.*

Rive-Sud

**Randonnée pédestre hivernale:**
*oui.*

**Autres activités:**
*vélo, patin à roues alignées, ski de fond.*

**Animaux domestiques:**
*admis, si en laisse.*

**Services et installations:**
*stationnement, toilettes, aires de pique-nique.*

### Le réseau

Le parc compte plusieurs petits sentiers pour un total d'environ 5 km. Le sentier principal permet d'effectuer le tour du lac, constituant une agréable boucle de 2,7 km.

Il ne faut pas hésiter à grimper au sommet de la butte principale, du haut de laquelle une vue à 360° embrasse les environs. On distingue facilement le mont Royal, les gratte-ciel du centre-ville de Montréal, le mont Saint-Hilaire et sa face rocheuse, une partie du boisé du parc ainsi que le quartier résidentiel qui l'entoure.

### Le parc du Mont-Saint-Bruno

Le petit parc du Mont-Saint-Bruno (6 km²) fut créé en 1985. Il est voué à la conservation et a pour objectif d'assurer la protection de ce territoire, tout en permettant au public de venir s'y détendre et en apprendre davantage sur cette colline montérégienne, le mont Saint-Bruno, de plus de 200 m d'altitude et riche d'un passé historique encore bien présent.

Le mont Saint-Bruno est particulier en raison des nombreux lacs que l'on y trouve. Les cinq petits lacs (Seigneurial, des Bouleaux, du Moulin, à la Tortue et des Atocas) se déversent l'un dans l'autre, offrant des décors de toute beauté aux visiteurs.

Le passé historique du mont Saint-Bruno remonte au début du XVIIIᵉ siècle, alors que le territoire se nommait «la seigneurie de Montarville». Cette seigneurie avait été concédée à Pierre Boucher en 1710, élargissant du même coup la seigneurie de Boucherville et devenant la première seigneurie située dans les profondeurs des terres, à des lieux de tout contact avec les voies navigables.

N'étant pas située près d'un grand cours d'eau, la seigneurie prit une vocation industrielle. On y construisit un moulin à farine en 1725, puis des moulins à tanner (1742), à planches (1758), à scie et à carder (1800-1816), tous alimentés par l'énergie hydraulique que procurent les cours d'eau de la montagne. De ces moulins, seul le moulin à farine, rebâti en 1741 et en 1761, est encore debout.

La culture de la pomme a également joué un rôle important au mont Saint-Bruno. Dès 1746, des pommiers y ont été plantés, à la demande du seigneur de Montarville. Une quinzaine d'années plus tard, la montagne abritait plus d'une centaine de pommiers. Plus récemment, au début des années 1920, les frères de Saint-Gabriel firent l'exploitation des vergers du mont Saint-Bruno pendant une cinquantaine d'années. De nos jours, le nombre de pommiers à l'intérieur du parc est estimé à environ 2 000.

## Où, quand, comment?

### Information

**Parc du Mont-Saint-Bruno**
330 rang des Vingt-Cinq Est
St-Bruno-de-Montarville
☎653-7544
*www.sepaq.com*

### Accès

Le parc est situé à seulement 20 km de Montréal et à 3 km de la municipalité.

**Transport en commun:** métro Longueuil, autobus 99 (*☎441-5555*) jusqu'à Saint-Bruno, puis marchez jusqu'au parc (un peu plus de 2 km).

**Voitures:** autoroute 20, sortie 98; prenez l'autoroute 30 en direction de Brossard jusqu'à la sortie 121. Empruntez la montée Montarville, puis le rang des Vingt-Cinq Est jusqu'au parc. Par l'autoroute 10 ou la route 116, il faut également emprunter l'autoroute 30 (vers la 20) jusqu'à la sortie 121.

**Frais:**
*adultes $3,50.*

**Horaire:**
*tlj, de 8h au coucher du soleil.*

**Randonnée pédestre hivernale:**
*oui (7 km, chemin de service).*

**Autres activités:**
*interprétation de la nature, ski de fond, ski alpin, raquettes, cueillette de pommes en automne.*

**Animaux domestiques:**
*interdits.*

**Services et installations:**
*stationnement, accueil, toilettes, casse-croûte, aires de pique-nique, refuge, premiers soins, aire de jeux, carte des sentiers, dépliants et brochures.*

### Le réseau

Le réseau totalise 27 km de sentiers de randonnée pédestre. De nombreuses boucles peuvent être effec-

**Rive-Sud**

tuées. La carte du parc propose sept parcours variant de 4 km à 9 km, où se trouvent les principaux points d'intérêt. Tout près du poste d'accueil (0,5 km), à proximité du verger, un point de vue permet d'admirer le centre-ville de Montréal.

Le parc du Mont-Saint-Bruno couvre la majeure partie de cette colline montérégienne, haute de 218 m. Petite mais assez abrupte, cette colline est située dans la zone de transition entre l'érablière à caryer et l'érablière laurentienne. On y retrouve donc une grande diversité d'habitats, ainsi qu'une grande richesse au niveau de la flore et de la faune.

Le parc est en outre un des sites ornithologiques les plus fascinants du sud du Québec; plus de 230 espèces d'oiseaux y ont été observées à ce jour. Selon la saison et le sentier emprunté, il est également fréquent d'apercevoir des chevreuils, des renards et même des harfangs des neiges, tôt en matinée ou tard en fin de journée.

Le programme d'interprétation de la nature y est très diversifié: culture des pommes, histoire géologique, animaux, histoire humaine, érablière, réseau des lacs et ruisseaux. Le randonneur peut se procurer à l'accueil

les différentes brochures traitant ces sujets.

Le grand tour du parc s'effectue le long du **sentier n° 1**, une boucle de 8,9 km, en partant du poste d'accueil. Il est cependant suggéré de faire un petit détour pour aller admirer le vieux moulin (1761), situé entre le lac Seigneurial et le lac du Moulin. Plus loin, le sentier passe près de plusieurs lacs, puis près d'une immense pierre («la Pierre de Lune»), vestige du passage des grands glaciers, puis revient vers le poste d'accueil.

## Le Centre de la nature Mont-Saint-Hilaire

Le mont Saint-Hilaire fait partie des collines montérégiennes. Avec ses 400 m d'altitude, il est une des plus imposantes collines qui s'élèvent dans la plaine du Saint-Laurent. Parmi toutes les collines montérégiennes, le mont Saint-Hilaire est celle qui a subi le moins de transformations. Elle est demeurée, au fil des décennies, une belle forêt mature.

Le mont Saint-Hilaire comprend le domaine Gault, du nom du propriétaire du site pendant près d'un demi-siècle. Le brigadier Andrew Hamilton Gault (1882-1958) avait acheté ce domaine de 890 ha, en 1913, pour la

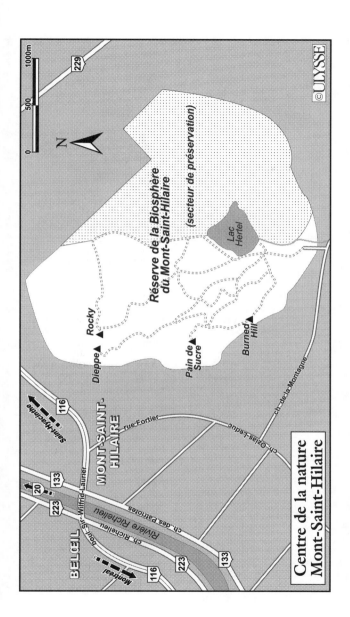

Centre de la nature
Mont-Saint-Hilaire

somme de 35 000$, à la suite du morcellement de la seigneurie de Rouville. Après la Deuxième Guerre mondiale, en 1946, il bâtit un petit chalet près du lac Hertel, où il passa tous ses étés.

En 1957, alors âgé de 75 ans, il décide d'y faire construire une somptueuse résidence en pierre pour ses vieux jours. Malheureusement, le brigadier Gault n'habita ce manoir que quelques semaines car il est décédé le 28 novembre 1958. Il légua une partie de la montagne à l'Université McGill.

Le site du domaine Gault couvre 11 km² et est divisé en deux secteurs. Le premier secteur est le Centre de conservation de la nature (6 km²), organisme sans but lucratif affilié à l'Université McGill, qui offre des services d'information, d'animation et de plein air. C'est dans ce secteur que l'on retrouve les 20 km de sentiers de randonnée pédestre, très bien aménagés. Le second secteur en est un de recherche et de préservation (5 km²), constituant une zone naturelle intacte où seuls les chercheurs autorisés sont admis.

Le mont Saint-Hilaire a été classé «refuge d'oiseaux migrateurs» par le gouvernement fédéral en 1960. En 1978, l'Unesco en fit une «réserve de la biosphère», premier emplacement de ce genre au Canada. Le mont Saint-Hilaire est un des endroits au monde où l'on trouve le plus de minéraux distincts (près de 200, dont 15 qui sont uniques à cette montagne) entrant dans la composition des roches.

On ne se sent pas seul sur le mont Saint-Hilaire! Avec quelque 600 espèces de plantes, dont 40 rares, 180 espèces d'oiseaux, dont près de 80 qui nichent sur la montagne, 45 espèces de mammifères (mais pas d'ours), 13 espèces d'amphibiens et reptiles et 13 espèces de poissons, il y a toujours à apprendre! D'ailleurs, depuis 1985, un couple de faucons pèlerins niche sur la falaise Dieppe.

## Où, quand, comment?

### Information

**Centre de la nature Mont-Saint-Hilaire**
422 chemin des Moulins, Mont-St-Hilaire
☎*467-1755*

### Accès

Le mont Saint-Hilaire est situé à 35 km de Montréal.

**Transport en commun:** métro Longueuil, prenez l'autobus 200 (*Limocar*, ☎*446-8899*) jusqu'à Mont-Saint-Hilaire. Descendez à l'angle de la rue Fortier et marchez jusqu'au Centre (environ 3 km).

**Voitures:** autoroute 20, sortie 113. Suivez les indications «Centre de la nature». Route 116, puis rue Fortier, chemin de la Montagne et chemin des Moulins.

**Frais:**
*adultes 4$, de 6 à 17 ans 2$, aînés 2$.*

**Horaire:**
*tlj, de 8h au coucher du soleil.*

**Randonnée pédestre hivernale:**
*oui.*

**Autres activités:**
*interprétation de la nature, ski de fond, patin, glissades, raquettes.*

**Animaux domestiques:**
*interdits.*

**Services et installations:**
*stationnement, accueil, casse-croûte, toilettes, cartes des sentiers, dépliants historiques.*

### Le réseau

Le réseau de sentiers de randonnée pédestre compte cinq sentiers principaux pour un total de 20 km. On y trouve également quelques petits sentiers secondaires servant de raccourcis. Chacun porte le nom du sommet auquel il mène.

Le sentier **Pain de sucre** (5 km aller-retour) est un des plus fréquentés du Centre. La montée ne fait que 2,5 km, mais elle est passablement abrupte vers la fin. Les quelques sueurs occasionnées sont vite récompensées par la superbe vue (360°) que l'on obtient du sommet de ce «Pain de sucre» (416 m). On aperçoit la rivière Richelieu; on distingue le mont Saint-Bruno, le mont Royal et, si l'horizon est dégagé, on voit les Laurentides.

Les sentiers **Rocky** (4,8 km et 3,9 km) permettent d'effectuer une belle boucle de 8,7 km. Le sentier passe près du lac Hertel, petit lac peu profond servant de réservoir auxiliaire d'eau potable, monte lentement le col nord, puis devient un peu plus raide vers le sommet Rocky (396 m). De là, le sentier descend quelque peu, puis remonte vers le sommet Sunrise (407 m). Ensuite le sentier zigzague dans la descente vers le lac Hertel et le pavillon des visiteurs.

Le sentier **Dieppe** (7 km aller-retour) est un peu plus long que celui du Pain de sucre, mais la pente y est plus douce, plus continue. Le sommet Dieppe (381 m) offre également une superbe vue sur toute la région avoisinante.

Rive-Sud

Le sentier **Burned Hill** (2,6 km aller-retour) permet d'atteindre le sommet situé juste à l'ouest du pavillon d'accueil. Tout au long de ce petit sentier d'interprétation, on retrouve 15 panneaux portant sur la faune, la flore et les particularités de ce sentier. Au sommet de Burned Hill (305 m), si l'on monte sur le gros rocher, un beau point de vue est accessible.

## Le Lieu historique national du Canal-de-Chambly

La ville de Chambly occupe un site privilégié en bordure de la rivière Richelieu, qui s'élargit à cet endroit pour former le bassin de Chambly. Celui-ci se trouve à l'extrémité des rapides qui entravaient autrefois la navigation sur la rivière, faisant du lieu un élément clé du système défensif de la Nouvelle-France.

Le canal de Chambly fut inauguré en 1843, ce qui permit de contourner les rapides du Richelieu, facilitant ainsi le commerce entre le Canada et les États-Unis. Les marchandises étaient transportées sur des voiliers, des bateaux à vapeur ou des barges. La construction du canal prit près de sept ans et fut échelonnée en deux étapes (1831-1834 et 1841-1843). Il fut creusé par des centaines d'ouvriers (entre 500 et 1 000) qui y travaillaient jusqu'à 12 heures par jour.

### Où, quand, comment?

**Information**

**Lieu historique national du Canal-de-Chambly**
1840 avenue Bourgogne, Chambly
☎*447-4888*
☎*800-463-6769*
*www.parcscanada.gc.ca/canal chambly*

**Accès**

**Transport en commun:** du terminus Bonaventure (☎*670-3422*) ou du métro Longueuil, prenez l'autobus jusqu'à Chambly. Arrêt au Fort de Chambly et marche jusqu'au canal (300 m).

**Voitures:** pont Champlain et autoroute 10 jusqu'à la sortie 22 (Chambly). Route 35 vers Chambly (qui devient le boulevard Fréchette). À la rue de Bourgogne, tournez à droite et continuez jusqu'au canal.

**Frais:**
*aucuns.*

**Horaire:**
*tlj, du lever du soleil à 23h.*

**Randonnée pédestre hivernale:**
*oui.*

**Autres activités:**
*vélo, pêche, ski de fond, raquettes, patin.*

**Animaux domestiques:**
*admis, si en laisse.*

**Services et installations:**
*stationnement, pavillons d'accueil, expositions, centre d'archives, aires de pique-nique, cartes.*

### Le réseau

Un sentier linéaire de 19 km s'y trouve. Cet ancien chemin de halage longe le canal de Chambly et relie la ville de Chambly à Saint-Jean-sur-Richelieu. Le sentier est polyvalent et suffisamment large pour accueillir ensemble marcheurs et cyclistes.

Le sentier longe le canal, qui, lui-même, suit la rivière Richelieu, avec ses multiples séries de rapides. Le long du parcours, le randonneur peut examiner les éclusiers actionner, à l'aide de mécanismes manuels, les portes et les ponts des neuf écluses qui correspondent à une dénivellation graduelle de 22 m entre Chambly et Saint-Jean-sur-Richelieu.

Plusieurs bâtiments historiques, dont des logettes (maisons du maître éclusier et du pontier), ainsi que des aires de pique-nique ponctuent les abords du canal. Le canal de Chambly est exclusivement réservé à la navigation de plaisance depuis 1973.

### Le Lieu historique national du Fort-Chambly

Le randonneur se rendant dans la région de Chambly ne manquera pas la visite du Lieu historique national du Fort-Chambly, considéré comme le plus important ouvrage militaire du Régime français qui soit parvenu jusqu'à nous.

Dès 1665, le régiment de Carignan-Salières, sous le commandement du capitaine Jacques de Chambly (1640-1687), y construit un premier fort de pieux pour repousser les Iroquois. En 1672, le capitaine de Chambly reçoit la seigneurie qui portera son nom.

Construit entre 1709 et 1711, le fort actuel remplaçait le premier fort de pieux et devait protéger la Nouvelle-France contre une éventuelle invasion anglaise. Mais les Britanniques s'emparèrent du fort en 1760, pour l'occuper jusqu'à la fin du XIX$^e$ siècle, où ils le laissèrent à l'abandon.

Grâce aux efforts de Joseph-Octave Dion, le fort ne fut jamais démoli. Parcs Canada le restaura en 1983 et, depuis, il se dresse fièrement dans toute sa splendeur au bord du bassin de Chambly.

## Où, quand, comment?

### Information

**Lieu historique national du Fort-Chambly**
2 rue De Richelieu, Chambly
☎658-1585
☎800-463-6769
*www.parcscanada.gc.ca/fort chambly*

### Accès

**Transport en commun:** du terminus Bonaventure (☎670-3422) ou du terminus Longueuil, empruntez l'autobus de Chambly.

**Voitures:** pont Champlain et autoroute 10, sortie 22 (Chambly). Suivez les indications «Site historique Fort-Chambly».

**Frais:**
*adultes 3,75$, familles 7,50$ pour la visite du fort.*

**Horaire:**
*de mars à nov.*

**Randonnée pédestre hivernale:**
*oui.*

**Autres activités:**
*vélo (piste cyclable), patin à roues alignées.*

**Animaux domestiques:**
*interdits à l'intérieur du fort.*

**Services et installations:**
*stationnement, toilettes, aires de pique-nique, boutique de souvenirs, dépliants.*

## Le réseau

La visite du Fort Chambly vous fera découvrir l'histoire et l'architecture du fort, le quotidien des soldats français et des habitants de la région au XVIII$^e$ siècle, et des objets découverts lors des fouilles archéologiques.

À l'extérieur du fort, la vue sur le bassin de Chambly est vraiment superbe. La rivière Richelieu eut une importance stratégique au cours de l'histoire. Dans le joli parc entourant le fort, des panneaux d'interprétation relatant l'histoire des lieux, du fort et des premiers occupants de la région.

Une très agréable randonnée pédestre de 3,5 km (aller-retour à partir du fort) consiste à longer la rivière Richelieu en empruntant la **rue De Richelieu**. Cette paisible rue abrite un bon nombre d'anciens bâtiments militaires transformés en résidences privées.

La première maison est celle dite du Corps de garde. Tout juste à côté, la superbe **maison Ducharme** *(10 rue De Richelieu)* servit d'abord de caserne, puis d'hôpital, de brasserie, de boulangerie, de fonderie et de fabrique de selles. Elle devint une résidence privée, celle de Narcisse Ducharme, au cours des années 1930. Aujourd'hui transformée en logement chez l'habitant, elle occupe un site remarquable.

De chaque côté de la rue De Richelieu, vous pourrez observer de belles maisons, dont certaines construites en pierre des champs ou en bois. À la hauteur de la rue Lafontaine (1 km), commence un parc gazonné (aire de pique-nique) en bordure de la rivière. Au bout du parc, on aperçoit le **barrage Chambly**, peu imposant mais agréable à contempler.

L'endroit abrite le **sanctuaire de pêche de la rivière Richelieu**, lequel, entre autres, protège la frayère du doré jaune, qui vient y déposer ses œufs dans les eaux vives entre la mi-avril et la mi-mai.

La randonnée se termine au petit **parc de Bourgogne** (1,75 km), où se dresse une petite croix blanche. Le parc se trouve à deux pas du pont de la route 112 qui enjambe la rivière Richelieu et conduit à Granby.

## La Cidrerie Michel Jodoin

Établie dans la plus grande région de pomiculture du Québec, la vallée du Richelieu, au pied de la montagne de Rougemont et tout à côté du village du même nom, la Cidrerie Michel Jodoin relève d'une tradition familiale de quatre générations remontant à 1902.

Depuis 1980, Michel Jodoin exploite un immense verger de 12 ha (4 500 pommiers) en s'efforçant de produire un cidre de qualité mettant en valeur les secrets d'antan à l'aide d'une technologie moderne. Vieilli en fût de chêne pendant plusieurs mois, le cidre artisanal met deux ans à acquérir le maximum de ses qualités, soit un subtil arôme fruité, une couleur séduisante ainsi qu'un incomparable goût.

En plus des cidres de facture ancestrale (12% d'alcool), Michel Jodoin produit des cidres mousseux selon la méthode champenoise. Le mousseux rosé (7% d'alcool) est fort apprécié des visiteurs.

Mais, en plus de voir les chais, de s'informer sur la transformation de la pomme en cidre et de déguster les différentes cuvées, le visiteur a la chance de se dégourdir les jambes. Car, sur

Rive-Sud

les terrains même de la cidrerie, se trouve un joli petit sentier de randonnée pédestre qui parcourt les vergers et la montagne de Rougemont.

## Où, quand, comment?

### Information

**Cidrerie Michel Jodoin**
1130 rang Petite-Caroline
Rougemont
☎ *469-2676*
*www.cidrerie-michel-jodoin.qc.ca*

### Accès

**Transport en commun:** terminus Berri-UQÀM, autobus Voyageur (☎*842-2281*) jusqu'à Rougemont (matin et soir seulement). Prenez un taxi ou marchez jusqu'à la cidrerie (1,5 km).

**Voitures:** autoroute 10, sortie 29. Route 133 Nord, puis route 112 Est jusqu'à Rougemont. Le rang Petite-Caroline se prend par la rue principale.

**Frais:**
*gratuit pour la visite de la cidrerie, 2$ par adulte pour l'accès au sentier.*

**Horaire:**
*tlj, de 8h au coucher du soleil.*

**Randonnée pédestre hivernale:**
*oui.*

**Autres activités:**
*visite de la cidrerie, dégustation, forfaits et menus-dégustation composés de produits locaux (sur demande).*

**Animaux domestiques:**
*admis dans le sentier, si en laisse.*

**Services et installations:**
*stationnement, toilettes, aires de pique-nique, vente de cidre.*

## Le réseau

Le sentier, une petite boucle de 2,7 km, débute dans les vergers de la Cidrerie Michel Jodoin et grimpe sur le mont Rougemont. Un joli belvédère, aménagé à 220 m d'altitude, offre une superbe vue sur la vallée, sur les Appalaches et même jusqu'au Vermont. Il se trouve à 1 km du début de la randonnée et constitue un excellent lieu où pique-niquer (tables).

## Le mont Saint-Grégoire

Mont-Saint-Grégoire se révèle être un coquet petit village entouré de fermes, d'érablières et de vergers qui en font sa renommée.

Le mont Saint-Grégoire, quant à lui, est une fort jolie petite colline de 250 m d'altitude qui surplombe la plaine montérégienne, à l'est de Saint-Jean-sur-Richelieu, dans le Haut-Richelieu.

Le charme irrésistible de cette colline vient du fait qu'elle surgit au milieu d'une vaste région agricole, donnant ainsi l'impression d'être encore plus élevée qu'elle ne l'est, et qu'elle offre des points de vue tout à fait spectaculaires.

Comme le mont Saint-Grégoire repose sur des terrains privés, il a fallu attendre l'arrivée, en 1981, du Mouvement écologique du Haut-Richelieu, pour que cette colline puisse être fréquentée par les randonneurs et autres amants de la nature. Ainsi est né le Centre d'interprétation du milieu écologique *(CIME, ☎346-0406)*, dans le but d'éduquer et de sensibiliser la population à la conservation du mont Saint-Grégoire.

Mais, en raison de mésententes, quant aux droits de passage, le CIME a dû se retirer temporairement de la gestion et de l'entretien des sentiers. Ainsi, si vous désirez parcourir les sentiers du mont Saint-Grégoire, vous devez, dorénavant, vous rendre soit à l'**Érablière Branche d'Or**, soit au **Verger Monnoir**, tous deux blottis au pied de la montagne.

## Où, quand, comment?

**Information**

**Érablière Branche d'Or**
45 chemin Sous-Bois
☎*346-3467*
*www.branche-dor.qc.ca*

**Accès**

**Transport en commun:** aucun.

**Voitures:** autoroute 10, sortie 37. Empruntez la route 227 Sud et tournez à droite dans le rang Fort Georges, qui devient le chemin Sous-Bois.

**Frais:**
*4$ par voiture ou 1$ par personne.*

**Horaire:**
*tlj.*

**Randonnée pédestre hivernale:**
*non.*

**Autres activités:**
*non.*

**Animaux domestiques:**
*interdits.*

**Services et installations:**
*stationnement, accueil, cassecroûte, toilettes, aires de piquenique, cartes.*

## Le réseau

Le réseau compte cinq petits sentiers de randonnée pédestre totalisant 1,7 km. Malgré le faible kilomé-

Rive-Sud

trage, le paysage est tout de même passablement diversifié. On y trouve une très jolie érablière, une petite clairière, des amoncellements de roches, de bonnes pentes et un sommet dénudé.

Des rampes et des escaliers ont été installés dans les sections de sentiers un peu plus difficiles. Le sentier menant au sommet du mont Saint-Grégoire est court, mais demande un certain effort physique. D'ailleurs, c'est ici même que l'alpiniste Yves Laforest venait s'entraîner avant son départ pour l'ascension de l'Everest (mai 1991). Il devint ainsi le premier Québécois à fouler le sommet de la plus haute montagne du globe (8 846 m).

Une petite grotte est située au début du sentier **Le Panorama**. Fort appréciée par les enfants, cette grotte est une halte obligatoire pour les groupes scolaires.

Le sommet du mont Saint-Grégoire est constitué de dalles rocheuses. Une vue exceptionnelle, plus de 180°, permet d'observer toute la beauté de la Montérégie, avec ses petits villages et ses vastes fermes. Au loin, on distingue les monts Saint-Bruno, Saint-Hilaire et Rougemont. Le mont Royal, le Stade olympique et les différents gratte-ciel de Montréal sont vite repérés à l'horizon.

À noter qu'il y a un autre sommet, un peu plus haut, mais que ce dernier n'est pas accessible aux randonneurs. On y retrouve une tour de communications, facilement identifiable.

**Information**

**Verger Monnoir**
16 chemin Sous-Bois
Mont-St-Grégoire
☎*358-4641*

**Accès**
(voir plus haut)

**Frais:**
*2$ par adulte ou 4$ par famille.*

**Horaire:**
*tlj, août à fin oct.*

**Randonnée pédestre hivernale:**
*non.*

**Autres activités:**
*autocueillette de pommes, activités organisées pour groupes (enfants ou adultes).*

**Animaux domestiques:**
*interdits*

**Services et installations:**
*stationnement, toilettes, restauration, cabane à sucre, boutique, vente de pommes, dépliants, aires de pique-nique.*

## Le réseau

Très sympathiques, les gens du Verger Monnoir vous feront découvrir et apprécier un lieu splendide blotti au pied de la montagne. Le verger est établi tout près de l'Érablière Branche d'Or, de sorte qu'il est possible de fréquenter les deux sites dans la même journée.

Avant ou après la cueillette de savoureuses pommes (plusieurs variétés), n'hésitez pas à parcourir la montagne. Le réseau compte trois petits sentiers (La Carrière, le Pic-bois et Le Lièvre) pour un total de 1 km. Un très beau point de vue donnant sur la vallée a été aménagé.

## Le Centre de la nature de Farnham

La petite municipalité de Farnham, qui compte environ 6 000 habitants, est située tout juste à l'entrée de la région touristique des Cantons-de-l'Est. D'ailleurs, beaucoup de visiteurs sont persuadés, à tort, que Farnham fait partie des terres agricoles de la Montérégie. Il faut dire que la superbe piste cyclable de 21 km qui relie Farnham et Granby, traversant six municipalités à vocation agricole dont quelques-unes sont situées en Montérégie, a été nommée la «Montérégiade»!

La région de Farnham a été défrichée, en partie, par les colons américains qui fuirent les États-Unis lors de la guerre de l'Indépendance américaine. Ces colons qui restèrent fidèles à leur allégeance britannique reçurent le nom de «loyalistes».

Le Centre de la nature de Farnham se trouve sur une bande de terre longeant la rivière Yamaska, ce qui lui donne l'allure d'une presqu'île, tant l'eau est ici omniprésente. Le Centre est un site fort populaire auprès des ornithophiles, car il est reconnu pour être un dortoir pour les oiseaux. Les soirs d'été, c'est par milliers que les oiseaux (carouges, étourneaux, vachers, quiscales) viennent s'y rassembler afin de passer la nuit, offrant ainsi un spectacle fascinant.

### Où, quand, comment?

**Information**

**Centre de la nature de Farnham**
Ville de Farnham
477 de l'Hôtel-de-Ville
☎*293-3178*

**Accès**

**Transport en commun:** terminus Berri-UQÀM, autobus Voyageur (☎*842-2281*) jusqu'à Farnham. Prenez un taxi ou marchez jusqu'au Centre (3 km).

Rive-Sud

**Voitures:** autoroute 10, sortie 55. Empruntez la route 235 Sud jusqu'à Farnham, puis tournez à gauche dans la rue Yamaska Est et continuez jusqu'au bout.

**Frais:**
*aucuns.*

**Horaire:**
*tlj, du lever au coucher du soleil.*

**Randonnée pédestre hivernale:**
*non.*

**Autres activités:**
*pêche, ski de fond.*

**Animaux domestiques:**
*interdits.*

**Services et installations:**
*stationnement, toilettes, remise, aires de pique-nique, cartes des sentiers, accessible aux personnes en fauteuil roulant, visites guidées (réservation), camp de jour.*

## Le réseau

Le réseau compte trois sentiers de randonnée pédestre pour un total de 2,4 km. Le long des sentiers, des panneaux d'interprétation traitent des différents thèmes et attraits spécifiques au site (faune, flore, etc.).

Le sentier **La Yamaska** (1,4 km) fait le tour du Centre en longeant la rivière. Il passe par une aire de pêche aménagée, puis mène à une plate-forme surélevée, l'Observatoire, d'où la vue sur la rivière Yamaska est fort jolie. On y observe également le marécage, le sous-bois et l'érablière. Cette plate-forme constitue un lieu privilégié pour l'observation de bon nombre d'espèces d'oiseaux de rivages et de milieux humides.

Un peu plus loin, le sentier conduit à un abri couvert, «la Cache», d'où il est possible d'observer des canards, des tortues, des carpes, etc.

Le sentier **Le Dortoir** (0,5 km) traverse un jeune peuplement d'érables rouges et de bouleaux gris. C'est dans ce secteur qu'en été des milliers d'oiseaux viennent passer la nuit, d'où le nom du sentier. À la fin de juillet, le Centre offre des visites nocturnes.

Le troisième sentier, **L'Érablière** (0,5 km), parcourt une érablière et une cédrière.

## Le Centre d'interprétation de la nature du lac Boivin

Certains petits parcs ou centres situés tout près d'une ville ne reçoivent malheureusement pas toute l'attention espérée. Tel le cordonnier mal chaussé, le randonneur tient souvent pour acquis que le centre situé tout à côté n'a rien à nous apprendre. Par chance, il y a de ces lieux de nature, tel le Centre d'interprétation de la nature du lac Boivin, où le bonheur, la découverte et l'émerveillement sont constamment renouvelés.

Au Centre d'interprétation de la nature du lac Boivin (CINLB), tout est mis en œuvre pour que le visiteur, ornithophile confirmé ou simple curieux, vive une expérience enrichissante avec les oiseaux de l'endroit.

Le CINLB couvre un terrain de 300 ha situé en banlieue de la municipalité de Granby, au bord du lac Boivin. Le centre a vu le jour en 1980 et, depuis ce temps, n'a cessé d'offrir de nouveaux sentiers de randonnée pédestre, de nouveaux postes d'observation ainsi qu'une grande variété de services.

L'attrait majeur du Centre est un imposant marais (125 ha) qui attire, grâce à ses plantes aquatiques, ses crustacés et son plancton, un grand nombre d'oiseaux aquatiques. Le marais sert de halte migratoire à plus d'une vingtaine d'espèces de canards et d'oies. L'en-

droit est d'ailleurs reconnu et très apprécié des ornithophiles.

L'automne (septembre et octobre) constitue l'un des meilleurs moments de l'année pour l'observation des oiseaux. Le visiteur est donc assuré d'y surprendre des canards. Les bernaches du Canada, que l'on nomme également «oies sauvages» ou «outardes», les becs-scies couronnés, les sarcelles à ailes vertes et les siffleurs d'Amérique font partie des oiseaux les plus fréquemment observés à cette période de l'année. En tout, 250 espèces d'oiseaux ont été recensées, dont 120 qui nichent sur le territoire du centre!

Quant aux animaux observés, en plus du lièvre et du porc-épic, notons, entre autres, le rat musqué, le vison et le cerf de Virginie.

### Où, quand, comment?

**Information**

**Centre d'interprétation de la nature du lac Boivin**
700 rue Drummond, Granby
☎*375-3861*

**Accès**

**Transport en commun:** terminus Berri-UQÀM, autobus Voyageur (☎*842-2281*) jusqu'à Granby (arrêt à l'angle de Saint-Charles et Saint-

Jacques). Prenez l'autobus local (ligne principale) jusqu'à l'angle des rues Drummond et Leclerc. Empruntez la rue Drummond jusqu'au Centre (20 min).

**Voitures:** autoroute 10, sortie 74 vers Granby. Boulevard Pierre-Laporte, puis route 112 Ouest (rue Denison) jusqu'à la rue de la Gare. Tournez à droite et roulez jusqu'à la rue Drummond. À droite encore, et continuez jusqu'au Centre.

**Frais:**
*aucuns.*

**Horaire:**
*tlj, du lever au coucher du soleil. Le pavillon d'accueil est ouvert tlj de 8h30 à 16h30.*

**Randonnée pédestre hivernale:**
*oui (9,7 km).*

**Autres activités:**
*vélo, exposition, activités spéciales (Pâques, Noël, etc.), conférences, concerts, festivals, classes nature, visites guidées, cours d'ornithologie (programme «À tire-d'aile»).*

**Animaux domestiques:**
*interdits.*

**Services et installations:**
*stationnement, pavillon d'accueil, renseignements, salle d'exposition, cartes des sentiers, brochures et dépliants, toilettes, eau, boutique de cadeaux (livres, artisanat, mangeoires,*

*etc.), graines (alpiste, chardon, millet, tournesol, etc.)*

## Le réseau

Après avoir visité le pavillon d'accueil, admiré l'exposition en cours et discuté avec l'équipe de naturalistes fort sympathiques, le randonneur s'engage dans le réseau de sentiers de randonnée pédestre (9,7 km), impatient de découvrir le marais et tous ses secrets.

Le sentier **La Prucheraie** (1,4 km) mène au marais, où un nichoir d'une dizaine de mètres de hauteur offre une vue exceptionnelle sur le lac Boivin. En automne, des centaines de canards plongent ou barbotent, le postérieur en l'air et la tête sous l'eau, à la recherche de nourriture. Au loin, on distingue facilement les collines de Shefford et de Bromont.

Plus loin, le sentier mène à une cache sur pilotis, nommée «le butor», d'où l'on peut observer les oiseaux de très près. Ensuite, on pénètre dans une fascinante forêt de pruches centenaires, sombre et envoûtante. Si, par bonheur, vous avez apporté des graines (en vente également au pavillon d'accueil), les mésanges se feront un plaisir de venir manger dans votre main, sur votre épaule, et même sur votre tête!

Le sentier **Le Marécage** (0,9 km), avec sa jolie passerelle de 400 m, nous fait passer parmi les hautes plantes aquatiques et toute la vie grouillante qui s'y rattache. Les sentiers **Les Ormes** (1,4 km) et **La Randonnée** (6 km) conduisent, quant à eux, à travers champs, de l'autre côté du lac Boivin.

Notez également que la piste multifonctionnelle (vélo et marche) **La Granbyenne** (12 km) passe désormais par le centre. Cette dernière rejoint aussi la piste **L'Estriade** (21 km).

## Le sud-est

### Le parc Le Rocher

Petite municipalité paisible sise entre Sainte-Julie et Saint-Marc-sur-Richelieu, Saint-Amable jouit, depuis les années 1980, d'une forte popularité auprès de ceux qui désirent s'évader de la «grande ville».

Désireuse d'offrir à ses résidants un grand espace vert, la municipalité de Saint-Amable a aménagé le parc Le Rocher (125 ha) sur le site d'une ancienne sablière ayant servi lors de la construction des autoroutes avoisinantes.

Composé de marécages et de petits étangs, le parc renferme une très grande colonie de phragmites communs, communément appelé «roseaux». Fréquenté par environ 150 espèces d'oiseaux, dont le moqueur chat, la grive fauve et la paruline jaune, et une dizaine d'espèces de mammifères (castor, renard roux, cerfs de Virginie, etc.), le parc compte aussi plusieurs espèces de plantes sauvages.

### Où, quand, comment?

**Information**

**Municipalité de Saint-Amable**
Service des loisirs
460 rue Charbonneau
St-Amable
☎*922-4955, poste 29*

**Accès**

**Transport en commun:** métro Longueuil, du terminus Longueuil (☎*670-3422*), Prenez l'autobus de Saint-Amable.

**Voitures:** autoroute 20, sortie 102 ou autoroute 30 sortie 128. À Saint-Amable, tournez à gauche dans la rue Auger, puis à droite dans la rue Thomas. Le parc se trouve au 215 de la rue Thomas.

**Frais:**
*aucuns.*

Rive-Sud

**Horaire:**
*tlj.*

**Randonnée pédestre hivernale:**
*non.*

**Autres activités:**
*ski de fond, raquettes.*

**Animaux domestiques:**
*admis, si en laisse.*

**Services et installations:**
*stationnement, dépliants-cartes.*

## Le réseau

Le réseau compte trois sentiers pour un total de 8 km. On y trouve un sentier écologique (1,5 km) agrémenté de panneaux d'interprétation présentant les oiseaux, les animaux et l'étang aux tortues du parc.

## Saint-Denis-sur-Richelieu

Si l'histoire du mouvement des Patriotes vous intéresse, rendez-vous à Saint-Denis-sur-Richelieu. Le village presque en entier semble être un musée à ciel ouvert et les découvertes y sont aussi nombreuses que fascinantes. En plus, toute la région s'avère magnifique, avec ses fermes qui viennent presque embrasser la rivière Richelieu.

L'histoire de Saint-Denis remonte à plus de trois siècles. Déjà, en 1609, Samuel de Champlain passe à côté du futur village lorsqu'il navigue sur la rivière Richelieu. Les premiers colons viennent s'établir dans la région à partir de 1694. En 1740, la paroisse de Saint-Denis est fondée. Considéré comme un bourg en 1758, Saint-Denis devient une municipalité en 1855.

Véritable fondateur de Saint-Denis, Pierre Claude Pécaudy de Contrecœur (1705-1775) a combattu les Britanniques jusqu'en Ohio et participé à la bataille des plaines d'Abraham.

Afin de souligner, en 1990, le 250$^e$ anniversaire de la fondation de la paroisse, la municipalité a inauguré un magnifique circuit pédestre permettant de découvrir l'important passé historique de Saint-Denis.

### Où, quand, comment?

**Information**

**Maison nationale des Patriotes**
610 chemin des Patriotes
St-Denis-sur-Richelieu
☎ *787-3623*
*maison.patriotes@qc.aira.com*

**Accès**

**Transport en commun:** aucun.

**Voitures:** autoroute 20, sortie 113. Empruntez la route 133 Nord jusqu'à Saint-Denis-sur-Richelieu. Station-

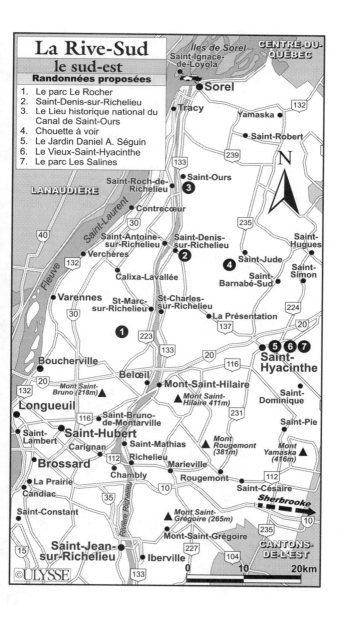

# La bataille du 23 novembre 1837

Le fait historique le plus mémorable de Saint-Denis est sans contredit la célèbre bataille du 23 novembre 1837 opposant les Patriotes de la région aux troupes britanniques.

Le tout a commencé lorsque, vers 6h, un habitant de Saint-Ours vient annoncer que l'armée britannique avance à grands pas vers Saint-Denis. En peu de temps, environ 300 habitants, sous la gouverne de Wolfred Nelson, préparent la résistance. Alors que certains ont des fusils, d'autres ne possèdent que des fourches ou des pieux pour se défendre contre elle.

Vers 9h, les troupes britanniques arrivent à Saint-Denis. Avec à leur tête le colonel Gore, elles comptent quelque 500 soldats, des fusils et des... canons. La bataille s'engage immédiatement et les canons anglais sonnent la charge. On raconte qu'un seul boulet de canon, tiré à la fenêtre d'une maison, aurait tué cinq Patriotes instantanément.

Durant plusieurs heures, une partie du village de Saint-Denis se transforme en un véritable champ de bataille (à l'angle du chemin des Patriotes et de la rue Cartier). Mais, vers 14h, une centaine de Patriotes des environs parviennent à renforcer les rangs. Cela porte fruit car, une heure plus tard, à 15h15, le colonel Gore et ses troupes battent en retraite.

Cette victoire demeure l'une des seules des Patriotes sur les troupes britanniques durant les événements de 1837-1838. Elle fut cependant de courte durée car, le 2 décembre, le colonel Gore et ses hommes vinrent venger leur défaite en pillant et incendiant plusieurs maisons et bâtiments du village.

En 1982, le gouvernement du Québec a proclamé Journée des Patriotes le dimanche le plus près du 23 novembre de chaque année dans le but d'honorer la mémoire des Patriotes qui ont lutté pour la reconnaissance nationale du peuple québécois, pour sa liberté politique et pour l'obtention d'un système de gouvernement démocratique.

nement à l'angle du chemin des Patriotes (route 133) et de la rue Sainte-Catherine, tout juste à côté de l'église.

**Frais:**
*aucuns pour le circuit pédestre, 4$ par adulte pour la visite du musée.*

**Horaire:**
*début mai à fin nov.*

**Randonnée pédestre hivernale:**
*non.*

**Autres activités:**
*non.*

**Animaux domestiques:**
*admis, si en laisse.*

**Services et installations:**
*stationnement, musée, boutique de souvenirs, toilettes, restauration, dépliants-cartes (gratuit).*

### Le réseau

Le parcours historique de Saint-Denis-sur-Richelieu forme une boucle de 2 km.

Avant d'entreprendre cette randonnée, assurez-vous d'avoir en votre possession le dépliant-carte *Circuit pédestre, histoire et patrimoine Saint-Denis-sur-Richelieu* (offert à la Maison nationale des Patriotes), très bien conçu.

Commençant à côté de l'église Saint-Denis, érigée en 1792, le circuit vous fera découvrir de superbes demeures anciennes, telles les maisons Cherrier, Mâsse, Huard et Richard, ainsi que l'histoire de la région et les faits marquants de la bataille du 23 novembre 1837, remportée par les Patriotes.

L'imposante **maison Mâsse** *(610 chemin des Patriotes)*, construite en 1809 et classée monument historique en 1977, abrite depuis 1988 la **Maison nationale des Patriotes**, qu'il faut absolument visiter avant ou après la randonnée. Fort intéressante et interactive, la visite vous révélera toute l'histoire du mouvement patriote. La

**Rive-Sud**

maison présente une exposition permanente, des vitrines d'artefacts ainsi qu'une boutique-librairie.

## Le Lieu historique national du canal de Saint-Ours

Campé au milieu de la rivière Richelieu, à environ 20 km au sud de Sorel, le barrage du canal de Saint-Ours sert à régulariser le niveau d'eau de la rivière sur plus de 50 km, soit entre Saint-Ours et Chambly.

Il permettait ainsi, dès son inauguration en 1849, au commerce maritime, principalement par barges, d'effectuer le trajet maritime Montréal-New York en passant par le fleuve Saint-Laurent, la rivière Richelieu, le lac Champlain et la rivière Hudson.

De nos jours réservé à la navigation de plaisance, le canal de Saint-Ours se révèle être un site de toute beauté où l'histoire tient une grande place. On y vient aussi durant la belle saison afin de profiter de cet espace de verdure magnifique qu'est l'île Darvard.

## Où, quand, comment?

**Information**

**Lieu historique national du canal de Saint-Ours**
2930 chemin des Patriotes, St-Ours
☎ *785-2212 ou 447-4805*
*www.parcscanada.gc.ca/canals tours*

**Accès**

**Transports public:** aucun.

**Voitures:** autoroute 20, sortie 113. Empruntez la route 133 Nord jusqu'à Saint-Ours. Le canal est situé au sud du village.

**Frais:**
*adultes 2,50$, familles 5$.*

**Horaire:**
*de mai à oct.*

**Randonnée pédestre hivernale:**
*non.*

**Autres activités:**
*pêche.*

**Animaux domestiques:**
*interdits.*

**Services et installations:**
*stationnement, accueil, toilettes, aires de pique-nique.*

### Le réseau

Le réseau compte plusieurs courts sentiers pour un total d'environ 1,5 km. De l'autre côté de l'écluse, l'île Darvard se révèle être une halte fraîcheur que l'on a peine à quitter.

De petits sentiers en poussière de roche font le tour de l'île ou grimpent sur des buttes. En grande partie boisée, l'île Darvard regroupe pas moins de 14 essences dont le tilleul d'Amérique, le bouleau blanc, l'érable de Norvège, le chêne rouge, le peuplier fauxtremble, le pin rouge, l'érable à sucre, le saule noir, le frêne blanc et le thuya occidental.

Quant à elle, la rivière Richelieu est fréquentée par 62 espèces de poissons, comme le doré et le brochet, mais aussi des espèces plus rares telles que le suceur ballot, l'alose savoureuse et le suceur cuivré.

Dans l'île, des panneaux d'interprétation relatent l'histoire et le fonctionnement de l'écluse de Saint-Ours. Des animateurs sont habituellement sur place afin de répondre aux différentes interrogations des visiteurs. L'ancienne maison du surintendant accueille régulièrement des expositions.

---

### Chouette à voir

Connaissez-vous le paisible village de Saint-Jude (1 200 hab.), campé au bord de la rivière Salvail, à une vingtaine de kilomètres au nord de Saint-Hyacinthe? C'est pourtant le lieu qu'a choisi l'Union québécoise de réhabilitation des oiseaux de proie (UQROP) pour aménager des volières.

L'UQROP permet au public de visiter le site, qui ne manque pas d'intérêt. Sur les 27 espèces d'oiseaux de proie que compte le Québec, 20 peuvent y être observer. De l'habitat aux comportements, en passant par leur réhabilitation, tous les sujets traitant des oiseaux de proie sont abordés par des spécialistes en la matière.

De plus, durant la saison estivale, deux représentations d'oiseaux de proie vivants *(11h et 14h)* permettent aux visiteurs d'admirer les qualités indéniables des ces «rois du ciel».

### Où, quand, comment?

**Information**

**Chouette à voir**
875 rang Salvail Sud, St-Jude
☎*773-8521, poste 8545*
☎*(514) 345-8521, poste 8545*
*www.uqrop.qc.ca*

**Accès**

**Transport en commun:** aucun.

**Voitures:** autoroute 20, sortie 130 Nord. Empruntez la route 137 puis la route 235

Nord jusqu'à Saint-Jude. Le centre se trouve à 2 km au sud du village.

**Frais:**
*6$.*

**Horaire:**
*de juin à oct (mer-dim).*

**Randonnée pédestre hivernale:**
*non.*

**Autres activités:**
*non.*

**Animaux domestiques:**
*admis, si en laisse (pas admis durant les spectacles d'oiseaux de proie).*

**Services et installations:**
*stationnement, accueil, boutique de cadeaux, aire de pique-nique.*

### Le réseau

Le réseau compte plusieurs courts sentiers pour un total de 2 km. La plupart des sentiers sillonnent un joli boisé. Des panneaux d'interprétation présentent les différents habitats des oiseaux de proie.

Le **Sentier riverain**, comme son nom l'indique, en est un d'interprétation du milieu riverain qui longe la rivière Salvail. Le **Sentier des chouettes** permet d'observer cinq volières comptant différentes espèces de chouettes.

## Le Jardin Daniel A. Séguin (♣)

Le Jardin Daniel A. Séguin, qui est à la fois touristique et pédagogique, offre de nombreux jardins thématiques (japonais, zen, français, etc.).

Dans ce très joli et agréable parc floral de 4,5 ha, les différents jardins sont aménagés de façon à vous révéler les secrets d'un jardinage accessible à tous. On en revient la tête remplie d'idées d'aménagements pour la prochaine décennie!

### Où, quand, comment?

**Information**

**Le Jardin Daniel A. Séguin**
3215 rue Sicotte, St-Hyacinthe
☎*778-6504, poste 215*
*www.ita.qc.ca/jardindas*

**Accès**

**Transport en commun:** métro Longueuil, autobus 200 de Limocar (☎*446-8899*).

**Voitures:** autoroute 20, sortie 130. La rue Sicotte se trouve à l'ouest du centre-ville, près de la rivière Yamaska.

**Frais:**
*5$.*

**Horaire:**
*de juin à sept (mar-dim).*

**Randonnée pédestre hivernale:**
*non.*

**Autres activités:**
*non.*

**Animaux domestiques:**
*interdits.*

**Services et installations:**
*stationnement, accueil, toilettes, aire de pique-nique, visites guidées, dépliants.*

## Le réseau

Le réseau compte environ 2 km de sentiers pédestres. Des plans d'eau, des kiosques et des aires de repos invitent à la détente et à la contemplation.

## Le Vieux-Saint-Hyacinthe

Lovée au bord de la rivière Yamaska, la ville de Saint-Hyacinthe (40 000 hab.) s'étend sur une superficie de 36 km². La rivière a de tout temps joué un rôle important pour la ville, depuis qu'en 1748 le roi Louis XV octroya la seigneurie Maska à Pierre-François Rigaud de Vaudreuil. Quelques années plus tard, ce dernier vendra la seigneurie à Jacques-Hyacinthe Simon Delorme et les premiers colons vinrent s'y installer.

Sise à une soixantaine de kilomètres de Montréal, la région de Saint-Hyacinthe est réputée pour la richesse de ses terres fournissant d'abondantes récoltes chaque année.

## Où, quand, comment?

### Information

**Bureau de Tourisme et des Congrès de Saint-Hyacinthe**
2090 rue Cherrier (angle boulevard Laframboise), St-Hyacinthe
☎ *774-7276*
☎ *800-849-7276*
*www.tourismesainthyacinthe. qc.ca*

### Accès

**Transport en commun:** métro Longueuil, autobus 200 de Limocar (☎ *446-8899*).

**Voitures:** autoroute 20, sortie 130. Boulevard Laframboise Sud, gardez la droite et empruntez la rue Sainte-Anne. Passez la voie ferrée, tournez à droite dans la rue Sicotte puis à gauche dans la rue Bourdages. Le stationnement Plaza Maskoutaine se trouve tout juste à l'est du pont Barsalou.

**Frais:**
*aucuns.*

**Horaire:**
*tlj.*

**Randonnée pédestre hivernale:**
*oui.*

Rive-Sud

**Autres activités:**
*vélo, patin à roues alignées.*

**Animaux domestiques:**
*admis, si en laisse.*

**Services et installations:**
*stationnement, restauration, dépliants-cartes.*

## Le réseau

Le parcours historique du Vieux-Saint-Hyacinthe forme une boucle de 3 km. Avant d'entreprendre cette randonnée, assurez-vous d'avoir en votre possession le dépliant-carte *Le circuit patrimonial* (offert au Bureau de Tourisme et des Congrès), très bien conçu.

Débutant à côté du pont Barsalou, qui enjambe la rivière Yamaska, le circuit patrimonial présente 21 sites liés à l'histoire de Saint-Hyacinthe. Sillonnant les rues, parfois étroites du Vieux-Saint-Hyacinthe, le circuit ne s'éloigne jamais trop du point de départ.

Vous y remarquerez plusieurs bâtiments historiques (église, institutions religieuses, bureau de poste, etc.) ainsi que l'agréable Place du marché, aménagée au cœur de la ville et grouillante d'activité à toute heure de la journée.

Si vous disposez de plus de temps ou que vous désirez vous délier les jambes da-vantage, n'hésitez pas à parcourir la très belle **promenade Gérard-Côté** (3 km aller-retour), qui commence au bout du stationnement de la Plaza Maskoutaine.

Constituée d'un large trottoir de bois, la promenade longe la rivière Yamaska. Des bancs permettent de se détendre tout en admirant la région. Elle passe sous les ponts Morison et Bouchard, pour se terminer à l'angle des rues Girouard et Pratte, où se trouve un petit stationnement.

## Le parc Les Salines

Le nom du parc réfère aux sources naturelles d'eau salée qui coulaient ici à la fin du $XX^e$ siècle. On y embouteillait même l'eau minérale Philudor, très prisée à cette époque.

Appartenant désormais à la ville de Saint-Hyacinthe, le parc Les Salines se pointe tout juste au nord de l'autoroute 20. Très bien aménagé, le parc propose une grande panoplie d'activités en toute saison.

### Où, quand, comment?

**Information**

**Parc Les Salines**
1166 rue Martineau Est
St-Hyacinthe
☎*796-2530 ou 778-8335*

### Accès

**Transport en commun:** métro Longueuil, autobus 200 de Limocar (☎446-8899). L'autobus municipal mène seulement au centre commercial (près de l'autoroute 20), à 2 km du parc.

**Voitures:** autoroute 20, sortie 130. Boulevard Laframboise Nord (route 137), tournez à droite dans la rue Martineau Est et roulez (1,7 km) jusqu'à l'entrée du parc.

**Frais:**
*aucuns.*

**Horaire:**
*tlj, du lever au coucher du soleil.*

**Randonnée pédestre hivernale:** *non.*

**Autres activités:**
*vélo, ski de fond, patin, raquettes, glissades.*

**Animaux domestiques:**
*admis, si en laisse.*

**Services et installations:**
*stationnement, accueil, toilettes, aire de jeux, aires de pique-nique, dépliants-cartes.*

### Le réseau

Le réseau compte quatre sentiers pour un total de 6,2 km. Chaque sentier forme une boucle qui revient au chalet d'accueil. En empruntant le **sentier n° 4**

(boucle de 5,2 km), vous faites le tour complet du parc, en passant par la plupart des autres sentiers. Le parc est en grande partie boisé (surtout de jeunes feuillus), mais compte aussi des champs ainsi qu'un petit cours d'eau.

Les sentiers sont éclairés, très bien aménagés et entretenus. La signalisation demeure adéquate, bien qu'elle porte parfois à confusion en raison des différents sens uniques. On y trouve des bancs ainsi que des mangeoires et des nichoirs où il est fréquent d'apercevoir des oiseaux.

## Le sud-ouest

### Le Récré-O-Parc de Ville Sainte-Catherine

Aménagé en bordure de l'écluse de Sainte-Catherine, aux abords du fleuve Saint-Laurent, le Récré-O-Parc de Ville Sainte-Catherine offre un lieu de détente des plus rafraîchissants.

Avant que la banlieue ne la rejoigne, Sainte-Catherine, nommée en l'honneur de Kateri Tekakouitha (cette Amérindienne, née en 1656 dans l'État de New York, avait une mère chrétienne, qui la fit baptiser; toutefois, elle fut persécutée par ses congénères et dut s'enfuir à

**Rive-Sud**

Kahnawake en 1677, où elle mena une vie pieuse et exemplaire jusqu'à sa mort, en 1680; béatifiée le 22 juin 1980, elle est la première Amérindienne en attente d'être canonisée), était essentiellement un lieu de villégiature. On venait s'y baigner à la plage locale et effectuer des balades le long du fleuve Saint-Laurent, en face des puissants rapides de Lachine.

## Où, quand, comment?

**Information**

**Récré-O-Parc de Ville Sainte-Catherine**
☎635-3011

**Accès**

Le parc se trouve sur le boulevard Marie-Victorin, à Sainte-Catherine.

**Transport en commun:** au terminus Bonaventure ou au métro Angrignon, prenez l'autobus *(CIT Roussillon,* ☎*638-2031)* jusqu'à Sainte-Catherine (arrêt à l'angle de Brébeuf et de Marie-Victorin).

**Voitures:** pont Mercier et route 132 Est jusqu'à Sainte-Catherine, puis rue Centrale. Ou pont Champlain et route 132 Ouest jusqu'au boulevard Marie-Victorin, qui mène à l'écluse.

**Frais:**
*aucuns.*

**Horaire:**
*tlj 8h au coucher du soleil.*

**Randonnée pédestre hivernale:**
*oui.*

**Autres activités:**
*plage, vélo (piste cyclable), pêche, aires de jeux, ski de fond, raquettes, patin, glissades.*

**Animaux domestiques:**
*admis, si en laisse.*

**Services et installations:**
*stationnement, restauration, toilettes, aires de pique-nique.*

### Le réseau

Le réseau compte 7 km de sentiers de randonnée pédestre. En partant de la jolie plage, un parcours de 4,2 km vous mènera d'abord au bout du parc. Pour ce faire, suivez la petite route revêtue qui longe le fleuve. La piste cyclable emprunte également cette route. La vue sur Montréal et ses gratte-ciel est superbe. Il est possible de distinguer les ponts Champlain, Victoria et Mercier. Le fleuve Saint-Laurent y est majestueux et omniprésent. On aperçoit aussi le mont Royal, l'oratoire Saint-Joseph, de même que plusieurs gratte-ciel du centre-ville de Montréal.

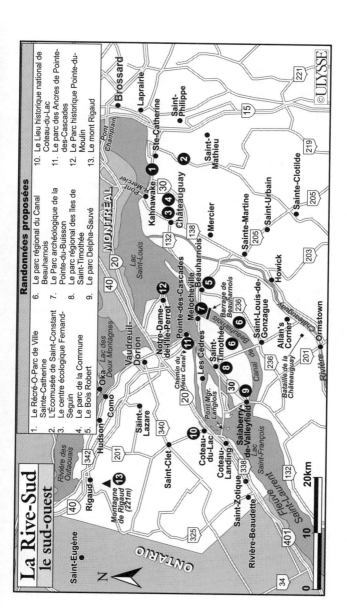

# La Rive-Sud
## le sud-ouest

### Randonnées proposées

1. Le Récré-O-Parc de Ville Sainte-Catherine
2. L'Écomusée de Saint-Constant
3. Le centre écologique Fernand-Seguin
4. Le parc de la Commune
5. Le Bois Robert
6. Le parc régional du Canal Beauharnois
7. Le Parc archéologique de la Pointe-du-Buisson
8. Le parc régional des îles de Saint-Timothée
9. Le parc Delpha-Sauvé
10. Le Lieu historique national de Coteau-du-Lac
11. Le parc des Ancres de Pointe-des-Cascades
12. Le Parc historique Pointe-du-Moulin
13. Le mont Rigaud

© ULYSSE

L'écluse de Sainte-Catherine permet de contourner les infranchissables rapides de Lachine, visibles à l'ouest. Au bout du parc, tournez à gauche dans le chemin n° 60 (inscrit sur le sol). Ce petit chemin effectue une boucle, pour revenir sur le chemin principal, que vous emprunterez de nouveau jusqu'à la plage.

De l'autre côté de la plage, la piste cyclable de la voie maritime s'étend jusqu'à l'île Notre-Dame (parc Jean-Drapeau). Il est possible de marcher, en tout ou en partie, cette longue bande d'une quinzaine de kilomètres, qui revêt l'estacade de la voie maritime du Saint-Laurent.

## L'Écomusée de Saint-Constant

L'Écomusée de Saint-Constant présente des expositions portant sur les sciences de la terre. Le «Big Bang», l'évolution de l'homme et des espèces ainsi que l'origine des volcans sont présentés. On y déniche aussi une collection de roches et de minéraux.

Tout autour du centre d'interprétation, la nature nous fait oublier la ville. Des aménagements forestiers, des jardins et un joli boisé permettent d'apprécier les lieux.

## Où, quand, comment?

### Information

**Écomusée de Saint-Constant**
66 rue Maçon, St-Constant
☎*632-3656*
☎*635-8414, poste 226*

### Accès

**Transport en commun:** métro Angrignon, autobus CIT Rousillon (☎*638-2031)* jusqu'à Saint-Constant.

**Voitures:** pont Mercier, route 132 jusqu'à Saint-Constant. Tournez à droite dans la rue Maçon.

**Frais:**
*3$ pour la visite de l'Écomusée.*

**Horaire:**
*de mai à oct pour l'Écomusée, tlj pour le site.*

**Randonnée pédestre hivernale:**
*non.*

**Autres activités:**
*raquettes.*

**Animaux domestiques:**
*interdits.*

**Services et installations:**
*stationnement, accueil, toilettes, aire de pique-nique.*

### Le réseau

Le réseau compte plusieurs petits sentiers pour un total d'environ 2 km. Près de l'Écomusée, un sentier permet d'admirer les rocailles et massifs aménagés. Dans le boisé, qui abrite un marécage inondé au printemps et lors de fortes pluies, des trottoirs de bois permettent de circuler librement.

Bien que la signalisation s'avère absente, notamment dans le boisé, il est facile de se diriger à travers le site. De petits étangs, un jardin et des mangeoires pour les oiseaux agrémentent les lieux.

## Le centre écologique Fernand-Seguin

Au début du XIX$^e$ siècle, la rivière Châteauguay, qui coule du sud au nord sur 100 km, joua un rôle important pour l'avenir de Montréal. Ainsi, le 26 octobre 1813, des troupes américaines suivent ce cours d'eau, à partir de l'État de New York, afin de parvenir jusqu'à Montréal et s'emparer de la ville.

Mais les troupes canadiennes, sous le commandement de Charles-Michel de Salaberry, les attendent près de la rivière, aux environs d'Allan's Corners, au sud de Châteauguay. Le Lieu historique national de la Bataille-de-la-Châteauguay (☎829-2003) relate cette victoire des troupes canadiennes.

Aménagé à l'ouest de la rivière Châteauguay, derrière le centre hospitalier Anna-Laberge, le centre écologique Fernand-Seguin se révèle être un agréable et vaste boisé où il fait bon marcher tout en découvrant les différentes essences qui le composent.

### Où, quand, comment?

**Information**

**Centre écologique Fernand-Seguin**
boulevard Brisebois, Châteauguay
☎*698-3123 ou 698-3100*

**Accès**

**Transport en commun:** métro Angrignon, autobus 14A ou 14B du CITSO (☎*698-3030*).

**Voitures:** à Châteauguay, empruntez le boulevard Saint-Jean-Baptiste (route 138) en direction de Mercier et tournez à droite par le boulevard René-Lévesque (route 132). Tournez à gauche par le boulevard Brisebois, à côté du centre hospitalier Anna-Laberge, et continuez jusqu'au bout.

**Frais:**
*aucuns.*

**Horaire:**
*tlj.*

**Randonnée pédestre hivernale:**
*oui.*

Rive-Sud

**Autres activités:**
*ski de fond, raquettes, patin, glissades.*

**Animaux domestiques:**
*interdits.*

**Services et installations:**
*stationnement, accueil, toilettes, dépliants-cartes.*

### Le réseau

Le réseau de sentiers compte quatre sentiers pour un total de 7,6 km. À cela s'ajoutent les nombreux sentiers de ski de fond (20 km) qui sillonnent le centre. Malheureusement, la signalisation est quelque peu confuse et il n'est guère facile d'effectuer un parcours en entier. Par contre, il est possible de se promener librement, le sentier principal (plus large) traversant le réseau.

L'un des sentiers les plus intéressants est celui dénommé **Le Trille** (boucle de 1,8 km). Ce sentier d'interprétation est jalonné de panneaux présentant la flore du centre (chêne rouge, tilleul d'Amérique, ostryer de Virginie, clavalier d'Amérique, chêne blanc, bouleau jaune, peuplier deltoïde, peuplier faux-tremble, etc.).

On y trouve entre autres la plante dénommée «minisperme du Canada», sorte de plante grimpante qui s'enroule autour des tiges et des branches des autres plantes, et le caryer ovale, dont l'écorce se compose de jeunes tiges se détachant en longues lamelles retroussées.

### Le parc de la Commune

Aménagé au bord de la rivière Châteauguay, face à l'île Saint-Bernard, le parc de la Commune fait partie d'un réseau de marais qui s'étend dans la région.

Les marais sont de véritables usines d'épuration naturelle et leur présence est vitale. Le marais du parc de la Commune abrite quelque 25 espèces de poissons, 10 espèces d'animaux à sang froid et 56 espèces d'oiseaux. Il est composé à 70% de plantes émergentes, principalement des quenouilles à feuilles larges, et à 5% de plantes aquatiques.

Le parc est agréable à parcourir, d'autant plus qu'on y trouve maintenant des bancs, des panneaux d'interprétation, des petits ponts et une passerelle donnant sur le marais et les champs.

### Où, quand, comment?

#### Information

#### Municipalité de Châteauguay
Services récréatifs et communautaires

☎ 698-3100

### Accès

**Transport en commun:** métro Angrignon, prenez n'importe quel autobus du CITSO (☎ 698-3030) menant à Châteauguay et, au premier arrêt, descendez et prenez l'autobus 15 (local) jusqu'au parc.

**Voitures:** de la route 138, tournez à droite dans la rue Principale. Juste après avoir traversé le pont Arthur-Laberge (rivière Châteauguay), tournez à droite par le boulevard D'Youville et roulez jusqu'au bout (3 km), où se trouve l'entrée du parc.

**Frais:**
*aucuns.*

**Horaire:**
*tlj, de 6h à 21h.*

**Randonnée pédestre hivernale:**
*non.*

**Autres activités:**
*pêche.*

**Animaux domestiques:**
*admis, si en laisse.*

**Services et installations:**
*stationnement, aires de pique-nique.*

### Le réseau

Du stationnement, il est possible d'effectuer une boucle de 3 km, dans le sens contraire des aiguilles du montre. Au départ, longez la rivière Châteauguay en empruntant le sentier, qui s'avère en fait le prolongement de la rue D'Youville. Par ce sentier, vous passerez près de la passerelle donnant sur le marais et des aires de repos aménagées en bordure de la rivière.

Après environ 1,5 km, le sentier se termine près du petit pont privée menant à l'île Saint-Bernard et du second stationnement du parc. De là, empruntez la rue Edmour (à gauche) et longez le parc en gardant toujours la gauche (peu importe la rue). Soudain, derrière un garde-fou, un sentier en poussière de roche apparaît. Empruntez-le car il vous ramènera au stationnement.

### Le Bois Robert

Très bien aménagé le long de la rivière Saint-Louis, le Bois Robert permet de s'évader quelques instants dans la nature à proximité de la municipalité de Beauharnois.

Un bon réseau de sentiers, pour la randonnée pédestre ou le ski de fond, parcourt une forêt de tilleuls, de chênes rouges, de frênes rouges, d'ormes d'Amérique et de hêtres. On y rencontre aussi des champs et des zones humides.

À l'été 2000, la dernière phase d'aménagement a eu lieu, portant la longueur totale des sentiers à près de 10 km. Des panneaux d'interprétation (faune et flore) ont aussi été installés le long des sentiers et près de la rivière.

## Où, quand, comment?

### Information

**Comité du Bois Robert**
PPG Canada
☎429-4641
☎(514) 951-8379

### Accès

**Transport en commun:** métro Angrignon, autobus CITSO (☎698-3030) jusqu'à Beauharnois.

**Voitures:** de la route 132, à Beauharnois, empruntez le chemin Saint-Louis (rte 236). Le petit stationnement est situé à côté de l'église Saint-Clément.

**Frais:**
*aucuns.*

**Horaire:**
*tlj, du lever au coucher du soleil.*

**Randonnée pédestre hivernale:**
*oui.*

**Autres activités:**

*vélo de montagne, raquettes, ski de fond.*

**Animaux domestiques:**
*admis, si en laisse.*

**Services et installations:**
*stationnement, accueil, toilettes, aires de pique-nique, dépliants-cartes.*

### Le réseau

Le réseau compte sept sentiers pour un total de près de 10 km. Une agréable boucle de 4,4 km permet d'avoir une bonne vue d'ensemble du Bois Robert.

Du stationnement, traversez d'abord le pont Préville, qui est plutôt une passerelle au-dessus de la rivière Saint-Louis. Empruntez ensuite le **Grand sentier PPG**, soit le sentier principal qui mène au bout du boisé. À l'aller ou au retour, n'hésitez pas à parcourir les petits sentiers secondaires (**Jaune**, **Orange**, **Vert** et **Bleu**) qui s'enfoncent un peu plus dans la forêt.

Au bout du Grand sentier PPG, une éclaircie permet un repos apprécié, d'autant plus qu'une aire de pique-nique vous y attend. Ici commence également un sentier hors-piste dénommé le **Bois n° 2**. Comme les sentiers ne sont pas très longs ni difficiles, il faut prendre le temps de s'arrêter au bord de la rivière Saint-Louis, dans laquelle il est fréquent d'observer des tortues serpentines (*Chilydre serpentine*).

## Le parc régional du Canal Beauharnois

Le canal de Beauharnois, creusé à partir de 1929, s'étend sur 25 km de longueur entre le lac Saint-Louis et le lac Saint-François. Il servit d'abord à alimenter l'une des plus grandes centrales hydroélectriques du monde, la centrale de Beauharnois *(visites guidées, ☎800-365-5229)*, puis à permettre aux navires de franchir les 25 m de dénivellation qui séparent les deux lacs, grâce aux écluses de Melocheville.

Les abords du canal, soit environ 50 km de bandes riveraines, variant de 30 m à 100 m de largeur, n'étant pas exploités, on a eu l'excellente idée de les aménager et d'en faire un parc régional. À partir de 1996, la Société Vélo-Berge a eu le mandat de réaliser, gérer, financer et promouvoir le parc régional du Canal de Beauharnois.

Ainsi, depuis peu, petits et grands profitent de ce cadre enchanteur pour venir pratiquer le vélo ou la marche, observer les oiseaux, pique-niquer ou simplement se détendre.

## Où, quand, comment?

### Information

**Société Vélo-Berge**
660 rue Ellice, bureau 200
☎*225-0870*
☎*(514) 990-0798*
*www.suroit.qc.ca/velo-berge/*

### Accès

**Transport en commun:** métro Angrignon, autobus CITSO (☎*698-3030)* jusqu'à Beauharnois.

**Voitures:** pont Mercier et route 132 jusqu'à Beauharnois. Plusieurs stationnements des deux côtés du canal, entre Beauharnois et Salaberry-de-Valleyfield.

**Frais:**
*aucuns.*

**Horaire:**
*tlj, du lever au coucher du soleil.*

**Randonnée pédestre hivernale:**
*non.*

**Autres activités:**
*pêche, vélo, patin à roues alignées, ski de fond, raquettes.*

**Animaux domestiques:**
*admis, si en laisse.*

**Services et installations:**
*stationnements, toilettes, aires de pique-nique, marina, rampe de mise à l'eau, belvédères.*

Rive-Sud

## Le réseau

À l'automne 2000, 37 km de sentiers polyvalents étaient aménagés de part et d'autre du canal. Au cours des deux prochaines années, on prévoit avoir aménagé en totalité les 50 km du réseau.

La portion nord du canal, reliant Melocheville à Salaberry-de-Valleyfield, est presque entièrement complétée. En quelques endroits, le sentier pénètre dans la forêt.

Au sud du canal, une agréable balade (9,7 km aller) consiste à relier le pont Saint-Louis (Saint-Louis-de-Gonzague) au pont Larocque (Saint-Stanislas-de-Kostka). De chaque côté du canal, des bassins ont été aménagés par Canards Illimités. D'ailleurs, le parc se révèle être un excellent site ornithologique.

## Le Parc archéologique de la Pointe-du-Buisson

Le Parc archéologique de la Pointe-du-Buisson est établi à 35 km de Montréal, dans la municipalité de Melocheville. Grâce à des écluses construites au début du XXe siècle, cette petite municipalité de 2 400 habitants devint la porte d'entrée du canal de Beauharnois.

Le passé historique de la Pointe-du-Buisson remonte à 5 000 ans. À cette époque, les Amérindiens venaient à la Pointe-du-Buisson pour chasser, pêcher et cueillir des noix. Beaucoup plus tard, les voyageurs se rendant vers les Grands Lacs prirent l'habitude de faire une halte sur cette pointe. Au XIXe siècle, la Pointe-du-Buisson était reconnue pour être un site de festivités champêtres.

De nos jours, Pointe-du-Buisson est synonyme de site archéologique. De nombreux archéologues, entre autres de l'Université de Montréal, fréquentent ce site. Le passé amérindien de la pointe revit peu à peu, grâce aux divers objets retrouvés, notamment des pointes de flèche, des vases, des harpons et des foyers.

### Où, quand, comment?

**Information**

**Parc archéologique de la Pointe-du-Buisson**
333 rue Émond, Melocheville
☎429-7857

**Accès**

**Transport en commun:** métro Angrignon, autobus Auger (☎699-2001) jusqu'à Melocheville (8e Avenue).

**Voitures:** pont Mercier et route 132 Ouest jusqu'à Melocheville, puis rue Émond.

**Frais:**
*adultes 3$, de 6 à 17 ans 2$.*

**Horaire:**
*mi-mai à la fête du Travail, tlj 10h à 17h. En dehors de cette période, informez-vous auprès du personnel du parc.*

**Randonnée pédestre hivernale:**
*non.*

**Autres activités:**
*activités d'animation et visites commentées.*

**Animaux domestiques:**
*interdits.*

**Services et installations:**
*stationnement, accueil, pavillon d'interprétation, toilettes, expositions, projections audiovisuelles, laboratoire, chantier de fouilles, programme pédagogique, aire de pique-nique, comptoir de souvenirs.*

### Le réseau

Avec ses 2,5 km de sentiers de randonnée pédestre, le Parc archéologique de la Pointe-du-Buisson a une superficie de 22 ha. Le parc est également un espace écologique d'une grande richesse qui n'a subi aucune modification au fil des années. Il est ainsi interdit de quitter les sentiers ou de cueillir des plantes ou des champignons.

Le randonneur parcourt une érablière à caryer, vieille de plus de 150 ans, et longe de jolis marais où le roseau et la quenouille ont élu domicile. Plus de 40 espèces d'oiseaux fréquentent le parc.

## Le parc régional des Îles de Saint-Timothée

La municipalité de Saint-Timothée longe le fleuve Saint-Laurent sur plus de 15 km. Jadis, pour les navigateurs arrivant du lac Ontario, la portion du fleuve devant Saint-Timothée était considérée comme la plus dangereuse et la plus difficile. Les nombreux récifs et rapides étaient difficilement franchissables.

Depuis, des barrages ont été construits, détournant ainsi le fleuve Saint-Laurent et enclavant par le fait même les îles de Saint-Timothée. Maintenant paisibles, les îles de Saint-Timothée devinrent de plus en plus fréquentées par les amants de la nature de la région. Grâce à sa superbe plage sablonneuse et à la qualité de son eau, l'endroit fut surnommé «Les îles du sud... du Québec».

Le parc régional des Îles de Saint-Timothée offre une

Rive-Sud

belle nature, des îles, une plage ainsi qu'une foule d'activités à ceux qui ont envie de se rafraîchir. Parc familial par excellence, avec sa dizaine d'îles, il est une véritable oasis de verdure où conservation et récréation vont de pair.

L'attrait majeur du parc est sans contredit sa magnifique plage sablonneuse, sise tout près du chalet. Pouvant accueillir 1 500 personnes, celle-ci est très propre et bien entretenue. L'eau du fleuve y est étonnamment claire et invitante. Obtenant toujours la meilleure cote, c'est-à-dire «A», la qualité de l'eau est assurée par la régulation des eaux effectuée par Hydro-Québec.

Afin d'assurer la tranquillité de tous, les responsables du parc ont eu la brillante idée de n'accepter que les radios munis d'écouteurs.

La pratique des sports nautiques (canot, kayak, pédalo) et la pêche attirent bon nombre de visiteurs. Des animateurs proposent différents ateliers et jeux aux tout-petits. Pour les adultes, diverses soirées où il est question d'astronomie, d'interprétation de la nature, d'ornithologie ou d'histoire régionale sont organisées. Dans le chalet, l'exposition historique «Saint-Timothée, en passant par le fleuve» est présentée.

## Où, quand, comment?

### Information

**Parc régional des Îles de Saint-Timothée**
240 rue St-Laurent, St-Timothée
☎*377-1117*
*www.ville.saint-timothee.qc.ca/îles/*

### Accès

**Transport en commun:** métro Angrignon, autobus Auger (☎*699-2001*) jusqu'à Saint-Timothée.

**Voitures:** deux choix: **1)** autoroute 20 Ouest, sortie 14, direction Salaberry-de-Valleyfield, et pont Mgr Langlois jusqu'à la route 132; à gauche sur la route 132 jusqu'au panneau d'indication du parc (rue Saint-Laurent); **2)** pont Mercier et route 132 ouest, direction Valleyfield; à Saint-Timothée, prenez à droite la rue Saint-Laurent.

**Frais:**
*stationnement et navette vers la plage (gratuits). Droits d'accès durant les semaines où la plage est ouverte.*

**Horaire:**
*tlj, de 6h et 22h. Le chalet est ouvert entre 8h et 19h en été, et entre 9h et 21h en hiver.*

**Randonnée pédestre hivernale:** *oui (3 km).*

**Autres activités:**
*baignade, aires de récréation, pétanque, pique-nique, sentier d'hébertisme, volley-ball, astronomie, interprétation de la nature, animation (ateliers, jeux), patin à roues alignées, pêche, pédalo, canot, kayak.*

**Animaux domestiques:**
*admis dans le parc, si en laisse; interdits à la plage.*

**Services et installations:**
*chalet de service avec casse-croûte (menu-santé), toilettes, aires de pique-nique, location d'embarcations (canot, kayak, pédalo), pavillon d'accueil pour les gens du troisième âge, rampe de mise à l'eau, stationnement, service de navette pour la plage, cartes du parc.*

### Le réseau

Le parc offre 7 km de sentiers de randonnée pédestre. Le long des sentiers, le randonneur pourra observer 30 espèces d'arbres, 35 espèces d'arbustes et plus de 150 plantes herbacées. Toutes les îles du parc sont parsemées de micocouliers, arbres rares au Québec. Parmi les 90 espèces d'oiseaux observées dans le parc, on retrouve le grand héron, l'oriole du Nord ainsi que le pic flamboyant.

Près de la plage, dans l'île Papineau, de petits sentiers parcourent une érablière à caryer. Des panneaux d'interprétation nous renseignent sur la flore et la faune du parc. Plus à l'est, c'est «La vie dans le bassin» qui est présentée.

En passant sur le petit pont menant à l'île des Frères, vous verrez l'église de Saint-Timothée, située de l'autre côté de la rivière Saint-Charles, se révélant dans toute sa splendeur. L'île des Frères est une zone de conservation où la végétation est très dense qui s'avère rafraîchissante par un chaud soleil de juillet.

### Le parc Delpha-Sauvé

Le parc Delpha-Sauvé se dresse au centre de la ville de Salaberry-de-Valleyfield (28 000 hab.), ville industrielle née vers 1845 autour d'un moulin à scie et à papier, et racheté quelques années plus tard par la Montreal Cotton Company.

Dans cette ville devenue prospère à la fin du XIX$^e$ siècle, le vieux noyau commercial et institutionnel de la rue Victoria témoigne de cette période faste. Le vieux canal de Beauharnois traverse la ville.

### Où, quand, comment?

**Information**

**Parc Delpha-Sauvé**
Salaberry-de-Valleyfield
☎ *370-4390*

Rive-Sud

**Accès**

**Transport en commun:** métro Angrignon, autobus Auger (☎699-2001) jusqu'à Salaberry-de-Valleyfield.

**Voitures:** autoroute 20, sortie 14; prenez la route 201 jusqu'à Salaberry-de-Valleyfield. L'entrée du parc est située sur la rue Victoria.

**Frais:**
*aucuns.*

**Horaire:**
*tlj, du lever au coucher du soleil.*

**Randonnée pédestre hivernale:**
*oui.*

**Autres activités:**
*vélo (piste cyclable), baignade, tennis, canot, pédalo, ski de fond.*

**Animaux domestiques:**
*admis, si en laisse.*

**Services et installations:**
*stationnement, casse-croûte, toilettes, location d'embarcations (canots, pédalos), Écomusée des Deux-Rives (☎371-6772).*

### Le réseau

Le réseau de sentiers de randonnée pédestre fait un peu plus de 1 km. Le parc Delpha-Sauvé, blotti dans la baie Saint-François, a été créé de toutes pièces, selon les plans de l'architecte paysagiste Frederic Todd, lors de la construction du premier **canal de Beauharnois**, en 1845. Il ne faut pas confondre le vieux canal de Beauharnois, en activité de 1845 à 1899, avec l'actuel canal de Beauharnois, qui passe au sud de la ville. Le visiteur peut d'ailleurs parcourir le vieux canal, en canot ou en pédalo (location), en toute sécurité.

Comme le parc a été créé artificiellement, on y retrouve plus de grands espaces dégagés que de milieux boisés. L'eau y est partout présente, le parc étant aménagé sur une langue de terre longue de 2 km, située entre le canal et la baie de Saint-François, dans laquelle il avance. C'est ici que se tiennent, chaque été, les célèbres Régates internationales.

À l'intérieur du parc, une immense piscine accueille les baigneurs, alors que l'**Écomusée des Deux-Rives** *(rue Ellice)* nous raconte l'histoire de la région, en particulier la vie ouvrière au tournant du XXe siècle.

### Le Lieu historique national de Coteau-du-Lac

Le Lieu historique national de Coteau-du-Lac n'offre peut-être pas de longs sentiers aux randonneurs; par contre, il présente une quantité incroyable de renseignements sur le passé historique de ce coin de pays baigné par le fleuve Saint-Laurent. Coteau-du-Lac représentait alors un obstacle majeur, en raison des tumultueux rapides, pour l'avancée des hommes et des marchandises vers l'ouest et les Grands Lacs.

En fait, le passé historique de Coteau-du-Lac, qui se pointe au confluent de la rivière Delisle et du fleuve Saint-Laurent, remonte à plus de 5 000 ans avant notre ère. Des traces d'établissements préhistoriques ont révélé aux archéologues une fréquentation du site à cette époque lointaine.

Lorsque les Français sont venus s'installer en Nouvelle-France, au XVIIᵉ siècle, ils utilisèrent d'abord le canot, facilement manœuvrable et permettant le portage, afin d'explorer le fleuve Saint-Laurent. Mais, au siècle suivant, ils se servirent de plus gros bateaux pouvant transporter plus de marchandises. Ces bateaux ne pouvaient pas franchir les rapides de Coteau-du-Lac, l'endroit le plus étroit et le plus tumultueux entre les lacs Saint-Louis et Saint-François.

Afin d'éviter les rapides, on creusa d'abord un «rigolet» (petit couloir de navigation), puis, en 1780, les au-

torités britanniques firent creuser le premier canal à écluses en Amérique du Nord, celui de Coteau-du-Lac, long de 275 m et large de 2,13 m. Trois années plus tard, on ouvrit de petits canaux au Rocher Fendu, au Trou-du-Moulin et à la Faucille, formant ainsi le premier système de canalisation sur le fleuve Saint-Laurent.

C'est en 1812 que le site de Coteau-du-Lac devient une véritable fortification. Important poste militaire, le site de Coteau-du-Lac est un emplacement stratégique lors de la guerre de 1812 contre les Américains. Une imposante fortification, des bâtiments défensifs et un blockhaus rendent le site moins vulnérable.

Le canal connut, par la suite, une intense période d'utilisation commerciale, jusqu'en 1845, année d'ouverture du canal de Beauharnois, beaucoup plus grand.

### Où, quand, comment?

**Information**

**Lieu historique national de Coteau-du-Lac**
308A chemin du Fleuve
Coteau-du-Lac
☎ 763-5631
*www.parcscanada.risq.gc.ca/ coteau/*

Rive-Sud

### Accès

**Transport en commun:** terminus Berri-UQÀM, autobus Voyageur (☎842-2281) jusqu'à Coteau-du-Lac.

**Voitures:** autoroute 20, sortie 17 et suivez les panneaux.

**Frais:**
*adultes 3,25$, aînés 2,50$, enfants 1,75$.*

**Horaire:**
*mi-mai à mi-oct, tlj 9h à 17h*

**Randonnée pédestre hivernale:**
*non.*

**Autres activités:**
*visite du jardin archéologique et de l'exposition thématique.*

**Animaux domestiques:**
*interdits.*

**Services et installations:**
*stationnement, toilettes, accueil, centre d'interprétation, vente de souvenirs, accueil de groupes (scolaires, aînés, etc.), animation, guides-interprètes, cartes des sentiers, brochures, panneaux explicatifs.*

### Le réseau

Le réseau de sentiers de randonnée pédestre est tout petit, environ 1 km, mais offre de nombreux points d'intérêt à saveur historique ainsi que de superbes points de vue sur le fleuve Saint-Laurent.

La visite débute au centre d'accueil, où une maquette du site est présentée. Le visiteur peut demander le petit guide du parcours du site, où huit stations numérotées sont présentées.

Le parcours permet de découvrir le toit-terrasse, le bois, le canal «rigolet», le canal principal, le superbe blockhaus (tour octogonale), le bastion en forme de trèfle, les vestiges de l'entrepôt nord ainsi que les vestiges de la caserne. Le long des sentiers, des reproductions en forme de silhouettes humaines, des panneaux explicatifs et des objets moulés, montés sur des stèles de béton, agrémentent la balade.

### Le parc des Ancres de Pointe-des-Cascades

Pointe-des-Cascades, un petit village de 900 habitants, est situé à l'extrémité sud-est du comté de Vaudreuil-Soulanges et à seulement 6 km de Dorion. Au confluent du fleuve Saint-Laurent et de la rivière des Outaouais, Pointe-des-Cascades était autrefois liée à la navigation fluviale entre le lac Saint-Louis et le lac Saint-François.

Entre ces deux lacs, le fleuve Saint-Laurent y est très étroit et comporte trois brusques dénivellations, sur une distance de 20 km, que sont les rapides de Pointe-des-Cascades, Les Cèdres et Coteau-du-Lac. La dénivellation entre les deux lacs est de 25,6 m.

Afin de pouvoir naviguer convenablement avec des bateaux de plus en plus gros, les Français ont creusé des «rigolets» (1740-1750), puis les Anglais ont ouvert différents canaux aux rapides La Faucille, Le Trou, du Rocher-Fendu, Les Cèdres et Coteau-du-Lac, à partir de 1779. Le canal des Cascades fut réalisé en 1805 afin de remplacer les canaux de La Faucille et Le Trou.

En 1845, l'ouverture du canal de Beauharnois, plus au sud, mit un terme à l'activité intense de ces canaux. Mais, à partir de 1899, la région connut un second souffle, grâce au canal de Soulanges, long de 22 km et passant dans le village de Pointe-des-Cascades. Cette période dura jusqu'en 1959, année d'ouverture de la voie maritime du Saint-Laurent intégrant le canal de Beauharnois.

Campé au cœur même du village de Pointe-des-Cascades, le musée du parc des Ancres présente une collection unique d'ancres et de pièces de navires découvertes dans les rapides entre les lacs Saint-Louis et Saint-François.

## Où, quand, comment?

### Information

**Parc des Ancres de Pointe-des-Cascades**
Société de recherches historiques de Pointe-des-Cascades, 76 chemin du Canal, Pointe-des-Cascades
☎ *455-5310 ou 455-3546*

### Accès

**Transport en commun**: terminus Berri-UQÀM, autobus Voyageur (☎*842-2281*) jusqu'à Pointe-des-Cascades.

**Voitures**: autoroute 20, sortie Dorion. Empruntez la route 338 jusqu'à Pointe-des-Cascades (à 6 km de Dorion).

**Frais:**
*aucuns.*

**Horaire:**
*tlj (le musée est ouvert de mai à oct).*

**Randonnée pédestre hivernale:**
*non.*

**Autres activités:**
*vélo (une piste cyclable passe dans le parc).*

**Animaux domestiques:**
*admis, si en laisse.*

**Services et installations:**
*stationnement, aires de pique-nique, musée, cartes du parc, brochures historiques, panneaux d'interprétation.*

Rive-Sud

## Le réseau

La municipalité de Pointe-des-Cascades est sur le point d'aménager de véritables sentiers de randonnée pédestre. Mais, pour l'instant, la marche le long de la piste cyclable du canal de Soulanges est tolérée. Il est ainsi possible de faire 6 km à pied sur les sentiers.

Le parc des Ancres, situé en bordure d'une écluse du canal de Soulanges, présente une cinquantaine de plaques interprétant la navigation sur le Haut-Saint-Laurent. On y retrouve des ancres à jas, certaines datant du XVIII$^e$ siècle, des ancres à bascule, ainsi que des ancres originales, fabriquées pour des applications particulières.

On peut également y admirer diverses pièces de bateaux (bouées, hélices, gouvernails, chaînes), une stèle, ainsi qu'un obélisque, taillé dans un morceau de chêne, découvert au fond des rapides. De petites passerelles permettent de franchir le canal et d'observer les portes de l'écluse.

Le musée relate l'histoire mouvementée de la navigation sur le fleuve Saint-Laurent, entre les lacs Saint-Louis et Saint-François, en plus d'informer le visiteur sur l'hydrographie complexe de cette région.

## Le Parc historique Pointe-du-Moulin

Le Parc historique Pointe-du-Moulin niche à l'extrémité est de l'île Perrot, où le fleuve Saint-Laurent rejoint le lac Saint-Louis.

L'île Perrot tire son nom du premier propriétaire de l'île, François-Marie Perrot (1644-1691). Celui-ci fut gouverneur de Montréal dès l'âge de 25 ans. C'est en 1672 qu'il se vit concéder l'île qui porte maintenant son nom. Grâce à cette île, il devint vite prospère, car il avait la chance de commercer avec les Amérindiens, avant que ceux-ci ne parviennent à Montréal, rendant ainsi furieux les marchands.

À la suite de nombreuses plaintes portées contre lui, François-Marie Perrot fut remplacé comme gouverneur en 1684, puis démis de ses fonctions trois ans plus tard. Il vendit finalement l'île à Charles Le-Moyne, en 1687, et mourut quelques années plus tard, à l'âge de 47 ans.

### Où, quand, comment?

**Information**

**Parc historique Pointe-du-Moulin**
2500 boulevard Don-Quichotte
Notre-Dame-de-l'Île-Perrot
☎ 453-5936

### Accès

**Transport en commun:** terminus Berri-UQÀM, autobus Voyageur (☎842-2281) jusqu'à l'île Perrot (arrêt sur l'autoroute 20). Prenez un taxi jusqu'au parc (10 km).

**Voitures:** autoroute 20 jusqu'à l'île Perrot. Empruntez le boulevard Don-Quichotte jusqu'à l'extrémité de l'île. Le parc se trouve à 10 km de l'autoroute 20.

### Frais:
*adultes 5$ pendant la fin de semaine et 3$ en semaine.*

### Horaire:
*mi-mai à fin août, tlj du lever au coucher du soleil, et les fins de semaine de septembre et d'octobre.*

### Randonnée pédestre hivernale:
*non.*

### Autres activités:
*visite de bâtiments historiques.*

### Animaux domestiques:
*admis, si en laisse.*

### Services et installations:
*stationnement, accueil, casse-croûte, toilettes, visites guidées, interprétation de la nature, expositions interactives, aires de pique-nique, aire de jeux.*

### Le réseau

Le réseau compte 2,5 km de sentiers de randonnée pédestre, dont un sentier d'interprétation de la nature, avec panneaux. La Pointe-du-Moulin, qui avance dans les eaux du lac Saint-Louis, offre de superbes points de vue sur le fleuve Saint-Laurent et, par temps clair, sur le centre-ville de Montréal. Par les chaudes journées d'été, le vent qui y souffle est toujours le bienvenue. On s'y sent à la campagne, au bord de l'eau, dans un paysage champêtre qui fait oublier la ville, pourtant si proche.

Le Parc historique Pointe-du-Moulin est grouillant d'animation. La visite du moulin à vent, construit en 1708 par Joseph Trottier, sieur Desruisseaux, permet d'observer le meunier activant les ailes du moulin; la meunière, pour sa part, prépare le pain à la maison du meunier. Des guides expliquent le fonctionnement du moulin, qui, d'ailleurs, fonctionne toujours, ainsi que l'histoire des lieux. En été, des comédiens, des artisans et des marionnettes géantes font revivre la vie quotidienne traditionnelle à l'époque du XVIIIe siècle (fins de semaine).

## Le mont Rigaud

La municipalité de Rigaud, qui compte quelque 6 000 habitants, est célèbre, en raison de son sanctuaire

**Rive-Sud**

Notre-Dame-de-Lourdes, qui accueille, depuis plus de 120 ans, des milliers de pèlerins. Ce coin de pays du Suroît, situé sur la rive sud de l'Outaouais, à seulement quelques kilomètres de l'Ontario, abrite également une magnifique montagne nommée simplement «mont Rigaud» (220 m).

Le mont Rigaud est fréquenté depuis le début du XIXe siècle. En 1840, la montagne était sillonnée de plusieurs sentiers, notamment dans le secteur appelé «Sommet de la croix», où une croix fut installée dans ce temps-là. En 1850, les étudiants du collège Bourget parcourent la montagne lors d'activités scientifiques et éducatives. Au fil des années suivantes, bon nombre de botanistes, biologistes, géologues et ornithologues fréquentent ce site exceptionnel.

Un projet de réserve écologique sur le mont Rigaud (1977), de même qu'un projet de faire de la montagne un parc provincial (1981), ne virent jamais le jour. En 1989 est créée l'Association pour la protection de l'environnement de Rigaud (APER), qui vise à faire l'acquisition du secteur du Sommet de la croix, dans le but d'en assurer une protection permanente, pour ensuite le mettre en valeur afin d'en permettre l'accès à tous.

Ce mont se différencie des autres montagnes de la région métropolitaine par le fait qu'il n'appartient pas à la même formation géologique. Il s'apparente davantage au massif des Laurentides. Surplombant la plaine de quelque 150 m, la montagne comporte des falaises, un plateau central et des bas versants.

Le mont Rigaud témoigne d'un phénomène géomorphologique des plus intéressants. Il s'agit d'un dépôt glaciaire de till délavé, que l'on retrouve au bas du Sommet de la croix, près du sanctuaire. Cette accumulation de pierres plus ou moins arrondies, ressemblant à un champ de patates, est étudiée par des scientifiques depuis bon nombre d'années et a donné naissance à la légende du «Champ du diable».

La montagne se dresse dans la zone considérée comme la plus chaude au Québec. On y retrouve donc une flore et une faune des plus variées. On y dénombre plus de 700 plantes vasculaires. Une trentaine d'espèces de mammifères, dont le cerf de Virginie, le renard roux et le coyotte, fréquentent les lieux. Site ornithologique reconnu pour être un des plus riches au Québec, le mont Rigaud abrite près de 250 espèces d'oiseaux, dont 150 qui y nichent.

## Où, quand, comment?

### Information

**Municipalité de Rigaud**
391 chemin de la Mairie
☎*451-0869, poste 238*
☎*451-4608*

### Accès

Le stationnement principal se trouve au 240 du chemin de la Mairie.

**Transport en commun:** train de banlieue Montréal/Rigaud *(☎288-6287)* ou autobus; terminus Berri-UQÀM, autobus Voyageur *(☎842-2281)* jusqu'à Rigaud. Prenez un taxi jusqu'au parc (10 km).

**Voitures:** autoroute 40, sortie 17. Route 201 jusqu'au chemin de la Mairie, et tournez à droite. Vous pouvez aussi garer votre voiture au 5 de la rue Pagé ou à la Sucrerie de la Montagne *(300 rang St-Georges, ☎451-5204)*.

**Frais:**
*aucuns.*

**Horaire:**
*tlj, du lever au coucher du soleil.*

**Randonnée pédestre hivernale:**
*non.*

**Autres activités:**
*équitation, ski de fond.*

**Animaux domestiques:**
*admis, si en laisse.*

**Services et installations:**
*stationnement, accueil, toilettes, aires de pique-nique, cartes des sentiers (en vente à la municipalité ainsi que dans certains commerces).*

## Le réseau

Le réseau compte sept sentiers de randonnée pédestre pour un total de 25,4 km linéaires. Depuis 1996, la municipalité de Rigaud élabore un plan des sentiers de randonnée intitulé **L'Escapade**. Les sentiers sont larges, bien aménagés, et la signalisation demeure adéquate.

Une boucle assez difficile (17 km, départ dans le stationnement principal) consiste à emprunter les sentiers **La Foulée du cerf**, **L'Aventure douce**, **Le Haut-lieu** et **La Montée neuve**. Une autre boucle, d'environ 10 km, permet de parcourir la montagne en partant de la Sucrerie de la Montagne.

# Index

Index

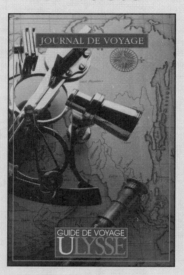

# Bon de commande Ulysse

## Guides de voyage

| | | |
|---|---|---|
| ☐ Abitibi-Témiscamingue et Grand Nord | 22,95 $ | 135 FF |
| ☐ Acapulco | 14,95 $ | 89 FF |
| ☐ Arizona et Grand Canyon | 24,95 $ | 145 FF |
| ☐ Bahamas | 24,95 $ | 129 FF |
| ☐ Belize | 16,95 $ | 99 FF |
| ☐ Boston | 17,95 $ | 89 FF |
| ☐ Calgary | 16,95 $ | 99 FF |
| ☐ Californie | 29,95 $ | 129 FF |
| ☐ Canada | 29,95 $ | 129 FF |
| ☐ Cancún et la Riviera Maya | 19,95 $ | 99 FF |
| ☐ Cape Cod – Nantucket – Martha's Vineyard | 17,95 $ | 89 FF |
| ☐ Carthagène (Colombie) | 12,95 $ | 70 FF |
| ☐ Charlevoix – Saguenay – Lac-Saint-Jean | 22,95 $ | 135 FF |
| ☐ Chicago | 19,95 $ | 99 FF |
| ☐ Chili | 27,95 $ | 129 FF |
| ☐ Colombie | 29,95 $ | 145 FF |
| ☐ Costa Rica | 27,95 $ | 129 FF |
| ☐ Côte-Nord – Duplessis – Manicouagan | 22,95 $ | 135 FF |
| ☐ Cuba | 24,95 $ | 129 FF |
| ☐ Cuisine régionale au Québec | 16,95 $ | 99 FF |
| ☐ Disney World | 19,95 $ | 135 FF |
| ☐ El Salvador | 22,95 $ | 145 FF |
| ☐ Équateur – Îles Galápagos | 24,95 $ | 129 FF |
| ☐ Floride | 29,95 $ | 129 FF |
| ☐ Gaspésie – Bas-Saint-Laurent – Îles-de-la-Madeleine | 22,95 $ | 99 FF |
| ☐ Gîtes et Auberges du Passant au Québec | 14,95 $ | 89 FF |
| ☐ Guadalajara | 17,95 $ | 89 FF |
| ☐ Guadeloupe | 24,95 $ | 99 FF |
| ☐ Guatemala | 24,95 $ | 129 FF |
| ☐ Haïti | 24,95 $ | 145 FF |
| ☐ Hawaii | 29,95 $ | 129 FF |
| ☐ Honduras | 24,95 $ | 129 FF |
| ☐ Hôtels et bonnes tables du Québec | 17,95 $ | 89 FF |
| ☐ Huatulco et Puerto Escondido | 17,95 $ | 89 FF |
| ☐ Jamaïque | 24,95 $ | 129 FF |
| ☐ La Havane | 16,95 $ | 79 FF |
| ☐ La Nouvelle-Orléans | 17,95 $ | 99 FF |
| ☐ Las Vegas | 17,95 $ | 89 FF |
| ☐ Lisbonne | 18,95 $ | 79 FF |
| ☐ Louisiane | 29,95 $ | 129 FF |
| ☐ Los Angeles | 19,95 $ | 99 FF |
| ☐ Los Cabos et La Paz | 14,95 $ | 89 FF |
| ☐ Martinique | 24,95 $ | 99 FF |

**Guides de voyage**

| | | | |
|---|---|---:|---:|
| ☐ | Miami | 18,95 $ | 99 FF |
| ☐ | Montréal | 19,95 $ | 99 FF |
| ☐ | Montréal pour enfants | 19,95 $ | 117 FF |
| ☐ | New York | 19,95 $ | 99 FF |
| ☐ | Nicaragua | 24,95 $ | 129 FF |
| ☐ | Nouvelle-Angleterre | 29,95 $ | 129 FF |
| ☐ | Ontario | 27,95 $ | 129 FF |
| ☐ | Ottawa – Hull | 14,95 $ | 89 FF |
| ☐ | Ouest canadien | 29,95 $ | 129 FF |
| ☐ | Ouest des États-Unis | 29,95 $ | 129 FF |
| ☐ | Panamá | 24,95 $ | 139 FF |
| ☐ | Pérou | 27,95 $ | 129 FF |
| ☐ | Phoenix | 16,95 $ | 89 FF |
| ☐ | Plages du Maine | 12,95 $ | 70 FF |
| ☐ | Porto | 17,95 $ | 79 FF |
| ☐ | Portugal | 24,95 $ | 129 FF |
| ☐ | Provence – Côte d'Azur | 29,95 $ | 99 FF |
| ☐ | Provinces atlantiques du Canada | 24,95 $ | 129 FF |
| ☐ | Puerto Plata – Sosua | 14,95 $ | 69 FF |
| ☐ | Puerto Rico | 24,95 $ | 139 FF |
| ☐ | Puerto Vallarta | 14,95 $ | 99 FF |
| ☐ | Le Québec | 29,95 $ | 129 FF |
| ☐ | Québec et Ontario | 29,95 $ | 129 FF |
| ☐ | République dominicaine | 24,95 $ | 129 FF |
| ☐ | Saint-Martin – Saint-Barthélemy | 16,95 $ | 89 FF |
| ☐ | San Diego | 17,95 $ | 89 FF |
| ☐ | San Francisco | 17,95 $ | 99 FF |
| ☐ | Seattle | 17,95 $ | 99 FF |
| ☐ | Toronto | 18,95 $ | 99 FF |
| ☐ | Tunisie | 27,95 $ | 129 FF |
| ☐ | Vancouver | 17,95 $ | 89 FF |
| ☐ | Venezuela | 29,95 $ | 129 FF |
| ☐ | Ville de Québec | 17,95 $ | 89 FF |
| ☐ | Washington, D.C. | 19,95 $ | 99 FF |

**Espaces verts**

| | | | |
|---|---|---:|---:|
| ☐ | Cyclotourisme au Québec | 22,95 | 99 FF |
| ☐ | Cyclotourisme en France | 22,95 | 99 FF |
| ☐ | Motoneige au Québec | 22,95 | 99 FF |
| ☐ | Le Québec cyclable | 19,95 | 99 FF |
| ☐ | Le Québec en patins à roues alignées | 19,95 | 99 FF |
| ☐ | Randonnée pédestre Montréal et environs | 19,95 | 129 FF |
| ☐ | Randonnée pédestre Nord-Est des États-Unis | 22,95 | 129 FF |
| ☐ | Ski de fond au Québec | 22,95 | 110 FF |
| ☐ | Randonnée pédestre au Québec | 22,95 | 129 FF |

## Guides de conversation

| | | | |
|---|---|---|---|
| ☐ | L'Anglais pour mieux voyager en Amérique | 9,95 $ | 43 FF |
| ☐ | L'Espagnol pour mieux voyager en Amérique latine | 9,95 $ | 43 FF |
| ☐ | Le Brésilien pour mieux voyager | 9,95 $ | 43 FF |
| ☐ | Le Portugais pour mieux voyager | 9,95 $ | 43 FF |
| ☐ | Le Québécois pour mieux voyager | 9,95 $ | 43 FF |
| ☐ | French for better travel | 9,95 $ | 43 FF |

## Journaux de voyage Ulysse

| | | | |
|---|---|---|---|
| ☐ | Journal de voyage Ulysse (spirale) | 12,95 $ | 84,95 FF |
| ☐ | Journal de voyage Ulysse (format de poche) bleu - rouge - jaune - vert - sextant | 9,95 $ | 44 FF |

## budget●zone

| | | | |
|---|---|---|---|
| ☐ | Amérique centrale | 14,95 $ | 69 FF |
| ☐ | Ouest canadien | 14,95 $ | 69 FF |
| ☐ | Le Québec | 14,95 $ | 69 FF |
| ☐ | Stagiaires Sans Frontières | 14,95 $ | 89 FF |

| Titre | Qté | Prix | Total |
|---|---|---|---|
| | | | |
| | | | |
| | | | |
| Nom : | | Total partiel | |
| | | Port | 4$/16FF |
| Adresse : | | Total partiel | |
| | | Au Canada TPS 7% | |
| | | Total | |
| Tél : | | Fax : | |
| Courriel : | | | |
| Paiement : ☐ Chèque ☐ Visa ☐ MasterCard | | | |

Guides de voyage Ulysse
4176, rue Saint-Denis, Montréal
(Québec) H2W 2M5
☎(514) 843-9447
sans frais 1-877-542-7247
Fax : (514) 843-9448
info@ulysse.ca

En Europe:
Les Guides de voyage Ulysse, SARL
BP 159
75523 Paris Cedex 11
☎01.43.38.89.50
Fax : 01.43.38.89.52
voyage@ulysse.ca

**Consultez notre site : www.guidesulysse.com**